中宣部2022年主题出版重点出版物

"十四五"国家重点图书出版规划项目

纪录小康工程

全面建成小康社会

天津奋斗者

TIANJIN FENDOUZHE

本书编写组

天津出版传媒集团

天津人民出版社

丛书策划：王　康　杨　舒　郑　玥
责任编辑：王小凤　武建臣
封面设计：石笑梦　明轩文化·王　烨
版式设计：王欢欢　明轩文化·孙嘉艺

图书在版编目(CIP)数据

全面建成小康社会天津奋斗者 / 本书编写组编著 . -- 天津 : 天津人民出
　版社, 2022.10
("纪录小康工程"地方丛书)
ISBN 978-7-201-18551-4

Ⅰ. ①全… Ⅱ. ①本… Ⅲ. ①先进工作者—先进事迹—天津 Ⅳ. ①K820.821

中国版本图书馆CIP数据核字(2022)第096630号

全面建成小康社会天津奋斗者

QUANMIAN JIANCHENG XIAOKANG SHEHUI TIANJIN FENDOUZHE

本书编写组

天津人民出版社 出版发行

(300051　天津市和平区西康路35号康岳大厦)

天津海顺印业包装有限公司印刷　新华书店经销

2022年10月第1版　2022年10月天津第1次印刷

开本:710毫米×1000毫米 1/16　印张:23.5

字数:200千字

ISBN 978-7-201-18551-4　定价:82.00元

邮购地址 300051　天津市和平区西康路35号康岳大厦

天津人民出版社发行中心　电话:(022)23332469

总　序

为民族复兴修史　为伟大时代立传

　　小康，是中华民族孜孜以求的梦想和夙愿。千百年来，中国人民一直对小康怀有割舍不断的情愫，祖祖辈辈为过上幸福美好生活劳苦奋斗。"民亦劳止，汔可小康""久困于穷，冀以小康""安得广厦千万间，大庇天下寒士俱欢颜"……都寄托着中国人民对小康社会的恒久期盼。然而，这些朴素而美好的愿望在历史上却从来没有变成现实。中国共产党自成立那天起，就把为中国人民谋幸福、为中华民族谋复兴作为初心使命，团结带领亿万中国人民拼搏奋斗，为过上幸福生活胼手胝足、砥砺前行。夺取新民主主义革命伟大胜利，完成社会主义革命和推进社会主义建设，进行改革开放和社会主义现代化建设，开创中国特色社会主义新时代，经过百年不懈奋斗，无数中国人摆脱贫困，过上衣食无忧的好日子。

　　特别是党的十八大以来，以习近平同志为核心的党中央统揽中华民族伟大复兴战略全局和世界百年未有之大变局，团结带领全党全国各族人民统筹推进"五位一体"总体布局、协调推进"四个全面"战略布局，万众一心战贫困、促改革、抗疫情、谋发展，党和国家事业取得历史性成就、发生历史性变革。在庆祝中国共产党成立100周年大会上，习近平总书记庄严宣告："经过全党全国各族人民持续奋斗，我们实现了第一个百年奋斗目标，在中华大地上全面建成了小康社会，历史性地解决了绝对贫困问题，正在意气风发向着全面建成社会主义现代化强国的第二个百年奋斗目标迈进。"

这是中华民族、中国人民、中国共产党的伟大光荣！这是百姓的福祉、国家的进步、民族的骄傲！

全面小康，让梦想的阳光照进现实、照亮生活。从推翻"三座大山"到"人民当家作主"，从"小康之家"到"小康社会"，从"总体小康"到"全面小康"，从"全面建设"到"全面建成"，中国人民牢牢把命运掌握在自己手上，人民群众的生活越来越红火。"人民对美好生活的向往，就是我们的奋斗目标。"在习近平总书记坚强领导、亲自指挥下，我国脱贫攻坚取得重大历史性成就，现行标准下9899万农村贫困人口全部脱贫，建成世界上规模最大的社会保障体系，居民人均预期寿命提高到78.2岁，人民精神文化生活极大丰富，生态环境得到明显改善，公平正义的阳光普照大地。今天的中国人民，生活殷实、安居乐业，获得感、幸福感、安全感显著增强，道路自信、理论自信、制度自信、文化自信更加坚定，对创造更加美好的生活充满信心。

全面小康，让社会主义中国焕发出蓬勃生机活力。经过长期努力特别是党的十八大以来伟大实践，我国经济实力、科技实力、国防实力、综合国力跃上新的大台阶，成为世界第二大经济体、第一大工业国、第一大货物贸易国、第一大外汇储备国，国内生产总值从 1952 年的 679 亿元跃升至 2021 年的 114 万亿元，人均国内生产总值从 1952 年的几十美元跃升至 2021 年的超过 1.2 万美元。把握新发展阶段、贯彻新发展理念、构建新发展格局、推动高质量发展，全面建设社会主义现代化国家，我们的物质基础、制度基础更加坚实、更加牢靠。全面建成小康社会的伟大成就充分说明，在中华大地上生气勃勃的创造性的社会主义实践造福了人民、改变了中国、影响了时代，世界范围内社会主义和资本主义两种社会制度的历史演进及其较量发生了有利于社会主义的重大转变，社会主义制度优势得到极大彰显，中国特色社会主义道路越走越宽广。

全面小康，让中华民族自信自强屹立于世界民族之林。中华民族有五千多年的文明历史，创造了灿烂的中华文明，为人类文明进步作出了卓越贡献。近代以来，中华民族遭受的苦难之重、付出的牺牲之大，世所罕见。中国共产党带领中国人民从沉沦中觉醒、从灾难中奋起，前赴后继、百折不挠，战胜各种艰难险阻，取得一个个伟大胜利，创造一个个发展奇迹，用鲜血和汗水书写了中华民族几千年历史上最恢宏的史诗。全面建成小康社会，见证了中华民族强大的创造力、坚韧力、爆发力，见证了中华民族自信自强、守正创新精神气质的锻造与激扬，实现中华民族伟大复兴有了更为主动的精神力量，进入不可逆转的历史进程。今天，我们比历史上任何时期都更接近、更有信心和能力实现中华民族伟大复兴的目标，中国人民的志气、骨气、底气极大增强，奋进新征程、建功新时代有着前所未有的历史主动精神、历史创造精神。

全面小康，在人类社会发展史上写就了不可磨灭的光辉篇章。中华民族素有和合共生、兼济天下的价值追求，中国共产党立志于为人类谋进步、为世界谋大同。中国的发展，使世界五分之一的人口整体摆脱贫困，提前十年实现联合国 2030 年可持续发展议程确定的目标，谱写了彪炳世界发展史的减贫奇迹，创造了中国式现代化道路与人类文明新形态。这份光荣的胜利，属于中国，也属于世界。事实雄辩地证明，人类通往美好生活的道路不止一条，各国实现现代化的道路不止一条。全面建成小康社会的中国，始终站在历史正确的一边，站在人类进步的一边，国际影响力、感召力、塑造力显著提升，负责任大国形象充分彰显，以更加开放包容的姿态拥抱世界，必将为推动构建人类命运共同体、弘扬全人类共同价值、建设更加美好的世界作出新的更大贡献。

回望全面建成小康社会的历史，伟大历程何其艰苦卓绝，伟大胜利何其光辉炳耀，伟大精神何其气壮山河！

这是中华民族发展史上矗立起的又一座历史丰碑、精神丰碑！这座丰碑，凝结着中国共产党人矢志不渝的坚持坚守、博大深沉的情怀胸襟，辉映着科学理论的思想穿透力、时代引领力、实践推动力，镌刻着中国人民的奋发奋斗、牺牲奉献，彰显着中国特色社会主义制度的强大生命力、显著优越性。

因为感动，所以纪录；因为壮丽，所以丰厚。恢宏的历史伟业，必将留下深沉的历史印记，竖起闪耀的历史地标。

中央宣传部牵头，中央有关部门和宣传文化单位，省、市、县各级宣传部门共同参与组织实施"纪录小康工程"，以为民族复兴修史、为伟大时代立传为宗旨，以"存史资政、教化育人"为目的，形成了数据库、大事记、系列丛书和主题纪录片4方面主要成果。目前已建成内容全面、分类有序的4级数据库，编纂完成各级各类全面小康、脱贫攻坚大事记，出版"纪录小康工程"丛书，摄制完成纪录片《纪录小康》。

"纪录小康工程"丛书包括中央系列和地方系列。中央系列分为"擘画领航""经天纬地""航海梯山""踔厉奋发""彪炳史册"5个主题，由中央有关部门精选内容组织编撰；地方系列分为"全景录""大事记""变迁志""奋斗者""影像记"5个板块，由各省（区、市）和新疆生产建设兵团结合各地实际情况推出主题图书。丛书忠实纪录习近平总书记的小康情怀、扶贫足迹，反映党中央关于全面建成小康社会重大决策、重大部署的历史过程，展现通过不懈奋斗取得全面建成小康社会伟大胜利的光辉历程，讲述在决战脱贫攻坚、决胜全面小康进程中涌现的先进个人、先进集体和典型事迹，揭示辉煌成就和历史巨变背后的制度优势和经验启示。这是对全面建成小康社会伟大成就的历史巡礼，是对中国共产党和中国人民奋斗精神的深情礼赞。

历史昭示未来，明天更加美好。全面建成小康社会，带给中国人民的是温暖、是力量、是坚定、是信心。让我们时时回望小康历程，深入学习贯彻习近平新时代中国特色社会主义思想，深刻理解中国共产党为什么能、马克思主义为什么行、中国特色社会主义为什么好，深刻把握"两个确立"的决定性意义，增强"四个意识"、坚定"四个自信"、做到"两个维护"，以坚如磐石的定力、敢打必胜的信念，集中精力办好自己的事情，向着实现第二个百年奋斗目标、创造中国人民更加幸福美好生活勇毅前行。

目　录

先进集体 ⋯⋯⋯⋯259

先进个人

张伯礼：国医济世　德术并彰

张伯礼，中共党员，中医内科专家，中国工程院院士、医药卫生学部主任，中国医学科学院学部委员，天津中医药大学名誉校长，中国中医科学院名誉院长，"重大新药创制"科技重大专项技术副总师，国家重点学科中医内科学科带头人，第一批国家级非物质文化遗产项目中医传统制剂方法代表性传承人。2020年8月，张伯礼被授予"人民英雄"国家荣誉称号，同年11月获得第十三届光华工程科技奖。

潜心耕耘　与时俱进

张伯礼院士深耕中医药领域数十载，功勋卓著，是全国公认的中医药事业领军者。他主导国家中医药发展战略，主持中医药现代化研究顶层设计与实施，推进中医药现代化进程，率先提出了中成药二次开发策略、方法和关键技术,促进产业发展,多次获国家科技进步一等奖、二等奖等重大奖项。

我国中医药有几千年的历史,是古代科学的瑰宝。科学发展到今天,中医药发展不能停下,必须与时俱进。只有赋予古老的中医药时代的生命、科学的内涵,才能让中医药保持学术常青。过去我们知道中医药能治病,但要回答它为什么能治病,还需要现代的科技做支撑。

我国中医药现代化已经进行了20多年,取得了长足进步,张伯礼一直是这个过程中的参加者、组织者。这个过程让中药从古代走到了近代,从一开始只有200多亿的产值,到现在产值接近万亿,20多年增长了30多倍,中药生产批次间的稳定性提高到90%以上,并且中医药的科技含量也显著增加。用现代科学知识解释中医药很多治病的原理,目前被国际社会所接受。

针对传统中药生产中存在的剂型落后、工艺水平陈旧、质量控制水平低等问题,张伯礼在科研中明确药效物质解析作用原理,提取有效成分群,古方今用,提出了组分配伍研制现代中药的理念,研发出一批凝聚先进科技的组分中药。这一技术一举突破了中医几千年来凭经验组方的局限,获得了2014年度国家科技进步一等奖。张伯礼表示:"我觉得中医药发展就要依赖于科技。我一直在讲,中药走出国门靠的是翅膀,这个翅膀就是科技。科技越强,翅膀越硬,飞得越高,飞得越远。"

2021年,张伯礼在国家中药材标准化与质量评估创新联盟成立仪式上讲话

立德树人　大医精诚

张伯礼院士自担任天津中医药大学校长以来,学校以立德树人、人才培养为根本,以科学研究为优势,以中医药对外教育为特色,以教学质量为核心,以"做精医学,做强药学,做实健康相关专业,做大社会服务"为发展战略,坚持"传承与创新协同,科研与服务并举,以质量求内涵,全面协调发展"方针,努力建设高水平、外向型、国内一流、国际知名的教学研究型中医药大学。2017年,学校进入国家"双一流"建设高校名单,中药学科入选国家"双一流"建设学科。目前,天津中医药大学已入围教育部、国家中医药管理局、天津市政府三方共建高校之列。

张伯礼是天津中医药大学的首届硕士研究生,该校的老师们视学生为亲人,不讲条件,不计报酬,甘于奉献,自我牺牲,兢兢业业地工作着，为培养学生付出心血与汗水。毕业留校后，张伯礼也传承了这种精神，甘当学生的阶梯，让他们不断向上发展。

张伯礼长期在教学一线指导学生，认为培养中医学生，要做到"四要"：一要敬业；二要有医德，大医精诚，服务病人；三要有辨证思维，中医的辨证论治是一门高超的艺术；四要加强临床实践，倡导问疑精神。每年的研究生新生入学，张伯礼都会给新生们做入学教育首讲，告诉他们要树立"质疑、实践、创新"三大理念，培养"认知、合作、创新、职业"四大能力。高层次人才较量往往不是学术较量，而是品格和素质的较量，张伯礼希望同学们以人品为根、以诚信为本，自觉讲诚信、懂规矩、守纪律，尤其是在治学过程中，要实事求是，不作弊、不抄袭、不作假，杜绝学术不端行为。

张伯礼坚持认为立德树人、大医精诚，这是首先要考虑的。一个医生必须有医德，然后考虑他的学术，再考虑他的专业知识。所以作为一名医生，要一生善于学习。医学知识日新月异，只有天天学习，掌握最新的知识，才能给患者解除病痛。当医生，一生都要奉献，一生都要学习，张伯礼希望自己的学生先做一个好人，再做一名好医生。张伯礼表示："要想成为一名合格的医生，首先要有医德。患者因为生病才来找你，他可以把自己各种隐私，甚至不能跟父母说的，都告诉你，这是一种多么大的信任啊。生命相托是一份责任，医生如果不能替患者去担当，不能先考虑患者的利益，那就不能成为一名好医生。"

疫情来临　临危受命

40余年来，张伯礼致力于中医药现代化研究，在中医药教育与临床一线，推动中医药事业传承创新发展。新冠肺炎疫情发生后，他飞赴武汉抗疫最前线,奋战82天,提出"中药漫灌"治疗方法,在抗疫中贡献中医药力量。国医济世,德术并彰,他用一次次逆行坚守,践行着对党和人民的庄严承诺。

2020年1月27日,正在天津指导疫情防控工作的张伯礼临危受命,飞赴武汉,作为中央疫情防控指导组专家组成员投身抗疫最前沿。他第一时间提出,将确诊、疑似、发热、留观4类人群进行集中隔离、分类管理,并提出"中药漫灌"治疗方法,拟定"宣肺败毒方"等方药,让4类人使用中医药综合治疗方法。

2月初,他与刘清泉教授共同写下请战书,提出筹建以中医药综合治疗为主的方舱医院。2月12日,他率领由来自天津、江苏等地中医医疗团队组成的"中医国家队",进驻武汉市江夏方舱医院。

张伯礼白天指导临床会诊巡查病区,晚上召集会议研究治疗方案,有时一天只睡两三个小时,因超负荷工作,他的胆囊炎发作,接受了微创胆囊摘除手术。术后麻醉期刚过,张伯礼醒来的第一件事就是让助理读疫情通报,打电话询问江夏方舱医院情况,接听医护人员打来的求教电话。截至2020年3月10日休舱,江夏方舱医院共收治564名患者,取得"零转重、零复阳、轻症无一转为重症,医护人员零感染"的亮眼成绩。

2022年4月19日,张伯礼在天津中医药大学第二附属医院召开天津市中医药抗疫经验交流会,总结了中医药抗疫的"天津经验:重视两头,抓一老一小"。"两头"指的是新冠肺炎疫情的预防和康复,"一老一小"指的是老年和儿童两个群体。张伯礼对天津市中医药抗疫工作取得的成绩给予了充分肯定,对更好地发挥中医药作用给出了指导,并对接下来的中医药疫情防控工作做出新的指示。

作为科研工作者,张伯礼带领团队面向国家战略需求和行业痛点进行科技攻关;作为教育工作者,他致力于中医药教育与传承,不断探索中医药人才成长规律;作为中医临床专家,他以医者仁心行仁爱之术,为中医药事业作出了重大贡献。张伯礼用诲人不倦、勇于开拓的科学精神,生动地诠释了一名共产党人对党的事业的无限忠诚、对人民群众的赤诚大爱、对科学探索的执着追求,彰显了一位有崇高价值观的中医达人的高远胸怀。

张黎明：黎明出发　点亮万家

张黎明，中共党员，国家电网天津市电力公司滨海供电分公司运维检修部配电抢修班班长，负责天津滨海新区80余万用户电力故障抢修及10千伏高压故障处理。他曾荣获全国优秀共产党员、全国劳动模范、时代楷模、最美奋斗者、改革先锋等荣誉称号，是中国共产党第十九次全国代表大会代表，3次受到习近平总书记亲切接见。

黎明，寓意着美好和光明。张黎明人如其名——始终秉承"人民电业为人民"的宗旨，扎根电力抢修一线32年，累计巡查线路8万多千米，绘制线路地图1500多张，成了同事眼中的"活地图"；他从对抢修工具小改小革到对创新"上瘾"，先后开展技术革新400余项，甘当点亮万家的"蓝领工匠"；他带领滨海黎明共产党员服务队，将"黎明出发　点亮万家"服务百姓的真情送到千家万户，被誉为"坚守初心的光明使者"。

"对待工作要讲究,不能将就"

　　作为一名党员,张黎明坚持"党员就要到组织需要的地方去"。他积极投身改革发展、保障民生等重大任务中,自2007年成立黎明共产党员服务队以来,张黎明带领队员们让党旗飘扬在改革前沿,到中新天津生态城、自贸区工程的建设现场,港口岸电、电动汽车充电桩的施工现场提供专业服务,为中石化、"大火箭"等大客户提供优质供电方案,到城乡、社区、医院、学校以及居民百姓中开展用电咨询,努力践行"人民电业为人民"的宗旨。作为党的十九大代表,张黎明深入车间班组、机关企业、工地一线等开展宣讲29次,覆盖近万人,推动党的十九大精神深入人心、化为实践。

　　电力抢修,"抢"的是时间,"修"的是技术。在没有任务的时候,张

张黎明与配电抢修队员在工作现场

黎明总爱沿着电线杆子"溜达",同时,还拿小本把线路切改、沿线环境画下来,这样的"溜达",一走就是8万多千米,这样的"地图",一画就是1500多张。简单的事情重复做,重复的事情用心做,久而久之,他练就了一手事故诊断"绝活儿"——出了故障,只要大致了解故障周围环境,就能迅速判断出故障的基本性质和位置,为尽快送电争得了宝贵的时间。正因如此,同事们给他起了个外号——"活地图"。为了将自己的绝活儿毫无保留地传授给大家,张黎明把多年遇到的近万个故障总结成50多个案例,编成《黎明急修工作案例库》和《抢修百宝书》,让同事在遇到故障时马上就能"查字典"。

"对待工作要讲究,不能将就!"张黎明说,践行工匠精神,不仅要在专业上精益求精,更得在创新上实现价值升华。

带电作业是一项高危险、高强度、高技能的工种,作业时必须穿上厚重密实的防护服,冬天还好说,一到夏天,里面都能倒出水来。看着大家受苦,他就萌生了研发带电机器人的想法。经过专家论证、查阅资料、参观学习、实验研究……他带领团队攻克十几项主要技术难点,研发出了第一代配网带电作业机器人——"钢铁侠"项目。

"服务没有最好,创新才能更好"

2011年,以张黎明名字命名的"张黎明创新工作室"应运而生,他带领团队时刻留意工作和服务中的"疑难杂症",逐渐把工作场所变成创新阵地,先后开展技术革新400余项,获得国家专利140余个,20多项成果填补智能电网建设空白,还孵化出"星空""蒲公英"等8个创新工作坊,培养出一批"蓝领创客",创造经济效益近亿元,带动661人提升技能、职称等级,9人获天津市"五一"劳动奖章。2017年,张黎明创新工作室获评"全国示范性劳模和工匠人才创新工作室"。

张黎明坚持"服务没有最好,创新就能更好",敢于创新突破,追求极致,充分展现新时代产业工人"蓝领工匠"品质。他勇于站在时代前沿开展创新攻关,率领团队研发基于人工智能的带电作业机器人,既促进产学研深度融合,又有效降低安全风险和劳动强度。该项目被天津市列为人工智能重大科技项目,参加第二届世界智能大会,并得到习近平总书记的充分肯定。他善于以解决实践问题开展创新,通过上千次试验,他主持研发的"可摘取式低压刀闸"项目,将恢复送电由45分钟缩短至8分钟。

张黎明坚守"电力抢修是雪中送炭、救人危急的事,干着光荣"的信念,传承新时代电力工人的使命。经过长期实践,他可以根据停电范围、天气情况和线路状况等,迅速准确地判断出故障成因和故障点,做到事故诊断"一手准",为及时恢复送电赢得宝贵时间。工作以来,他累计完成故障抢修、倒闸操作等作业2万余次,从未发生安全事故。

2019年1月17日,习近平总书记在天津考察期间,张黎明汇报讲解了带电作业机器人、智慧电网、车联网平台等创新工作,习近平总书记高度评价了张黎明在一线的创新贡献,对他的创新精神给予充分肯定。

"点亮万家灯火,守护岁月通明"

除了抢修班班长,张黎明还有一个特殊的"头衔"——滨海黎明共产党员服务队队长。他总说:"我是党的孩子,就应该随时出现在人民群众最需要的地方。"

张黎明始终坚持一心为公、一心为民,全心全意为人民服务,甘于奉献,为老百姓保电用电的最后一公里躬耕努力。他带领共产党员服务队,持续开展"黎明出发 点亮万家"惠民志愿行动,义务为老旧楼道安装节能灯具,形成电力企业提供技术和设施、居委会组织协调、居民志愿交费的三方联动送温暖机制,先后点亮了40多栋老楼150多个"黑楼道",使2000多户居民受益,促进各方共同发挥"善小乐为"社会正能量。他自掏腰包发起并成立"黎明·善小"微基金,为11个社区150多位老弱孤残人员建立服务档案,开展常态化爱心助困活动,并把自己的手机号公布在社区敬老助残服务卡、街道市民服务手册和便民爱心卡上,定期为社区排查线路隐患,真正把百姓当亲人,被社区百姓亲切地称为"光明使者",赢得了居民百姓的广泛赞誉,架起了党和群众的"连心桥"。

幸福是奋斗出来的,奋斗者是最幸福的。张黎明觉得,作为一名新时代产业工人,就是要敢想、敢干、创新、创造,为这个时代贡献出"工人智慧""工人方案""工人担当"。在他看来,"撸起袖子加油干"是对党的十九大精神最好的诠释。张黎明说:"我为生于伟大的祖国而感到骄傲,为祖国的强大而自豪。作为新时代的产业工人,将继续做好优质服务和创新工作,充分满足人民群众美好生活对于电力的需求,为加快建设'五个现代化天津'、实现中华民族伟大复兴的中国梦贡献工人智慧和力量!"

杨连弟：英雄姓名永不忘
烈士精神代代传

杨连弟，中共党员，中国人民志愿军铁道兵团一师烈士。杨连弟1949年3月参军，生前系中国人民志愿军一级战斗英雄，被志愿军总部追记特等功，追授一级战斗英雄。朝鲜民主主义人民共和国追授他英雄称号和金星奖章、一级国旗勋章。

"雄赳赳、气昂昂，跨过鸭绿江，保和平、卫祖国，就是保家乡……"当下很多人对于抗美援朝的印象就是这一首《中国人民志愿军战歌》。1950年10月，中国人民志愿军战士唱着这首歌跨出国门奔赴朝鲜战场，同朝鲜人民和军队一道，保卫和平、反抗侵略，留下了许多可歌可泣的英雄事迹。而在朝鲜半岛的清川江畔，奔涌的江水穿过悠悠岁月，诉说着关于中国人民志愿军一级战斗英雄杨连弟的永恒记忆。

家境贫寒　报名参军成为"登高英雄"

杨连弟出生在天津市北仓镇的一个贫农家庭。为了生活,杨连弟早早地就开始谋生计——他14岁时当过鞋匠学徒,以后又当过电工、架子工,给资本家卖了十几年苦力,也练就了一身登高技能。1949年1月,天津解放后,杨连弟告别了家人,与干过架子工的同伴一起,报名参加了人民解放军第四野战军的铁道兵纵队,成为一名随军技术工人。1949年春,杨连弟在修复石门(今石家庄)到北戴河铁路沿线桥梁的过程中初显身手,为连队解决了不少施工难题,被战士们亲切地称为"师傅"。

1949年夏,铁道兵部队开往豫西,担负了修复陇海铁路8号桥的任务。这座桥是当时全国第一高桥,桥墩高达45米,上指蓝天,下临深涧。在抗日战争和解放战争中,它几次被炸毁,只留下5座桥墩孤零零地遥遥相望。

为了保障进军大西北,需要尽快修复此桥,首要任务就是上到高耸的桥墩上,把它们铲平后重新架梁。由于缺乏施工机械,如何爬上桥墩成了难题。团首长把全团战士拉到大桥下,动员大家想办法。杨连弟经仔细观察,发现每个桥墩上每隔三米就有一根修桥时留下的铁夹板,虽然只有几寸宽,却勉强能站一个人,便大胆提出一个方案:用一根带钩的杆子钩住铁夹板上的圆孔,人顺着杆子爬上去,然后把脚手杆绑在铁夹板上,以此方法搭成单面云梯。团领导批准后,杨连弟在全团注视下,手持长杆第一个攀登,冒着随时坠落的危险,经数小时奋战,终于登上桥墩。当时在陇海铁路上工作多年的桥梁专家不禁赞叹:战士中真有能人啊!

杨连弟带头登上桥墩后,发现桥墩顶端被炸得凹凸不平无法架梁,

登高英雄杨连弟

又提议用土炸药将桥墩顶面炸平，并自告奋勇扛下了这个"空中爆破"的任务。在狭窄的墩顶上，杨连弟连续奋战三天三夜，进行艰险作业，反复爆破了百余次。最终，他所在部队提前20天完成了8号桥墩工程任务，在10月18日实现顺利通车。这一次修复陇海铁路8号高桥任务的圆满完成，也让杨连弟荣获了"登高英雄"的光荣称号。

保家卫国　抗美援朝中争当先锋

1950年11月，杨连弟参加中国人民志愿军赶赴抗美援朝前线。第三次战役时，沸流江大桥被敌机炸断，运输线被截断，敌机长时间在周围轰炸骚扰，上级下达命令，要求杨连弟所在连必须在10天内修复好这座大桥。

抢修工作大部分是在夜间进行，黑暗中，杨连弟与战友们用起重机一点一点起钢梁，可是两夜过去了，工作进度不大，这样下去很可能完不成任务。这可急坏了杨连弟——要知道，战场上的时间是相当宝贵的，拖延一天就是耽误了一天的作战计划。

于是杨连弟仔细观察敌机空袭的规律，发觉趁空袭的间隙，抓紧时间抢修能比摸黑干一夜的效率高。这一想法得到领导的同意后，他带领8名战士开始了进入朝鲜以来的第一次白天抢修。当4架敌机出现在上空时，杨连弟指挥大家隐蔽，但自己仍在桥上工作。这样一来，工程进展明显加快,沸流江大桥提前3天修复,江岸上堆积的粮食、弹药等物质又源源不断地送往了前线。

抗美援朝战场上的许多大桥抢修任务都是由杨连弟带领完成的。1951年7月,由于洪水来袭和敌机的猛烈轰炸,大量铁路桥梁毁坏,通车中断,杨连弟所在部队紧急转战位于满浦线关键位置的清川江大桥。

抢修大桥要先搭起人行便桥,但由于水深流急,部队尝试了十几次都未能搭设成功。这一次,杨连弟提出了用钢轨来搭设浮桥的方法,他带领一个排的战士,奋战30多个昼夜,终于成功完成任务。在架设浮桥的过程中,因为长时间作业极度疲劳,杨连弟被打来的浪头冲走,战友们将他救上岸时,他脸色苍白、嘴唇黑紫,手里仍牢牢攥着一把用来拧钢丝的钳子。当时战友问他,为什么不在落水时赶快扔掉沉重的工具时,杨连弟说:"打敌人用的武器是枪炮子弹,咱修铁路用的是这些工具,这就是咱的武器。武器不能扔,没了它就什么都干不了。"

不幸牺牲　英雄精神代代相传

1952年5月15日下午,身为副连长的杨连弟带着战士们在清川江桥上检修时发现新修的第三孔钢梁移动了5厘米,立即派人抬来压机准备移正钢梁。正在指挥部队起重钢梁时,一枚定时炸弹爆炸,弹片击中了他的头部。为了朝鲜人民的解放事业和祖国人民的安宁,年仅33岁的杨连弟在异国他乡永远地闭上了眼睛。

志愿军总部为他追记特等功,并追授一级战斗英雄称号,他生前所在连队被命名为"杨连弟连"。原铁道部将陇海铁路8号桥命名为"杨连弟桥",并在桥头建立杨连弟纪念碑。朝鲜民主主义人民共和国追授杨连弟英雄称号和金星奖章、一级国旗勋章。天津市北辰区北仓镇修建了杨连弟烈士纪念馆,曾任中国人民志愿军副司令员的洪学智将军为纪念馆题写馆名。

英雄虽逝,但英雄的精神始终会得到传承。在杨连弟的母校北仓小学,杨连弟烈士的英雄事迹无人不晓。无论是刚入学的一年级新生还是即将离校的毕业班学生,他们都在课堂上学习过英雄的事迹。不仅如此,学校将崇尚英雄、学习英雄精神作为德育特色,将不畏艰难、勇往直前的英雄精神潜移默化地浸润到学生的日常学习和生活中,潜移默化地融入学生的行为举止中,将红色基因传承下去。

不仅如此,学校从校级、年级到班级,分别设有杨连弟志愿服务小队、杨连弟志愿服务岗等。每天上、下学和课间,都有身披"杨连弟志愿服务岗"绶带的学生站在校门口、楼梯间,提醒来往的同学轻声慢步、戴好口罩,注意礼仪规范。每到周末或节假日,校大队辅导员李红立带领"杨连弟志愿服务小队"的学生走进社区、养老院,开展宣传垃圾分类、慰问孤寡老人、清理社区环境等志愿服务,将英雄无私奉献的精神践行到日常生活中。

英雄眼中没有越不过的高山,勇士脚下永远是攀登的足迹。以杨连弟为代表的中国人民志愿军铁道兵,铁骨铮铮、奋勇攀登、永不言败,建立了不朽的功勋。

后世永远都不会忘记英雄的姓名,英雄的精神也会一代代传承下去,激励每一位中华儿女为祖国奋斗终生。

范玉恕：老老实实做人　结结实实盖楼

范玉恕,中共党员,天津建工集团三建建筑工程有限公司原副总工程师,全国优秀项目经理。从事施工管理40余年来,范玉恕先后组织完成了30多项、50余万平方米的重大施工任务,工程质量项项优良,不管岗位如何变化,他"老老实实做人、结结实实盖楼"的人生信念永远不变。他是中国共产党第十六次全国代表大会代表,曾荣获全国劳动模范、最美奋斗者、第一届全国道德模范荣誉称号。

1999年,范玉恕凭着他负责的所有工程质量全部优良成绩,创造出天津建筑史上"四个第一",两次获得全国建筑行业最高奖——鲁班奖,被誉为"群众信得过的建房人"。2001年,中共中央宣传部将范玉恕作为重大典型向全国推出,同年,范玉恕当选党的十六大代表。多年来,他自觉恪守"老老实实做人、结结实实盖楼"的人生信念,努力为党和人民筑造更多的优质工程、精品工程、放心工程,是全国建设系统的一面旗帜。

保质量始终坚持"四个一样"

范玉恕把工程质量视为生命。他常说,"建筑工人讲诚信,最根本的是要确保工程质量""盖房子,就得对国家负责,让老百姓放心""只有老老实实做人,结结实实盖楼,才上不愧党的培养,下不愧人民的信任"。作为项目经理,范玉恕始终坚持"四个一样",即大事小事一个样、外露工程和隐蔽工程一个样、分内事和分外事一个样、有要求和没要求一个样。厕所和浴室的下水管漏水是工程质量的通病,是最让用户烦心的事。范玉恕对解决这些质量通病特别经心。他选派技术较高的工人并加上有效的技术措施,使每个地漏都高矮合适,厕所、浴室里的水都排得干干净净。

范玉恕干普通民宅坚持对人民负责,干其他工程也是一样。

1992年5月,为办好第43届世界乒乓球锦标赛,天津市委、市政府决定在天津电视塔附近建一座5万平方米的体育中心建筑群。组织这项工程施工的任务光荣地落到了范玉恕的肩上,当时范玉恕既兴奋又担心。兴奋的是能有幸主持这样一项为国争光、为民造福的工程;担心的是体育中心工程7个项目同时施工,主馆又是当时亚洲最大的体育馆,结构特别复杂,工期紧,要求22个月干完,这对范玉恕确实是个严峻的考验。

作为一名项目经理,范玉恕勇于承担重任,下决心要向党和人民交出一份出色的答卷。体育中心主馆最关键的工序是屋顶网架安装。这个网架重800吨,直径108米,面积比足球场还要大。这么重、这么大的网架要架设在96桩柱子上,网架上的384个螺孔要和柱子上的384根预埋螺栓一一对应,有一个对不上,网架也安装不上。为了把住质量关，范玉恕和大家一起量角度、测半径、算弦长、找垂直。他两眼紧紧盯着经纬仪，在太阳下一站就是几个钟头。本来范玉恕的眼睛就有中心柱视网膜炎，怕长时间用眼，怕见强光、电弧光，怕水泥、白灰的刺激，这么一来很快就受不了了，双眼一阵阵的疼痛，使得他头晕恶心、眼前发黑。但他顾不上这些，继续带领大家反复测量检验，终于完成了螺栓预埋任务。

当网架最后合龙时，384个螺栓和螺孔严丝合缝，网架一次安装成功，刷新了国内钢结构施工的新纪录。网架安装的同志说："我们走南闯北，干了不知多少个大型网架，土建施工质量这么好、精度这么高的，这还是头一个。"范玉恕干工程就是这样从每一个螺栓做起，坚持对党负责，让人民满意，叫子孙后代放心！

"我即使累倒了也值得"

2000年底，天津建工集团三建公司率先打入青海省西宁市建筑市场。在承建黄河上游梯级电站调度楼时，建设单位指定该工程必须创"鲁班奖"，并指名道姓让范玉恕担任质量总监。范玉恕得知后，把个人的病痛置之度外，毅然找到公司领导说："只要能为青海省人民创出'鲁班奖'，我即使累倒了也值得。"

就这样，范玉恕踏上青藏高原，带领项目人员相继应用了大量的新技术、新工艺，在当地率先创建成高标准的文明工地，引起了青海省社会各界的高度重视。青海省建设厅组织当地施工企业人员学习观摩，《青海日报》对此进行了新闻报道。最终，该工程如期竣工，工程质量被验评为中国建筑工程鲁班奖（国家优质工程）。

2004年6月，天津三建一举中标北京奥体中心运动员公寓工程，范玉恕再次被任命为项目经理。他把主持这一奥运工程当作自己建筑生涯的新起点和提升点,他说:"干奥运精品工程,没有创新精神绝对干不成。必须坚持理念、手段和技术创新。"

从开工起,他就精心带领项目班子及全体参建人员,认真制定科学的施工方案,全方位、全过程地贯彻质量目标,建立健全质量保证体系,强化完善技术交底制、材料进场验收制、岗位责任挂牌制、质量样板引路制、工程成品保护制等一系列的质量控制责任制度。

当时正值酷暑,地面温度达到50摄氏度,他作为工程项目负责人一天也没离开过施工现场,做到制订施工方案一盯到底,关键部位一盯到底,工艺难关一盯到底,交叉作业一盯到底,质量验收一盯到底,带领员工从一张图纸、一根钢筋、一块砖、一车混凝土抓起,严严实实地把住了每一道质量关,确保了工程所有工序和各个部位一次成优。

他组织奥运工程创精品,始终不忘环境保护和文明施工,坚持科学严谨的绿色、环保、文明施工,不仅使该工程主体质量荣获了北京市建筑工程质量最高奖"长城杯"金奖,还使该工地成为北京市文明、环保施工的典范。

范玉恕(左二)现场工作中

做"信得过"的建房人

30多年来,范玉恕先后组织完成了26项、近40万平方米的施工任务,工程质量项项优良。其中,5项工程获得鲁班奖。范玉恕以实际行动兑现了"不向社会交付1平方米不合格工程"的承诺。1999年,范玉恕被中华全国总工会授予"全国十大杰出职工"荣誉称号,2000年当选全国劳动模范、全国职工职业道德"双十佳"标兵,2003年范玉恕被建设部评为"全国建筑业优秀项目管理者"。

在打造优质工程、精品工程、放心工程的同时,范玉恕不忘为企业储备人才,坚持"传、帮、带"。在天津三建的支持下,他坚持每年与年轻项目经理签订"师徒合同",担任企业青年人才的导师,定期与年轻项目经理交心,定期谈制度建设,定期交流施工经验,把自己掌握的先进管理方法、管理手段毫无保留地传授给他们。如今,全公司有三分之一以上的项目经理都是范玉恕的"弟子",其中更涌现出了一批全国优秀项目经理。

范玉恕虽然已退休多年,但他心系企业,积极发挥道德模范的引领作用,经常给企业提出合理化建议,抽出业余时间开展专业指导,在公司道德讲堂给青年施工管理人员讲授专业知识和敬业爱业精神,将自己的做人做事理念毫无保留地传授给他们,得到了企业员工的爱戴。与此同时,范玉恕还积极参与文明建设活动,利用自己的专业特长,帮助天津市建筑行业协会编写完成诸多施工指导用书,发挥了道德模范的应有作用。

"范玉恕盖房,老百姓放心。""范玉恕盖房,老百姓满意。"这是群众对范玉恕这位见证改革开放40多年城市发展变化,引领建筑时代发展"建筑人"的最高褒奖。

杨海燕：盛开在"一带一路"上的"水电玫瑰"

　　杨海燕，中共党员，中水北方勘测设计研究有限责任公司副总工程师。1991年从清华大学水利水电工程建筑专业毕业后，杨海燕将自己的青春全部奉献给了中国水电，她用实际行动表达对祖国的热爱，努力自主创新，勇于突破技术难题，做"一带一路"合作的先行者，让中国水电赢得世界喝彩。

　　全国最美科技工作者、全国五一巾帼标兵、全国三八红旗手、天津市优秀科技工作者标兵、天津市五一劳动奖章获得者……这些数不胜数的荣誉是杨海燕十几年如一日的拼搏换得的勋章，"水电玫瑰"盛开的芳香，铺满了"一带一路"沿线。

　　1991年从清华大学水利系毕业后，杨海燕进入中水北方勘测设计研究有限责任公司，正是在这里，她开启了自己30多年的水电工程建设之路。从非洲到东南亚，从中东到南美洲，遍布杨海燕的足迹。

圆巴基斯坦百年梦

夏季的巴基斯坦,让人每时每刻都挥汗如雨。拉合尔作为巴基斯坦的第二大城市,也迎来了一年中最煎熬的时刻,40多摄氏度的高温下,如果没有电,会是怎样一番景象?

10多年前的拉合尔,家家户户的门口都配有一个柴油发电机,因为这里每隔一个小时就要拉闸限电一次。有的城市甚至每天停电时间长达14至18小时,当地对于大量电力的需求已经刻不容缓。

巴基斯坦百年梦想高摩赞(Gomal Zam)大坝枢纽工程位于巴基斯坦西北边境印度河支流高摩赞河上,包括一座133米高的大坝和水电站。水库库容较大,可为农田提供灌溉用水,兼顾防洪抗灾使命。水库总库容14亿立方米,是巴基斯坦第一座碾压混凝土曲线重力坝。这一工程是巴基斯坦20世纪60年代提出的设想,直到2003年,杨海燕和设计团队让这一奇迹得以实现。高摩赞大坝枢纽工程是2003年第一批

杨海燕与巴基斯坦专家商讨高摩赞大坝枢纽工程技术方案

"走出去"的项目,因为是竞标项目,商务条件十分苛刻,而且当时的杨海燕和团队并不熟悉国际标准,语言沟通方面也存在不少的问题,同时该工程的坝址位于高震地区,河谷狭窄,地质条件相对较差,难以满足修建高拱坝的要求。杨海燕和团队咨询国内外一些知名科研机构,得到的回复都是:这样的地质条件不宜修建133米高的拱坝。

"不能求助他人,也不能降低设计要求,我们只有靠自己攻克难题。"当时的杨海燕和设计团队想与国内的科研机构合作,但是众多科研机构纷纷感觉难度太大而不愿意接手。杨海燕和设计团队反复论证大坝体型,经过大量分析计算,花费将近20个月的时间,最终提出了满意的设计方案并得到了业主工程师的批复。

十年磨一剑,2011年,高摩赞大坝枢纽工程项目主坝建成,沿线有190万英亩土地得到良好灌溉,下游的洪水也得到有效控制。巴方的合作伙伴们亲切地称中方人员为"可以信赖的患难之交"。大坝自2013年6月发电以来,运行良好,验证了设计方案的合理性。

在高摩赞大坝枢纽工程的设计完成后,杨海燕带领团队,又接下了杜伯华水电站和汉华水电站两个项目。由于水利工程都在地势险峻的地方,且多在战乱地区,杨海燕数次与死神擦肩而过,但是这些危险从来没有让杨海燕退缩过,迎难而上是她一贯的风格。高标准,严要求地完成每一个项目,是杨海燕始终如一的坚持。

带中国标准走出国门 做"一带一路"先行者

从2018年开始,杨海燕参与重大国际合作规划和专题研究,作为专家,参与到中巴经济走廊能源规划中。中巴经济走廊,北起中国喀什,南至巴基斯坦瓜达尔港,纵贯3000余千米,辐射数亿人口。能源电力是激活中巴经济走廊的血液。

多年来,巴基斯坦电源构成长期保持以油电、气电为主导地位的格局,水电等绿色能源多元发展格局尚未形成。杨海燕作为"一带一路"上的水电工程师,她追求的绝不仅仅是将丰沛的水能转变成巴基斯坦家庭的一度电、印度河边的一盏灯。在她看来,推动"一带一路"沿线国家与地区建设沿着高质量发展运用到水电工程项目上,需要与所在国政府、人民加强沟通交流,使得项目建设在更广领域、更高层面、更长远时间发挥作用,同时,为社会环境、生态环境的可持续发展提供更好服务。

杨海燕立志要为绘制好"一带一路"工笔画立骨着色。她说:"除了让巴基斯坦少走能源发展弯路、走绿色发展之路外,还要把目光聚焦在巴边远地区的能源覆盖和灌溉问题上,聚焦在智慧工程管理上。"为深化中巴水电合作,中方正积极致力于筹建水电技术培训中心,并试图在已经开工的达苏水电站、穆罕默德水电站探索智慧大坝,推动项目建设走深走实。

杨海燕在"一带一路"重大水电工程中推广使用中国标准,推动标准对接与互认,为推进"中国标准+中国技术+中国装备+中国建设"全链条"走出去"尽力,扩大了中国标准国际影响力。她同时也参与到中国标准国际化顶层设计中,开展中国和欧美标准对标、中国标准英文版翻译及宣贯工作。作为负责人、主要翻译者和审查者,杨海燕和团队目前已完成20余项标准编译研究,将中国标准输出海外。

把对女儿的愧疚埋在心底　做雷厉风行的"铁娘子"

"她是个'铁娘子',做事情雷厉风行。"中水北方勘测设计研究有限责任公司海外事业部海外厂房所副所长王立群说,"我们外出时候,许多偏远地区根本没有通行道路,男同事去都觉得艰苦'待不下去',杨海燕总是身先士卒,经常一个人去现场保证项目顺利实施。"

或是穿越非洲的原始森林,或是在南亚露营野外,或是常常面临野兽、毒蛇、蚊虫,这些似乎都已经成为杨海燕的家常便饭。在高摩赞和杜伯华水电站施工期间,她经历了2004年人质绑架事件、2005年南亚大地震和2010年特大洪水。在安全形势严峻的巴基斯坦,尽管是在军队警察荷枪实弹保护下工作,日常生活中她还是要经受恐怖袭击的威胁。摸石过河需要勇气更需要担当,面对艰难险阻,杨海燕从不服输。可是当这个留着齐肩短发,声音很轻,有着南方女子的温婉的"铁娘子"谈到家庭、谈到女儿时,内心难免遗憾和愧疚。

刚走出国门的时候,杨海燕的女儿还不到3岁,可以回国的时间非常少,甚至过春节的时候都不能陪伴女儿。项目经理李润芝回忆说:"她告诉我,有的时候回家她想抱女儿的时候,女儿都会躲着她,这让她十分难过。"

2003年刚走出国门时,项目资金有限,每一个出国的人都要待到半年以上,他们参与的项目大多都在较为偏远的地区,没有网络,没有信号,更没有办法跟家里取得联系。从女儿不到3岁到后来考上大学,几乎在女儿所有的人生节点时刻她都不在国内。

杨海燕的女儿吴楚菲说:"小时候一年也见不到几次。"在2019最美科技工作者颁奖典礼上,杨海燕带着女儿来到现场,女儿第一次了解到妈妈的工作:"知道妈妈得奖我特别惊讶,因为此前妈妈从未提及与工作相关的事,我也不知道妈妈面对的那些艰苦条件,也不知道妈妈做到什么样的高度。妈妈获得这么高的荣誉,我非常替她开心和骄傲。"

"当听到女儿对我说,你这么厉害啊,我感到一丝安慰。"杨海燕露出了欣慰的笑容。"我特别感谢我的家人,我在国外工作期间基本上都是婆婆帮忙照顾女儿,如果没有他们坚定的支持,我很难坚持十几年。"杨海燕说。

经年累月地奔赴在国际工程现场,无论异域风景如何变幻,杨海燕都心怀对祖国的热爱,对企业的责任,对自我的超越。杨海燕这朵"水电玫瑰",在中国企业"走出去"和"一带一路"建设征程中,绽放着铿锵的美。

孔祥瑞：在港口创新路上锚定无悔奋进的航向

孔祥瑞，中共党员，天津港中煤华能煤码头有限公司孔祥瑞操作队原党支部书记、队长，中国共产党第十七次全国代表大会代表。孔祥瑞先后获得最美奋斗者、第三届全国道德模范、全国优秀共产党员、全国劳动模范、100位新中国成立以来感动中国人物、全国十大高技能人才楷模等荣誉称号。

"我既是孔祥瑞，又不是孔祥瑞。"在孔祥瑞眼里，这个已经符号化的名字，既是对过去成绩的肯定，也是激励他继续奋斗的动力源泉。

在天津港生产一线奋斗40多年，他常说："当代工人，只有有知识、有技能，才能有力量"，"可以没有文凭，但不能没有知识"。也正因为有这样的执着追求，他从一名只有初中文凭的码头工人，成长为远近闻名的"蓝领专家"，在港口创新的路上锚定无悔奋进的航向。

立足岗位守初心

把工作岗位当成课堂，把生产实践作为教材，把设备故障作为课题。这是孔祥瑞成为蓝领专家的"秘诀"。

1972年，他初中毕业后被分配到天津港码头当了工人。吃苦耐劳、勤学好问的他，总想着如何将工作干透、干精。工友们时常看到休息时间的孔祥瑞，也在不停地翻看设备说明书，一页一页地学，一项一项地啃，不明白的查资料，不懂的找人问，直到把厚厚的说明书弄通弄熟。

孔祥瑞的心思细腻，他有个记工作日志的习惯，小本子每天随身携带，在日常工作中，他留意设备出现哪些故障、什么原因、修理过程、注意事项等都一一记录在案。日积月累，一本本工作日志成为他搞技术创新的资料库。

岗位上的刻苦钻研，使孔祥瑞逐渐成长为一名专家。一次，码头上一台门式起重机的旋转大轴承出现异响。这有可能是缺少润滑，但也可能是重大事故的前兆。如果不拆卸进行彻底检修，门机就有可能瘫痪。但是如果拆卸下来后发现没有问题，企业会蒙受上百万元的经济损失。拆还是不拆？在场的企业领导和工友们都将目光集中在了孔祥瑞身上。孔祥瑞又仔细地听了听响声，随后说道："是轴承坏了，必须拆！"根据他的提议，公司请来900吨的海上浮吊进行作业。伴随着海吊的隆隆声，门机上半截被缓缓吊起，回转大轴承被拆了下来。结果却出人意料，回转大轴承看起来完好，没有异常。这让在场的人为孔祥瑞捏了一把汗。孔祥瑞自己也觉得不可思议，但很快就冷静下来，仔细思考问题所在。随后，他指挥吊车将大轴承翻了过来，终于找到了问题所在，原来表面完好的回转大轴承背面，滚珠已经散落出槽，如果继续使用,后果不堪设想。就这样,门机的故障被及时排除了。从此,孔祥瑞在单位名声大噪,也有了听音断"病"的美誉。

孔祥瑞听音断"病"

躬身力行担使命

"喊破嗓子,不如干出样子。"这是孔祥瑞经常挂在嘴边的一句话。2004年下半年,全国电煤告急,交通部希望天津港能为全国"迎峰度夏"电煤抢运作出贡献。作为操作队队长,孔祥瑞整个夏天没有休息,每天早来晚走,经常吃住在单位,全力提高设备运行效率和整体工作进度,有效缓解了电煤紧张情况,受到交通部的表彰。2009年,面对国际金融危机的不利影响,孔祥瑞在调研的基础上,建议公司开展"煤炭破碎筛分"业务,并参与了设备选型、招投标、安装调试全过程,公司当年实现收入6500万元,利润4000万元。

随着天津港的快速发展,孔祥瑞最早接触的门机眼看着被一套套先进设备所取代,他嘴上不说心里却想:如果自己的知识驾驭不了新设备,就会被设备所淘汰。这种内心深处的"危机感",触发了他学习新知识和新技术的念头。孔祥瑞的方法是"专学专用"。所谓专学,是学跟设备有关的知识;他自学了力学、机械原理、液压、电工学、材料等方面的知识。所谓专用,是把学到的东西全部用于实践。孔祥瑞发现这种学法收获很大,一是学得快二是用得上,而且学的时间一长,不仅所学的知识系统化了,工作中也更加得心应手。他后来获得国家级发明专利的革新成果,被生产厂家应用于新产品中的技术创新项目,都跟"专学专用"密切相关。

此后,随着天津港"北煤南移"战略的加快推进,孔祥瑞所在的公司改造为集装箱码头,他也因工作需要调至位于天津港南疆港区刚刚建成并投入使用的煤码头公司。面对当时世界最先进的煤炭连续作业设备,孔祥瑞在没有先例可供借鉴的情况下,主动请缨,勇于担当,组织编写了全国港口第一本《系统设备故障维修技术指南》,将日常保养和维修的442项做法加以总结归纳,供一线工人解决"疑难杂症",实用性强,深受欢迎。2012年,天津港成立了"孔祥瑞劳模创新工作室",负责难题攻关,培养后备力量。2014年,该工作室获得中华全国总工会首批命名的"全国示范性创新工作室"。截至目前,工作室先后开展创新项目百余项,培养出张瑞元、段凯等一批劳模和技术骨干。

"没有完美的个人,只有优秀的团队。"作为操作队带头人,孔祥瑞十分注重发挥团队作用,坚持召开"诸葛亮会",举办"员工讲堂",组织开展"自助餐式培训"、岗位练兵等活动。在他的言传身教和悉心培养下,众多青年技术工人迅速成长起来。维修班知识型产业工人QC(质量控制)小组连续3年获得全国质量信得过班组,孔祥瑞操作队获得全国"工人先锋号"称号。

薪火相传攀高峰

天津港从无到有、从小到大，是用前辈们的心血换来的，非常不容易。回想起在天津港走过的人生之路，孔祥瑞感慨万千，他说："值得我庆幸的事太多了！我庆幸起步时有个好师傅带着，独当一面时有情同手足的工友们帮着，遇到大事和困难时有领导撑着。当然，我更庆幸自己赶上了这个尊重劳动、尊重知识、尊重人才、尊重创造的好时代，是时代成就了我这个普通工人。"

新时代是奋斗者的时代。奋斗就是实干，实干是成就事业的必由之路。正如习近平总书记一直强调的：劳动最光荣、劳动最崇高、劳动最伟大、劳动最美丽。从1952年重新开港时的人拉肩扛到中国港口第一个下放改革，从建成世界等级最高的人工深水大港到现在的"自动化装卸桥""自动化轨道桥""无人驾驶电动集卡"，天津港在全国港口中创造了一个又一个"第一"，连续多年名列世界港口十强行列，67年的跨越发展让孔祥瑞无比自豪。

2019年1月17日，习近平总书记视察天津港码头，孔祥瑞在现场聆听了总书记讲话。孔祥瑞认为，无论是个人、社会还是国家，都迫切需要务实求精的工匠精神，新时代的产业工人，就是要充分发扬爱岗敬业、精益求精的工匠精神，坚持学习，坚持实践，坚持创新，立足岗位，诚实劳动，拼搏奉献，为实现中华民族伟大复兴的中国梦而不懈奋斗！

如今，习近平总书记提出的"要志在万里，努力打造世界一流的智慧港口、绿色港口，更好服务京津冀协同发展和共建'一带一路'"的殷切嘱托，已经根植于每一名天津港人的心中。天津港人正在以奋斗者的昂扬身姿拼搏奉献在海天之间。孔祥瑞的故事只是天津港众多敬业爱岗、甘于奉献的员工事迹的缩影,虽然他现在已经退休,但是在全国各地技能大赛的裁判、点评席上仍能看到他忙碌的身影,孔祥瑞依然在用自己的方式为党、为自己钟爱的事业贡献力量。

孔凡成：写在大山的忠诚

孔凡成，中共党员，中铁十八局集团隧道公司四川省锦屏二级水电站原项目部经理。他在施工一线奋战40年，参与了16项国家重点难点工程建设，带领团队攻克多项世界级隧道施工难题，为我国超长隧洞建设和国家水电建设作出了重大贡献。曾获全国五一劳动奖章、全国道德模范等荣誉，获得国家科技进步一等奖、鲁班奖、詹天佑奖等多项大奖。

孔凡成干了一辈子工程。面对荣誉，他保持低调，始终坚守初心；面对施工困难，他以坚毅的态度刷新施工进度；面对职工，他以真诚的心对待，帮助他们解决家事难事。他以高度专业的精神、坚毅坚守的态度，带领同事攻克多项世界级隧道施工难题，为我国工程建设事业作出了独特贡献。

重担在前　一个字——"干"

2005年初,业主单位——锦屏建设管理局把一级电站地下厂房交通洞仅1700多万元的"小项目"交给了中铁十八局集团。但就是这个项目,成为检验企业实力的"试金石"。

"让我去锦屏是组织上对我的信任。无论多大的困难,只有一个字——干。"尚在陕西项目工地上的孔凡成紧急受命,踏上了征战锦屏的征程。

孔凡成到达现场后发现,工地山高坡陡,找不到一块平地安营扎寨,他们就在交通洞里安营扎寨。即便如此,孔凡成团队第一个月就创造了锦屏电站掘进新纪录!最终提前77天实现目标,获评锦屏电站"样板工程"。

交通洞只是小试牛刀,牦牛山隧道项目更是一个考验。

2005年6月,孔凡成带着技术人员整天泡在洞子里,观察摸索,优化方案,月掘进速度突飞猛进,37米、87米、274米……连续8个月奋战,提前17天打到分界线。接着,又根据业主要求继续向前掘进了200米,牦牛山隧道提前4天贯通。

中铁十八局集团的品牌从此在这里叫响,后续工程接踵而来。7年间,集团在锦屏水电站中标13项工程,总额30多亿元。

"孔凡成视工作岗位和企业信誉如生命,交给他的每一项工程都非常放心。在业主的心目中,老孔已经是锦屏这座世界级的水电工程中不可替代的'金牌项目经理'和专家型的人才。"中铁十八局集团董事长、党委书记郝趁义说。

锦屏二级水电站引水隧洞C4标包括1号、2号引水隧洞及检修排水系统工程,是水电站的核心控制工程,具有"埋深大,地应力高,岩爆强,涌水多"等特点。

1号引水隧洞采用了美国公司生产的全断面硬岩隧道掘进机(TBM)。该掘进机在国内同类机械中直径最大,刀盘直径达12.4米,总重约5000吨,全长近251米。由于工期紧张,TBM没有在生产地美国进行预组装,而是每生产出来一批零部件就直接运到工地。

施工现场一边是悬崖峭壁,一边是滔滔江水,根本没有组装场地。孔凡成和攻关组反复论证后决定:开掘TBM组装洞,在洞内安装。孔凡成把铺盖卷带到施工现场,组织技术人员在洞内查阅资料,编制程序,精心组装……经过149天艰苦努力,TBM试掘进成功!

"共产党员的先进性体现在技术上,技术上的突破是源于内心有信仰。老孔的这种精神和信仰恰恰是新时期铁道兵精神的传承和发扬。他的先进事迹和崇高精神是我们30万铁建员工精神风貌的缩影。"中国铁建董事长、党委书记孟凤朝说。

"他诠释了共产党员的时代风范"

国道106线、西安至安康铁路秦岭隧道、北京六环路、西安汉中高速公路秦岭二号隧道、四川锦屏水电站引水隧洞……16项国家重点难点工程见证着孔凡成的辉煌"战功"。

孔凡成出色的项目组织管理能力,为企业创造了良好的经济效益和社会信誉,因此他荣获了金牌项目经理、天津市劳动模范、中国铁路施工企业优秀项目经理称号,还荣获了第四届全国道德模范称号。为充分发挥先进示范引领作用,扩大劳模品牌效应,激发职工创新活力,在集团的支持下,2008年孔凡成创建了"孔凡成劳模创新工作室"。自工作室成立以来,孔凡成带领大家累计研究解决各类技术难题25项,提出和优化各类技术方案34个,组织开展TBM施工技术、TBM配件国产化研究、桥梁技术等各类技术交流、学习座谈、理论研讨38次,取得创新成果13项、实用新型专利18项,发明专利6项,累计创效近1.5亿元。

中国铁建十八局集团董事长、党委书记郝趁义在座谈会上对孔凡成的事迹给予高度评价。他说:"孔凡成用自己瘦弱的身躯支撑起企业的重任,有力地诠释了共产党员的时代风范。"孔凡成看重责任、履行使命、廉洁敬业,视企业的信誉如生命,为企业创造了良好的经济效益,树立了企业良好的品牌形象,是国企管理者的优秀代表之一。他的事迹集中展现了国企管理者的使命、责任与担当,展示了作为企业领导干部的职业道德和操守,传承了铁道兵的传统和精神。

"孔凡成劳模创新工作室"不仅创造了良好的经济效益,也为企业转型升级提供了有力的技术支撑,其形成的"爱岗敬业、争创一流、艰苦奋斗、勇于创新"的劳模精神,更是成为引导广大职工岗位建功、争当先进、创誉增效,助推企业发展的精神动力。

孔凡成(左)勘察隧道

"身先士卒,这样的领导俺们打心眼里佩服!"

在单位里,大家对"孔凡成"这个名字的解释是:"凡事都能成",而在家里,这个解释却恰恰相反——"凡事都不成"。家里的大小事指望不上不说,亲戚朋友如果有什么私事找他,他也是一概拒之门外。孔凡成兄弟姐妹8人,至今仍然是四处漂泊打工。多年来,他们不但没有从孔凡成那儿得到什么"特殊福利",而且还要时常替他在亲戚朋友面前"背黑锅",挨骂受气。

了解孔凡成的人都知道,他是一个外表少言寡语、内心充满激情的人。他自己可以将就着过日子,但是一定要职工过得好;他自己可以不和家人团聚,但是千方百计让职工和家人共享天伦之乐;他有了困难可以自己扛,但总是想办法解决职工工作、生活和家庭的实际问题。越是在挑战面前,他的精神和行动就越具有力度。他的能量似乎是无限的。职工们喜欢和孔凡成一起工作,被孔凡成感染着、感动着,从而形成强大的团队凝聚力和战斗力。

2010年2月,锦屏2号隧洞出现罕见的强岩爆。巨大的冲击波,把隧道底拱冲出3条宽30厘米、长40米、深3米的裂缝,在一旁出渣的20方自卸车斗子直接被掀翻,巨大的装载机也报废了,大家吓得谁也不敢进去。

冲击波刚过,孔凡成第一个冲进现场,大家一看,都不顾危险,跟着冲了进去。工人们说:"孔经理身先士卒,不惧安危,这样的领导俺们打心眼里佩服!"

最终,他们研究出快速处理的施工方案和技术措施,施工稳步推进。

多年来,孔凡成用他的智慧和汗水,抒写了铁建人永不言败的精神。

孟祥飞：在超算数字世界里见证中国速度

孟祥飞，中共党员，现任国家超级计算天津中心党组书记、应用研发首席科学家。2016年，孟祥飞成为"十三五"国家重点研发计划高性能计算领域最年轻的项目首席。曾荣获最美奋斗者、全国优秀共产党员、全国先进工作者、中国青年五四奖章、天津市劳动模范等荣誉称号。

在超算领域里，国家超级计算天津中心党组书记孟祥飞披星戴月，攻坚奋斗。他是立下"军令状"的"天河"超级计算机应用研发首席科学家，"超算"从被质疑中看不中用的"大型游戏机"，到真正能够算天算地算人的国之重器，他带领团队秉承科技报国的初心使命，将"中国速度"镌刻在世界之巅。

拳拳爱国心　浓浓赤子情

　　1979年，孟祥飞出生在山东临沂一个小村庄，从小品学兼优。2006年，孟祥飞考入南开大学理论物理专业攻读博士研究生。他所从事的物理研究需要大规模计算平台支撑，但当时国内科研条件十分薄弱，且几乎全部相关技术都被欧美垄断，为了学习先进技术，他被公派美国留学。在美国全力投入研究的同时，他对超算技术有了全面的掌握。

　　"科技没有国界，但是科学家有祖国。"面对导师的极力挽留和劝说，他毅然放弃优渥的研究环境，选择报效祖国。博士毕业后，正值国家超级计算天津中心刚刚成立，在没有任何工资、福利的情况下，孟祥飞立即参与到我国首台千万亿次超级计算机"天河一号"的研制和首个国家级超算中心建设中，他说："这就是中国科技创新的一盏明灯。"

　　当时的境况可谓"白手起家"，超算中心连办公室都没有。孟祥飞和团队成员一起从改造机房，安装电缆、机柜等体力活做起。100多台机柜，他们用双手组装完成；为了在离地60厘米的机柜下接通信线路，他们躺在地上连续工作若干个小时。人员紧张，孟祥飞带头承担系统运维和晚间值班任务。暑热袭人，他待在还是毛坯房的值班室，没空调、蚊子多，陪伴他的只有闪烁的显示屏，实在累了困了，就在装服务器的大纸箱上躺会儿，白天继续开发测试。

　　没日没夜奋战7个月，"天河一号"超级计算机系统实现了稳定运行。在国外，这通常需要12到18个月。2010年11月17日，"天河一号"超级计算机以每秒2570万亿次的实测运算速度雄居世界第一。

创新研发　突破国外技术封锁

当时很多国外专家质疑"天河一号",认为"中国就是造了一台为排名而生的大型游戏机",认为"天河一号"速度再快,没有应用到创新产业领域,也只是摆设。面对外国否定和质疑的声音,孟祥飞义愤填膺,他知道,把超级算力转变为强大的生产力,才能让中国在世界"超算"领域立足。作为应用研发负责人,他立下了军令状:"搞不好'天河一号'应用,我卷铺盖走人。"

"天河"超级计算机像一个超级大脑,可以为各个领域创新提供强大支撑,但前提是要能为各个科技创新和产业创新的领域利用其构建对应的数字模拟系统或虚拟环境。而这需要全面掌握各领域创新的理论和技术前沿知识,并要全面开展"天河一号"应用研发所涉及航空航天、气候气象、石油勘探、生命科学等多项领域合作。为打通各领域专业知识,他阅读了上百本专著,汇总、整理网络和领域专业文献资料超过150万字。他笑称自己"上知天文,下知地理,中间懂空气"。

凭着这种执着和坚持,孟祥飞和他的团队最终使"天河"超级计算机实现了大到可以模拟宇宙的形成演化,小到可以展示一个个原子组合成新材料的过程,让"数值风洞"成为可以模拟大飞机飞行、高铁奔驰的平台,让"天河"超级计算机在航空航天、气候气象、石油勘探、基因科技、先进制造、新能源、新材料等数十个领域广泛应用,每天满负荷运行完成近万项计算任务,支撑国家和地方重大重点研发创新项目超过2000项,为企业新增收益超过百亿。同时,"天河一号"也引领了中国"计算驱动创新"的快速发展。

曾经,我国成熟的地震勘探处理软件一直都由美欧等大的石油物探公司垄断,与此同时,美欧对我国进行技术封锁和限购,给我国能源保障和安全带来严重制约。自2011年超算开启与中石油技术研发合作以来,孟祥飞团队从基础数学理论推导到物理模型建模,异构高性能软件开发、大规模数据访存优化等多个环节开展全面研发创新。为了掌握前沿技术和保障研发进度,他将每天上下班的地铁轻轨变成了阅读文献和编写软件的"移动工作室",经常坐到终点站了还沉浸在数据世界,直到被列车员"赶"下来,而创新方案的灵感也源源不断从大脑流出。经过持续研发和优化,他们的软件不仅达到了国际领先水平,甚至很多性能都超过了西方,支撑我国多个上千平方千米的世界级大规模石油勘探项目,极大突破了国外的技术封锁。

锲而不舍 攻克数字科技难题

"天河一号"集成了大量自主核心技术,与已有通用行业软件兼容、开发更适用自主超级计算平台的软件成为最大挑战。面对上百万行的代码,孟祥飞带领团队精心耕耘,时常因为编译、调试、排查软件系统不兼容问题彻夜不眠。他先后承担多项国际和国内大型项目和工程建设,如国际热核聚变实验堆计划(ITER)项目,国内首个高分辨率雾霾预报准业务化平台和国家"材料基因工程"高通量计算平台建设,攻克了一个又一个数字科技难题。

在孟祥飞等一批科研工作者的坚持与努力下,"天河一号"如今实现了"顶天""立地"。"顶天"是指为科学研究服务,提升国家科技创新能力;"立地"是指为产业发展服务,促进经济建设快速发展。

科技与抗疫创新结合

2020年新冠肺炎疫情暴发,疫情就是命令,责任重于泰山。孟祥飞带领团队第一时间扛起科技抗疫大旗,大年初一就与团队研讨方案,初二就启动研发工作。一方面利用超算为新冠治疗药物和疫苗研发提供技术支撑,另一方面同步开展将人工智能应用于新冠肺炎诊断的技术攻关。经过两周昼夜兼程的努力,智能新冠CT影像辅助诊断系统成功研发,为北京、湖北等地近40家医院和70余个科研团队提供了技术支撑,首诊可靠性得到一线医务工作者的充分认可。

如今,孟祥飞正在带领团队结合国家新一代百亿亿次超级计算研制,开展多项超级计算系统支撑、高性能计算应用、人工智能创新融合支撑等技术攻关,在更多领域探索超算应用创新。他坚持"四个面向",

在国家超级计算天津中心"天河一号"机房内,孟祥飞在查看设备运行状态

（新华社记者 赵子硕 摄）

坚持科技自立自强,在国家自主信息技术创新、人工智能与大数据、工业化与信息化融合、医疗健康等领域持续探索,让超级计算机充分发挥科技创新引擎作用,占领超算领域和科技进步新的战略制高点。

"计算力就是生产力。"在孟祥飞看来,超算的创新之路没有"休止符",只有"加油站"。在新的征程上,孟祥飞依然奋战在数字世界一线,带领团队为数字产业化和产业数字化高质量发展赋能。

魏丰：耄耋之年　不忘初心

魏丰，生前系天津市宁河区工业和信息化局离休干部，曾参加过南征讨逆、百团大战等重大战役。作为一名参加过抗战的老兵，魏丰对人民军队有着深厚的感情，2017年他出资2万元，编辑整理了《开国元帅》一书并免费发放。2019年获天津市慈善协会授予的"天津慈善之星"荣誉称号；2019年获天津广播电视台电视新闻中心授予的"'真情天津'2019年度人物"荣誉称号。

1937年参加革命，17岁火线入党，历经抗日战争和解放战争，参加过南征讨逆、百团大战等重大战役……青葱少年时，他在枪林弹雨中为新中国成立浴血奋战；退休以后，他走访多地，为战友树碑立传、传承红色精神；60岁撰写回忆录，80岁成为老年健康之星，95岁写下遗体捐赠遗嘱，98岁捐款20万元扶贫助困……耄耋之年，不忘初心，用奉献书写老有所为的精彩。他，就是天津市宁河区工业和信息化局离休干部魏丰，一名用一生行动践行入党誓言的共产党员。

浴血奋战十二载　脱贫攻坚再献力

1922年11月,魏丰出生于河北省任丘市北汉乡约保村。1937年七七事变后,15岁的他听到"工农兵学商,一齐来救亡"的歌声时,受到启迪,立下了不当亡国奴的誓言,参加了任丘抗日人民自卫军。后被编入八路军冀中军区野战第16团,随军转战晋察冀、冀鲁豫各抗日根据地,参加过南征讨逆、百团大战等重大战役。

1939年冬,他所在的16团南进至阜城与连镇之间的孙镇一带时,遭到了日寇疯狂反扑,军区机关和团直属队在战斗部队的掩护下,由孙镇北撤30余里,到达一条小河西侧的李家洼。17岁的魏丰虽然第一次参加这样激烈的战斗,但他毫无畏惧,和战友们一起向敌人猛烈反击。太阳落山时,部队突破了敌人的包围圈。他的英勇表现受到领导表扬,在战斗中火线入党。

1940年8月,魏丰随16团加入了震惊中外的百团大战,任务是攻占娘子关以东的北峪、南峪车站和日寇据点,破坏铁路、桥梁,切断日寇西进交通线。他和战友们冲进敌人碉堡,将50多名日寇歼灭,并使敌占区几十千米的铁路陷入瘫痪。日本投降后,国民党发动全面内战。1948年6月,魏丰任静海七区区长兼武工队队长,带领武工队到津浦铁路、运河沿岸开展游击战,对出城清乡的国民党部队和伪军进行打击,直至新中国成立。

新中国成立后,魏丰转业到地方从事经济工作,先后任静海县供销社主任、天津专区供销社主任办公室主任、宁河县乡镇企业局办公室主任等职,直到离休。离休后,魏丰一直默默地做公益事业,为脱贫攻坚贡献力量。"我把离休不看作离休,看作发挥我个人本领的机会。

魏丰同志捐赠扶贫善款

我为共产主义奋斗终身,入党的时候就有这句话,既然是终身就没有退役。"

2014年10月,魏丰为家乡河北省任丘市北汉乡约保村小学捐款5万元,使村里孩子们上学不再走土路。2019年7月,他将自己多年省吃俭用积攒下的20万元全部捐出,为脱贫攻坚贡献力量。更令人钦佩的是,魏丰决定死后将遗体捐献,为祖国医疗事业的发展作出最后的贡献。他说:"我是唯物主义者,在入党时就立下誓言要为共产主义奋斗终身,我的遗体如果还有益于生命和科研,那么将是我最完美的追求和奉献。"

为英烈树碑立传　传承红色精神

1983年,魏丰离休。离休后的魏丰并没有闲下来,而是把离休看作人生的第二个春天。他总是说人从岗位上退下来了，但心不能退，共产党员的初心不能变，于是他在1984年积极参与了中央军委组织的军队党史撰写工作，一干就是3年。魏丰对征编研究史料工作的热情与执着受到广泛的称赞。

由于历史久远，有些史料需要调查核实，他冒严寒，战酷暑，走访了分布在全国各地的100多位老战友和烈士家属，先后撰写了《晋察冀野战第16团的组建及主要战斗历程》《李家洼突围战的回忆》《南征讨逆》《巩固冀鲁豫边区》《拔掉日军大章据点》《百团大战中的16团》《怀念战友吴喜增烈士》等多篇回忆文章，都被收集到《南进支队战斗在冀鲁豫》一书中，得到冀鲁豫党史资料征集工作组的表扬。他撰写了以本人经历为主要内容的两本回忆录《坎坷人生》《晚霞》，同时也为《天津老干部》杂志、《风展红旗如画》一书和《战斗的岁月》一书撰写了多篇回忆文章，10年来，他有7篇征文获奖，为社会提供了很好的"红色记忆"。

1985年，魏丰在撰写南进支队的军史时，到河北省任丘县民政局寻找老战友、英烈吴喜增的名字时，却查无此人。作为吴喜增同年参军、同在一个团的战友，魏丰骑车下乡查访，跑了几十个村200余里路，终于见到了吴喜增的妻子孙凤兰。吴喜增参军时只有24岁，孙凤兰独自带着未满周岁的儿子熬过了48个春秋。见到魏丰，72岁的孙凤兰老泪纵横，因为魏丰是吴喜增烈士事迹唯一的知情人。

作为吴喜增烈士事迹唯一的知情人，魏丰将自己撰写的《永远怀念我的老战友抗日英雄吴喜增烈士》一文寄给了河北省廊坊市委、大城县委，并建议要为吴喜增树碑立传。魏丰还为吴喜增烈士纪念碑捐款5000元，并题字："名垂青史，万古流芳"。

作为一名参加过抗日战争和解放战争的老兵，魏丰对人民军队有着深厚的感情，对人民军队的元帅更是无限地崇敬。他在2017年自己出资2万元，编辑出版了《开国元帅》一书，对十大元帅的事迹做了详细的介绍,书籍免费发放后,深受读者的欢迎。

在魏老的书橱里,摆满了政治、军事、经济、法律、文学等各种图书。他离休后,就给自己规定,每天必须坚持学习至少3小时,并把学习的心得讲给老干部、青年学生和社区居民。几十年来,魏丰为社会各界作报告一直没有停止。在庆祝建党98周年活动中,魏丰还为所在社区作了"不忘初心,牢记使命"的主题报告。

魏丰10岁学习少林拳,有一定的武术功底。在离休后,他又学习了太极拳,与武术教练王春荣一起,带领指导芦台镇群众晨练队30年,并自费制作20张光盘发给芦台镇各晨练点,先后培育武术爱好者近千人。90岁时,魏丰还组织了武术精英表演,让中华武术魂代代相传,让红色精神代代传承。

白方礼：小三轮蹬出大善举
用爱心助力学子圆梦

白方礼，生前系天津市河北运输场退休职工。1987年，已经74岁的白方礼决定靠自己蹬三轮车的微薄收入帮助贫困孩子实现上学的梦想，贷款成立了"白方礼支教公司"，累计捐款35万元，帮助300多个孩子圆了上学梦，被誉为"驮在车轱辘上的丰碑"。2009年白方礼当选"100位新中国成立以来感动中国人物"。

2005年9月23日，一位叫白方礼的天津老人走了。

有网友在纪念白方礼老人的专题网页上写道："两个馒头，一碗白水，他的生活如此简单朴素。然而为了贫困学子，他却是如此地慷慨。从白方礼老人身上，我们知道了什么叫'拳拳之心'，什么叫'大爱无言'。"

"不能让孩子因为穷耽误了受教育的机会"

白方礼老人离开了,我们再也见不到那个在天津街头卖力地蹬着三轮车的老人了,但这位老人的事迹永远值得我们铭记。

一间8平方米的铁皮亭,一张木板床,一件棉大衣。20世纪90年代,在天津站附近的便道上,白方礼做起了"白方礼支教公司",一度当起了"老板"。

儿子白国富至今还清楚记得,是什么让这位"老板"支教"上了瘾"。在老爷子74岁的时候,回了一趟河北白贾村老家。如今的白方礼小学正是当年的村小学——白贾村小学。老爷子留意到在村小学就读的学生数量不多,但田间玩耍的小学适龄儿童异常多,他这才明白,村里的孩子们因为穷上不起学,教育办不起来。

那时候,骑了半辈子三轮车的白方礼,早已到了颐养天年的年纪。但他倔强的性格却丝毫未变,因为自己从小未受过教育,人生吃尽了奔波之苦,所以他脑海中反复浮现出一个念头,不能让这些孩子因为穷耽误了受教育的机会。

没过多久,白方礼召开家庭会议,用斩钉截铁的语气宣布了一件事:"我要把在老家的几间老屋卖了,再加上一些自己积存的养老钱,一并捐给白贾村小学办教育。"那一次,白方礼一次捐了近3000元,家里人反对也无济于事。

从那次开始,白方礼的捐资助学行为"几近疯狂"。家里人也想不明白,为何吃口米都要用秤量的老爷子,捐资助学却这么舍得花钱。那时候老爷子身体还硬朗,于是他重新蹬起了三轮车,围绕天津站、五毛、一块、两块地拉人拉物挣苦力钱,攒够了一部分钱,就全部捐给家附近的学校,帮助贫困学生上学。

"后来老爷子每次捐款，家里人根本都不知道，他自己也从不记账。"儿子白国富虽然是白方礼唯一的儿子，但对老爷子的花钱用度全然不知，"后来他捐款也从不和家里说，直到老爷子离世，很多学校师生前来祭奠他，我们才略有了解"。

后来，白方礼捐资助学出了名。为了让更多贫困学子受到捐助，在各方支持下，他在天津站做起了"白方礼支教公司"，在人流较多的天津站周边地带，经营烟酒、糕点生意。"我挣的每一分钱，都要捐给贫困学子，让他们成才。"白方礼这个"老板"当的，就是这样与众不同。他用自己蹬三轮车的微薄收入，帮助贫困孩子上学。直到2005年9月去世，整整18年，白方礼老人一直骑着那辆老旧的三轮车，奔走在助学支教的路上，栉风沐雨，从未停歇……

一杆用来吃饭的秤

"老爷子在外捐资助学花钱如流水，回家吃口米却用秤来量。"白方礼的儿媳妇许秀芹回忆起家里这位"倔老头"，让"津云"记者感到当初她没少和老爷子"置气"，"他吃饭时用秤量米，是从小养成的习惯，秤是自己做的。"

老爷子过日子不仅"紧"自己，全家也得跟着"挨饿"。白方礼从年轻时就在家说话一言九鼎，当家做主。即使后来儿子娶了媳妇，有了孙子，一家五口人住在总共30平方米的两间旧屋内，他还秉承着这样极为节俭的习惯，全家一起用秤量米吃饭。

一年四季，家里的三餐基本就是馒头、稀饭、咸菜。"曾经肉在我家属于稀罕物，过年几乎不包饺子。"许秀芹想想当初的日子过得挺无奈，"偶尔包饺子，老爷子也只让我擀面皮，从来不让我包馅儿，他一定要上手包馅儿。原因是怕我肉馅儿放得太多，饺子最后包起来不够。"

白方礼老人每月都会把自己省下来的钱拿到附近的学校给困难的学生当生活费，而已是风烛残年的他，却过着极为俭朴的生活。

老人蹬三轮车的时候，从头到脚穿的是不配套的衣衫鞋帽，看起来像个乞丐。"我从来没买过衣服，你看，我身上这些衬衣、外裤，都是平时捡的。还有鞋，两只不一样的呀，瞧，里面的里子不一样吧！还有袜子，都是捡的。今儿捡一只，明儿再捡一只，多了就可以配套。我从头到脚、从里到外穿着的东西没有一件是花钱买的。"除了不买衣帽鞋袜，连吃的东西白方礼都尽可能地节省。

很多时候由于拉活儿需要，白方礼老人走到哪儿就睡在哪儿，一张报纸往地上一铺，一块方砖往脑后一放，一顶帽子往脸上一掩，便是他睡觉前的全部准备"程序"。

白方礼老人捐资助学18年，从未记账。老人离世后，有人为其进行了不完全统计，他捐资助学总额超过35万元，资助了超过300个孩子上学。

出租车司机看望白方礼

一生坚持的助学梦

2003年冬的一天，暴雪降临，酷寒难抵。

白方礼蹬着三轮车，迎风戴雪，来到了天津耀华中学传达室门口。此时他已90岁。传达室的工作人员赶紧通知当时在学校德育处工作的徐启明，徐启明将老爷子迎进了办公室。当时，老爷子脸颊和双手被冻得通红，头顶、身上全是结了晶的雪花，看了让人一阵心酸。

进屋后，老爷子随即将手伸进棉衣内，掏出一卷有零头的钱，颤颤巍巍地递到徐启明面前。"大概是三百四五十元的样子。"徐启明回忆道。然后，老爷子看着这卷钱说："我现在身体不行了，有病在身，但我还惦记着贫困的孩子们，这些钱是捐给他们的。"捐了钱后，老爷子片刻未留，出门蹬着自己的"老伙计"，消失在风雪中……

"后来，我们才知道，那是父亲捐出的最后一笔钱。"白国富回忆，"老爷子的'白方礼支教公司'后来办不了了。90岁高龄的他，那时候也蹬不动三轮车了，为了继续给贫困生捐资助学，他硬是在天津站周边给人看了几个月的车，攒下了最后给耀华中学的那笔钱。"

徐启明曾和白方礼深入聊过，老爷子向他诉说自己年轻时，在旧社会如何受尽白眼与劳苦，而到了新社会，蹬三轮却蹬出了价值与尊重。他未受过教育，就偏爱好学习的孩子，他一辈子捐资助学，却未给自己的后人留下什么钱财。他留给儿子白国富最有价值的两件遗物，也是老爷子生前的最爱——一件深蓝色的上衣与一条绶带，上面挂满全国各个学校的校徽，以及老爷子捐资助学获得的荣誉。

白方礼老人把自己仅有的一截残烛全部点燃，燃烧得如此明亮。他被誉为"播撒人间大爱的支教老人"，被中央文明办授予"全国关心下一代先进工作者",被中华全国总工会授予"全国职业守法先进个人"等荣誉称号,获得2011年感动中国特别奖。他的女儿说:"当初看见父亲在街头蹬车的身影,很是心疼;可他说,'别惦记我,我这样觉得自在快乐'。他虽然没给我们留下什么钱,但是留下了一笔宝贵的精神财富。"

王辅成：用理想之光照亮前进道路
用信仰之力凝聚奋进雄心

王辅成，中共党员，天津师范大学退休干部，曾荣获最美奋斗者、全国诚信之星、天津楷模、全国关心下一代最美五老、全国未成年人思想道德建设工作先进工作者等荣誉称号。

"我希望通过自己的努力，帮助更多人树立起道德的坐标，寻找到人生的航向。"一名共产党员的责任感、使命感、危机感，让王辅成开始了28年的"三观"宣讲之路。

王辅成为听众
答疑解惑

真学真懂，将社会主义核心价值观印在脑海

从1994年开始，王辅成围绕如何引导青少年树立正确的世界观、人生观、价值观，开始了他的义务宣讲之路。他把三尺讲台作为忠实于党、实现人生价值的舞台，把传播社会主义核心价值体系变成自觉的行动。他从大学讲到小学，从机关讲到社区，从天津讲到河北、河南、内蒙古、山西。28年间，王辅成的宣讲达1564场，听众超过40万人。他的讲座场场爆满，他的讲座催人奋进，他的讲座启迪心灵——刻苦的学习、坚韧的毅力成为他成功宣讲"三观"的两大法宝。在讲座中，王辅成引经据典、旁征博引，叙述原文精确到字数，并能说出出处、篇目，甚至精确到第几页、第几行，让听众无不被他的博闻强识所折服。其实王辅成并非天生记忆力超群，只不过他比一般人更加勤奋。

王辅成从上学时期就养成了爱书、爱读书的习惯。退休后仍坚持每天学习五六个小时。他开玩笑说："看书学习可以增长见识，这不仅是一种兴趣爱好，还可以防止老年痴呆。"他每天都有严格的作息时间和学习任务：早起用两个小时学习背诵规定的篇目；下午阅读、摘抄；晚上再温习以前读过的书籍和读书札记。他曾用3年时间通读了《马克思恩格斯选集》《列宁选集》《毛泽东选集》等，还学习了许多著名的哲学著作。而后，他对邓小平理论、"三个代表"重要思想、科学发展观、习近平新时代中国特色社会主义思想等都进行了系统的、深入的学习。开讲"三观"后，他更感到了知识储备的不足，又广泛涉猎古今中外名篇名著、文史哲经各类学科，有的文章他甚至读了几遍、几十遍，直到背下来为止。

水滴石穿，铁杵成针。王辅成凭着这种意志和品质，将社会主义核

心价值观融会贯通,刻在脑海。

真信真传,把社会主义核心价值观播撒到全社会

"约法三章"是王辅成宣讲的开场白:"一是站着讲,以体现对大家的尊重;二是脱稿讲,以收到好的效果和体现对自己要求严格;三是不计报酬讲,如果非给不可,就将这些钱用于扶危济困、助弱帮残、希望工程和慈善事业。"可实际上他常与腰椎间盘脱出、胆结石等多种疾病抗争。人们评价,王辅成往讲台上一站,只字未言,已是一堂课。王辅成把宣讲当成自己神圣的使命,他对自己的宣讲提出了很高的要求,不但要有高度、广度和深度这"三度",还要有科学性、知识性和艺术性这"三性",更要有"凤头、猪肚、豹尾"这"三绝"。他的演讲声声入耳,扣人心弦,不用投影仪、没有电脑动画,一气呵成,引人入胜。实际、管用、有效是他宣讲的追求。他会根据不同的对象、不同的需要选择讲题和事例,充分准备讲稿和提纲。给中小学生多讲道德、理想,给大学生多讲人生、文化,给机关干部多讲事业观、工作观、政绩观,给教师多讲教书育人、职业道德,给社区居民多讲社会公德、形势政策。熟悉他、听过他讲座的人都说,王辅成是在用"真情、真心、真我"去讲。他平时总是严于律己、诚信守时,除非有特殊原因,不管去哪里讲课,从不迟到。在市内出门讲课从来不让专车接,不管多远,都是自己乘公交车去,怕堵车总是提前出门,有时提前一个小时到了地方,就在外面溜一溜,生怕麻烦人。一次在一所学校讲完课已是晚上八点多,学校想打车送他回家。再三推让后,性情温和的王辅成急了:"你们要是再坚持给我打车,我下次就不来了。"现如今王辅成把他的"约法三章"变成"五章",又增加了不吃饭、不接送,身体力行将社会主义核心价值观践行到底。

真用真做，让社会主义核心价值观融入行动

与其说王辅成社会主义核心价值观讲得好，不如说他是在身体力行，践行得好。他坚决不当说一套、做一套的说客，始终坚守着自己的人生信条：活到老、学到老、修养到老，不能仅满足于生存、生活着，还要奋斗、奉献着。

自 1992 年开始，他就已经开始了扶危济困、助弱帮残的行动。以近几年为例，2009 年，王辅成因病住院治疗，他坚决不住单位安排的条件较好的病房，出院时，他还给同病室生活困难的病友撂下 1000 元。2010 年 9 月，在天津城建学院演讲时，得知一位女大学生的父亲得了尿毒症，生命垂危，他二话没说掏出 1000 元，亲手交给了这名学生，回家后又给她汇去 1000 元。为了响应习近平总书记精准扶贫的号召，他一次缴纳 20000 元特殊党费，还给新疆、西藏、贵州、黑龙江等省区捐助扶贫款 80000 元。2020 年，他为新冠肺炎疫情捐款 12000 元。为汶川地震捐款，为甘肃希望学校学生添置教具，为天津市"老促会"资助"单亲母亲"活动捐款，资助河北、河南、山西、宁夏的困难学生……得到过王辅成捐款资助的人太多太多，大多数人都没有和王辅成见过面，有的至今不知资助者姓甚名谁。多年来，他把劳模补贴、各种奖励和自己每月的大部分零花钱，全部用于扶危济困、助弱帮残，累计捐款近 50 万元。

他常以鲁藜的诗句"我在无我里获得意义，种子消失在泥土里获得价值"自勉；他把各种荣誉看作财富和鞭策，用诗句"我希望得到一片绿叶，然而生活却让我拥有整个春天"来形容自豪之情。王辅成时常默记"中国保尔"吴运铎同志 1982 年给他的笔记本上题写的那句话——"把一切献给党！""我现在这样，可能来日方长，也可能来日无多，如果还有

来日,我希望在有生之年,讲好人生的最后一课。"说起今后的打算,他心里早有规划,"今后,我将把授课内容,拓展到理论课、三观课、担当课这'三课'上来,把习近平新时代中国特色社会主义思想作为首课、主课、必修课,引导莘莘学子把爱国情、强国志、报国行融入新时代的追梦征程之中。"

不忘初心担使命,老马嘶风晚霞红。王辅成认为,退休后,意味着为党和人民做奉献的时间与机会越来越少了,要抓紧一切机会为人民服务。王辅成用实际行动践行着一名共产党员的信仰和忠诚——那绝不是停留在入党宣誓的那一刻,也不是写在纸上供人参观,而是真正融入自己的内心,落实在自己的一言一行里。

徐伟：跳进冰窟救少年　青春赞歌永流传

徐伟，中共党员，天津工业大学信息与通信工程学院2006级硕士研究生，现任天津工业大学教师。2005年冬季，他以奋不顾身跳进冰窟救出三位少年的壮举，唱响了一曲新时代大学生的青春赞歌。2006年徐伟荣获全国道德模范、全国见义勇为先进分子、天津市见义勇为模范等荣誉称号。

在天津工业大学，有这样一名教师，他将学习的热情也带给了他的学生，他所在的办公室经常传来热火朝天的讨论和此起彼伏的欢声笑语，学生深受他的感染，对他所讲授的内容充满了兴趣。他就是徐伟，在上学时曾经奋不顾身勇救三名落水儿童。

徐伟是新时代青年的优秀代表，他用自己的行动唱响了青春的赞歌，在他人遇到危险之际，他奋不顾身只想救人："无论如何也要把他们救上来。"他用生命保护着祖国的花朵，也向社会证明青年一代的担当与精神。

"他们的生命就是我生命的延续"

2005年12月27日下午,天津工业大学湖畔突然传来呼救声:"快来人,有人落水了!"当时路上只有零星几个人,安静的氛围让呼救声显得格外焦急与无助。恰好路过此地的徐伟听到呼救声后急忙赶过来,他赶到的时候,已经有两个孩子落入水中。他奔至冰窟旁,迅速调整好姿势,一手扒住冰窟边缘,拉住了其中一个落水孩子的手。然而情况在此时变得更加危急,冰面承受不住多人的重量突然开裂,徐伟和另一个孩子都落入了冰水之中。

"掉进去的第一感觉是针扎一样的冰冷,棉袄里很快就灌满了水。但是我告诉自己必须活着,要爬上岸。"徐伟在接受《中国青年报》的采访时这样描述道。徐伟不断试图爬上冰面,然而冰面却一次又一次开裂,他的胳膊也在一次次的摩擦中划伤,鲜血直流。克服了最初的恐惧后,他稳住心态,强忍疼痛,转而安抚落水的三位少年说:"别害怕,我一定能把你们救上去!"此刻的他只有一个念头:"就是自己牺牲,也要救出三个孩子。"

"有一瞬间,我真觉得自己没力气了,但是我不能放弃。"他回忆说。他不断用手试探冰面的坚固度,一点点地将自己挪到冰面上,随后瞅准机会翻身上岸。当时周围已经聚集了许多人,他们争先恐后想要伸出援手,为避免出现更多的危险,他冷静劝住试图上前帮忙的人们,大声呼喊:"你们不要过来,把木棍递给我。"随后众人为徐伟递来一根4米长的塑料管,接到塑料管后他迅速将管子递给水中的少年们,自己则趴在冰面上艰难地将3位少年救了上来。经过这一场惊心动魄的救援后,徐伟已经筋疲力尽,累倒在冰面上。

事后有人说他太不珍惜自己的生命了。可徐伟却坚定地说："如果用我一人的生命换回三个人的生命，他们的生命就是我生命的延续，这难道不是珍爱生命吗？"

"要用平常心态去面对荣誉与肯定"

见义勇为事迹让徐伟受到社会各层面的关注，多家媒体争先报道徐伟的先进事迹，歌颂徐伟舍己为人的精神。徐伟也获得了全国见义勇为先进分子、首届全国见义勇为模范候选人、天津市见义勇为模范等多个荣誉称号。

他的母校——天津工业大学也悬挂起了"祝贺我校徐伟同学当选全国道德模范"的横幅，而当徐伟走过横幅时，脸色郑重且平静。"荣誉来了之后，徐伟还是那个徐伟，朴实、谦和、自强、自信。"周围的同学和老师这样评价徐伟。

徐伟与同学们做研究

在接受记者采访时,徐伟一直表现得非常平静。他表示,他所获得的所有荣誉是对他过去的肯定,它们意义虽重但也只是一张张证书,自己要用平常心去面对他所获得过的荣誉与肯定。这些是鼓励他前行的起点,他将用更加饱满的热情,更加刻苦的努力去做,要做得比过去更好,让自己对得起这些称号与荣誉。

他那份"对得起自己荣誉"的承诺体现在了他生活中的各个方面。他乐于学习,在学习上从不松懈,作为班里的学习委员,他带动全班人一起学习。同学在描述他时称,只要有他在,班里别想有人偷懒不学习。除了潜心学习外,他也积极帮助身边人,用一颗赤子之心去回报社会,在自己的生活领域发热发光。他的舍友曾经劝他别对别人太好,不然会被有些人利用。他却表示,帮助别人让他有一种满足感,有时候付出也是一种得到。

面对危险,他从容不迫,面对荣誉与赞扬,他不骄不躁。他向社会传达了新生代的那份态度,他既是青年一代值得学习的典范,也是社会各界的楷模。

"生活的贫穷不可怕,精神的空虚才是最大的贫困"

徐伟来自安徽省的一个贫困农民家庭,大学报到之时,他身上没有一分钱。上大学以来,他一直依靠大学助学贷款来完成学业,然而徐伟并没有败给贫穷,相反,他愈挫愈勇。来到天津求学后,他选择做一名家教,为了寻找做家教的工作,他寻遍了天津的大街小巷。徐伟的乐于助人在做家教的过程中也被展现出来,在家境不好的家庭做家教时,他自愿降低收费,减少学生的经济压力。后来谈及此事时,他表示,如果对自己有用的东西在同样需要它的人身上发挥更大的作用,他心里就会很高兴。他很感谢给予他工作的人,在他勤工俭学的贫困时期,给了他精神上的支持,让他感受到社会的温暖。

从大学生活至今,徐伟没有向家里要一分钱,在毕业后,他依靠自己的努力还清了国家助学金贷款。虽然家境贫困但他心中有大爱,落水少年家长给他的钱,他转手捐给了天津市联合助学基金会。他说:"生活的贫穷不可怕,精神的空虚才是最大的贫困,我不能选择出生的家庭,但可以选择奋斗的人生。"

2007年2月6日,徐伟作为唯一的大学生代表,受邀参加了国务院召开的《政府工作报告》征求意见座谈会。他心怀国家,因为他深知当前我国的科技实力还不够强大,关键核心技术的攻关、突破与创新比以往任何时候都更为重要、更为迫切,面临着关键核心技术亟待解决的"卡脖子"问题。他发奋读书刻苦学习,这让他的精神也得到了极大的充实,他也非常享受这种充实的生活和心境。

当年那个朝气蓬勃的大学生,如今已经成为天津工业大学的一名教师。虽然他脸庞的棱角逐渐分明,但依旧坚守着自己的初心,在自己的生活和工作领域继续散发着耀眼的光芒。

他将乐于助人,乐于付出的精神带到了他所居住的社区当中。他经常参与社区组织的各类公益活动,热心帮助他人,团结邻里,他还经常利用节假日在社区内开展公益讲座活动,组建小组,培养社区内中小学生的学习兴趣,不断为社区贡献自己的力量,发挥着党员的模范带头作用。

徐伟是青年人的骄傲,是新时代青年党员的典范,他用自己的行动唱响了青春的赞歌,感染一代又一代青年人去绽放属于他们的青春之花。

张秀燕：凝聚爱心
让弱势群体成为公益受助人

张秀燕，天津阳光爱心社社长，天津市工商联第十四届执行委员会副主席。她带领爱心企业家和爱心人士与天津11所学校的新疆班结成帮扶对子，开展"手拉手帮扶新疆学子公益活动"，同时帮扶贫困学生、孤寡老人、困难单亲妈妈，为他们送去爱心和温暖。曾荣获全国脱贫攻坚先进个人、全国三八红旗手、天津市十大杰出青年、天津市十大女杰、天津市慈善之星等荣誉称号。

2021年，"用爱送你进学堂"助学公益活动落下帷幕。这场自2009年开始至今在天津市知名的公益助学活动品牌，源于天津阳光爱心社牵头的助学对子结成。身为爱心社社长，张秀燕是多个公益活动的发起人。她是无数孩子心里的"张妈妈"，是孤寡老人口中的"闺女"，是单亲特困母亲的好姐妹，是给弱势群体带去希望的人。

15年的真心付出，石榴花已结出累累硕果

在天津，每年就读新疆班的学生有3300多名，他们来自新疆30多个民族，大多数是农牧民子女，约30%的学生家庭十分困难，属于扶贫建档立卡户。2006年，张秀燕了解到这一情况后，组织爱心企业家和爱心人士走进新疆班，在市政协、工商联的支持下连续15年开展"手拉手帮扶新疆学子公益活动"。截至2021年8月，通过爱心社的帮扶平台，共结对子帮扶新疆学子达万余人，帮扶款累计5165.1万元。

"张妈妈"是这些孩子见到张秀燕时的亲切称呼，"一声妈妈，承载着一份责任。15年了，看到1300多名新疆学子大学毕业，走上了工作岗位，成为建设新疆、建设祖国的有生力量让我倍感欣慰"。张秀燕带领爱心人士与这些新疆孩子结对子，把他们当成自己的孩子一样呵护，每年的春节、中秋节、古尔邦节，爱心社都组织爱心企业家和爱心人士带着礼物来看望孩子们，与他们一起共度佳节、参加他们的毕业典礼，让远离家乡和父母的孩子能感受到来自社会各界的关爱。此外，她每年还带领参与结对子的爱心企业家和爱心人士，到孩子们的家里走访、慰问、精准帮扶，希望通过引导让家长转变观念，意识到孩子接受教育的重要性，只有教育才能拔穷根。

一场长达15年之久的爱心之旅，将天津与新疆紧密连接，石榴花也结出累累硕果。昔日的小孩子在爱的滋养下如今成为建设祖国的生力军，担起了自己的职责和使命。当年柔柔弱弱的小姑娘加马力大学毕业后加入基层公务员的队伍当中，成为为群众排忧解难的人民公仆，她希望用自己学到的知识改变家乡落后的面貌。来自新疆巴州沙漠深处且末县农民家庭的迪丽，大学毕业后回到新疆，将当地农副产品销往全国各地，为新疆的乡村振兴事业贡献力量，迪丽讲道："张妈妈说，我

们这些新疆孩子永远都是她的娃,无论我们走到哪里,她和爱心人士都会牵挂我们。如果我们有困难,可以随时找她们。我牢记她的教导,也在尽己所能地传递爱心,回报社会。"

做慈善不能只是捐钱捐物,关键是爱心传递

"让今天的受助者,成为明天的施助人。"这是爱心社创社时的宗旨,如今已成为现实。企业家鲍永明说:"爱心社的帮扶,并非简单的施舍,而是注重情感的慰藉。把受助人当家人,充分考虑对方感受和自尊。""手拉手关爱新疆学子""用爱送你进学堂""有爱不再孤单——百名孤儿共享阳光"等公益活动中皆有张秀燕的身影,她用善举为孤寡老人、贫困学生、特困单亲母亲等群体带去生活的希望,用心去体会,去帮扶他们。在"用爱送你进学堂"活动中,部分受助孩子受家庭原因影响,

张秀燕为获得优秀助学金的孩子们颁奖

性格内向、寡言少语、不爱与人沟通,部分资助人因对孩子们了解不多,只在资金上予以帮助,并未用心去沟通,造成资助者与受助人之间感情上的交流甚少,张秀燕则经常主动给这些孩子发短信、打电话,用爱感化他们,获得孩子信任。"助学的同时也在疗心,心灵上的帮助于他们而言尤为重要,能促使他们成为一个有爱、会爱的人。"张秀燕说。

张秀燕常说:"一对一助学,绝不是给了钱就完事大吉了,一定要把孩子的感受真正放在心上。"她身体力行地践行着这句话。虽然平日里需要处理的事情很多,但每当她收到孩子们的问候短信,总是会认真阅读回复。母亲节,张秀燕收到了两百多个孩子发来的问候短信,很多短信读来让人眼眶湿润:"谢谢您给我妈妈一样的温暖!""我上学期考试成绩排全班第一,向您报喜!""张妈妈,祝您节日快乐,我不在您的身边,您要好好照顾自己哦!"……有的孩子还手写长信向张秀燕表达自己的心情。张秀燕把孩子们的短信都打印出来,和信件一起精心保存起来。"我觉得自己是最幸福的'母亲'!这些信是我最珍贵的收藏品和精神财富,等我老了,每天看着这些信,一定会从早笑到晚呢!"每次提起这些,张秀燕都觉得无比幸福。

帮扶重在帮心,精神支撑的作用远大于经济上的帮扶,得益于许多如张秀燕般的爱心人士及企业家在经济与精神上的双重帮助,昔日的受助人走出困境,在社会上发挥自己的作用。受资助的脑瘫兄妹自立自强,掌握了生存技能;因幼女夭折身患严重抑郁症的大姐,做义工后,很快振作起来成为骨干;受助的贫困学生大学毕业走上工作岗位后,坚持拿出部分工资帮助与自己有相同遭遇的学生……

数以万计的爱心人士因阳光爱心社汇集到一起,他们中既有普通百姓也有业界精英,既有年轻学子更有耄耋老人,他们共同在为世界变得更美好而出一份力。

为民计民生建言献策,她从不缺席

作为天津市十二届、十三届政协常委,张秀燕在为民计民生建言献策的路上从未缺席。在发展事业的同时,她积极参政议政、关注民计民生,为城市发展献计献策。她多次参与社会调研活动,撰写提案,提出了诸如《关于加强学生午餐卫生管理的建议》《关于在天津成立中小企业银行的建议》等40多条有利于社会发展并被天津市政府相关部门采纳落实的良好建议。为探求解决天津公共交通接驳最有效的方法,解决市民出行"最后一公里"问题,张秀燕赴杭州、绍兴等已经形成了一整套成熟的自行车租赁管理体系的城市,对公共自行车租赁发展现状进行调研。她测算距离、数自行车车棚,对天津大力发展公共自行车租赁的建设维护资金、接驳网点选址、建设自行车接驳点费用、公共自行车租赁的使用办法及收费标准都提出了具体建议。

新冠肺炎疫情肆虐,她与阳光爱心社常务副社长蒋迪两个人出资购买3000斤84消毒液、1000斤医用酒精和7200块抑菌洗手皂,带领爱心人士驱车奔赴天津市11所设立新疆内高班、和田对口班的中学,为他们送去急需物资。同时,为支持基层疫情防控工作,她向和平区红十字会捐赠20万元、向和平区劝业场街道疫情防控指挥部捐赠2500斤84消毒液及800余斤酒精,并赠送慰问品。

她是阳光义工爱心社的大家长,是公益路上的引路人。张秀燕用如阳光般的善举给人温暖和前行的力量,将阳光洒向需要帮助的人。

于学艳：用大爱书写美丽人生

于学艳，天津市蓟州区于学艳爱心志愿者服务协会党支部书记、会长。从1997年开始，她组织协会党支部与甘肃省古浪县163名孤儿结对认亲，建立"农耕时代"公益平台，帮助甘肃省古浪县、天祝县和天津市蓟州区农户义卖农产品40余万斤。于学艳曾获得全国脱贫攻坚先进个人、全国农村青年致富带头人、天津市优秀共产党员、天津市五一劳动奖章等荣誉称号。

从1997年第一次做公益帮扶，迄今于学艳已坚持了25年。多年来，她帮助了许多需要帮助的人，把个人帮转变为集体帮，从"单向输血"帮扶走向"多元造血"帮扶，勇敢承担社会责任，为公益帮扶作了很大贡献。

让幸福写满贫困户的脸庞

脱贫攻坚是一场没有硝烟的战争。在这场伟大的战争中,于学艳没有当看客,毅然决然地投入战争之中。于学艳虽然不是农民,没种过地,但她从小在农村长大,对农民怀有深厚的感情。她怀着一份对农业和农村的责任、对土地和农民的深情、对农耕文明的敬仰与传承,毅然放弃苦心经营多年的服装事业,投资200多万元组建了天津农耕时代农业科技有限公司,干起了农业。"农耕时代"以还农业生产绿色生态之本真为宗旨,采取"龙头企业+合作社+农户"的模式,挖掘蓟州区特色农产品,发展生态农业。在生产过程中,对播种、施肥、打药到畜禽饲料都实行严格监管和控制,从源头确保农产品质量达到绿色无公害标准。同时,她建立"农耕时代"爱心公益平台,帮助困难家庭销售农副产品。孙各庄满族乡一对残疾夫妻,干不了重体力活,他们自食其力,养了一些鸡,她发起"爱心鸡"义卖活动,组织会员出高价收购。同时,还免费给他们添置孵化机,鼓励扩大养殖规模,并与他们签订购销合同。在她的带动下,一些民营企业家积极参与低收入户帮扶行动,帮助贫困户发展产业、走出贫困。

于学艳紧跟习近平总书记关于打赢脱贫攻坚战的重要讲话精神和蓟州区委关于东西部扶贫协作的工作要求,更加坚定了扶贫助困的信念,同时她也深深感到一个人的力量是有限的。2016年,她牵头成立了于学艳爱心志愿者服务协会,凝聚集体的力量决战脱贫攻坚。在她的影响下,协会迅速壮大,17个志愿者服务队、2000余名志愿者的志愿活动遍布7个省20个区县,帮助农户增收60多万元。

用真情传递希望与温暖

于学艳在艰苦创业的同时没有忘记回报社会,没有忘记困难群众这个弱势群体。从1997年第一次出资500元资助一个失学的孩子开始,于学艳就做起了公益事业,经常资助贫困学生,一直坚持到现在。2012年,一个偶然的机会,她听说有一个叫岩岩的孩子,与爷爷奶奶相依为命,家里也没有收入来源。为帮助孩子完成学业,她决定承担孩子的一切费用。5年过去了,2017年岩岩考上了天津理工大学,还成为了学生会干部。多年来,岩岩和于学艳已经成为一家人,岩岩一直管她叫"妈妈"。

除了资助困难家庭的孩子完成学业,于学艳爱心志愿者服务协会勇于承担社会责任,广泛积极开展公益活动。"爱有多深,路有多远。"是于学艳最喜欢的一句话。她也一直是这样坚持的。2016年3月,一封求助信刷爆蓟州区人民的朋友圈,西龙虎峪一个3岁男孩得了白血病,治病花光了家里所有的钱,亲戚朋友都借遍了,还是不够。于学艳爱心志愿者服务协会第一时间发动团队成员,募集善款,两天后,将23500元爱心款,送到这个困难家庭,孩子及时得到治疗。

于学艳爱心志愿者服务协会在每年的高考季,都会启动爱心送考"绿丝带"志愿行动,有几十名企业老板亲自驾车,风雨无阻,免费接送考生;每年7月1日党的生日,他们就来到革命老区,出钱慰问那里的老党员;每年8月1日建军节,他们走进军营,为军人送去节日礼物。2014年7月,于学艳带领爱心团队参加了"爱佑中华,开启明天"全国公益助学活动,走进兰考,带着天津志愿者的风采,带着蓟州区人民的爱心,为那里的贫困孩子们送去了2万元的助学金和学习用具。2015年4月她又带领爱心团队来到广西壮族自治区平果县,为那里的一所贫困小学送去了2万元助学金,把爱的阳光雨露洒向了更为广阔的天地。

于学艳探望贫困家庭

抗疫勇担当　服务显身手

面对来势汹汹的新冠肺炎疫情,于学艳第一时间向协会全体志愿者发出了积极投入抗击疫情的倡议书,她自己带头行动,彰显了一名优秀共产党员的时代风采。

疫情就是命令,防控就是责任,行动彰显担当。2020年大年初一,于学艳放弃和家人团聚的机会,全身心投入疫情防控工作中,她带领协会党支部所有成员主动向街道党工委请缨,在山倾城小区设专口,每天从早7点到晚7点,分4组轮流值岗,她自己每天要值守8个小时。

在值岗之余,于学艳自己驾车把口罩、消毒液、喷壶等防控物资及时送到急需的卡口,每天都要工作十几个小时,常常深夜才能回家。在她的组织带领下,协会投身疫情防控一线的志愿者达到1500人,志愿者捐款捐物50多万元。疫情期间,于学艳还带领协会志愿者到驻蓟部队,慰问坚守岗位与蓟州区人民共抗疫情的部队官兵,送去了价值2万余元的一次性医用口罩、消毒液和300斤无公害富硒鸡蛋。

疫情防控,公益爱心不停止。于学艳带领志愿者走进蓟州区静雅老年公寓,送去了口罩、消毒液等防控物资和鸡蛋等生活物资。在"三八"国际劳动妇女节,于学艳又购买了鲜花和妇女用品,把礼物送给在疫情防控卡口值岗的巾帼志愿者。同时,她还慰问了蓟州区3名援鄂志愿者家属,为她们送去慰问金和慰问品。

予人玫瑰,手有余香,爱心之路永无终点。于学艳从艰辛创业,到公益助学、热心敬老,再到关注生态、奉献社会,风雨二十年,她以一名共产党员的坚定信念和大爱情怀谱写了一曲无悔的人生之歌。

陈继红：脱贫攻坚战役中的巾帼英雄

陈继红，天津经济技术开发区社会服务志愿者协会会长、慈善协会秘书长，曾获得全国脱贫攻坚先进个人、全国扶残助残先进个人、中国最美社工、天津市社会组织先进工作者、天津市三八红旗手等荣誉称号。

落户、安家、成功、奉献……在天津经济技术开发区有这样一群人，他们甘于平凡、乐于奉献，他们用行动传承红色基因，用爱心传递泰达精神。天津经济技术开发区慈善协会秘书长陈继红就是这群人中的一分子。

爱心托起希望 助学成就未来

陈继红是天津经济技术开发区慈善协会秘书长，自2004年投入志愿活动以来，已走过了18个年头。自我国开展精准扶贫工作以来，她和她的团队就积极响应党和国家号召,全力推动社会组织参与精准扶贫,坚持"立足于泰达、做实实在在的慈善"的宗旨,充分挖掘运用社会各界资源,搭建起了一个个志愿服务平台和扶贫帮困的桥梁,从教育扶贫、产业扶贫、科技扶贫、旅游扶贫等多角度,帮助困难地区逐渐脱贫、实现振兴。

在近20年的时间里,陈继红带领天津经济技术开发区慈善协会两个团队、天津经济技术开发区社会服务志愿者协会,共完成了168个志愿团体和26000余名中外志愿者的登记注册,建立了24个志愿服务分支机构,累计向社会提供志愿服务800余万小时,接收来自社会各界的捐款7800余万元,通过助残、助困、助老、助幼、助医、助学6大专项30余个慈善项目,捐赠善款7400余万元。此外,她还带领团队用爱心托起希望,开展了"千乡万才助学""捡回珍珠计划助学"等多个面向全国的爱心助学项目,持续资助1.8万余人次贫困学生继续学业;同时,陈继红积极发挥天津经开区企业众多的区域优势,对接泰达企业资源,以企业命名的形式为广西、云南、青海等地的贫困地区,设立了42个"爱心图书教室",为贫困孩子们打开了了解世界的窗口。在她的努力下,泰达人的爱心已传递到全国13个省市区的30多个地区,让"乐善好施"和"志愿精神"成为天津的一张亮丽名片。

在陈继红的努力下,自2006年开始,天津经济技术开发区慈善协会先后设立"滨海助学""朝阳行动""鸿志班""新疆助学""泰达奖学金""万企帮万村"等助学项目,与多家组织合作了"西部故事 千乡万才""捡回珍珠计划""珍爱明天计划""金诺plus大学生助学"等多个面向全国的爱心助学项目。资助的学生从小学到大学,通过申请、走访、审核,只要是家庭经济困难的学生,都尽力为他们找到爱心人士或企业每年"一助一"提供助学金,让社会温情为困苦的孩子带来温暖与力量。

每一年,都有协会各助学项目资助的学生步入全国各地的大学,也有大学生或者研究生毕业后走上工作岗位,成为行业翘楚,还有的选择做一名光荣的支教老师,把爱心传递传递下去。

输血升级"造血"　助力脱贫攻坚

扶贫先扶志,脱贫不能依靠"输血",而是要让贫困地区的同胞产生"造血"的本领,依靠双手和聪明才智走向富足。本着这一理念,陈继红带领爱心团队在河北省邢台市大鱼村开始了一场轰轰烈烈的"扶贫革命"。

2016年夏季,河北省邢台市发生严重洪涝灾害,本就贫困的大鱼村村民更是雪上加霜,家被山洪浸泡,路被大水冲断。接到大鱼村村民

陈继红和团队实地考察帮扶地区情况

的求助后,陈继红带领协会工作人员和志愿者启动"赈灾程序",将救灾物资和泰达的温暖及时送进乡村,帮助村民解决燃眉之急。自此这个太行山旁的困难山村也开始走进了泰达公益慈善的视野,开启了大鱼村助困模式。

陈继红持续发动社会各界力量开展助困、助学项目,帮助村民将滞销的山货带进市场;倡导爱心企业研发适合山区采摘的设备促进村民生产;组织爱心团队开展困难乡村支教,发放助学金帮扶困难家庭孩子继续学业。

2017年11月,在她的推动下,"大渔爱心平台"志愿团队成立起来了。从此"助力大鱼脱贫,帮助千年古村发展"就有了一个由多位企业家、爱心志愿者组成的专业"执行团队"。大家本着促进山村助困和提升教育、产业、旅游的目标开展工作。近年来,志愿团队从帮销农产品、树立"大鱼柿饼"品牌,建起"大鱼村宿"、发展旅游,水厕改造、打赢"厕所革命",推动"美丽乡村"建设等几个方向,提升古村环境,让这个千年古村跟着时代的步伐在蜕变,如今古朴中又带有现代范儿的村庄迎来了一批又一批远道而来的客人。

2018年,爱心企业兴业金融租赁公司与天津开发区慈善协会签署了《兴业租赁精准扶贫基金协议书》,并捐赠人民币500万元,用于天津地区困难村的"精准扶贫"。天津经济技术开发区慈善协会成为爱心企业和困难村对接和沟通的桥梁,为有效落实资金的使用,陈继红多次带领企业代表及专业志愿者到访蓟州区出头岭镇及滨海新区茶淀街道进行现场调研、项目跟踪、解决问题、工程验收等。目前该项资金为蓟州区官厂村、三屯村、下庄村三个困难村建起了三个老年日间照料中心;为一所小学操场完成硬化工程,保障了孩子们的校园安全;将一处废弃工厂改造成商业卖场用于出租,以及建成40亩的苹果园,增加了村集体营收;为滨海新区茶淀街道西孟村建立100千瓦"光伏发电项目",帮助困难户脱贫……陈继红说,在精准扶贫的道路上,很感谢社会力量不仅提供"授之以鱼"的帮助,而且提供"授之以渔"的长远发展和乡村脱贫的内生助力。

陈继红——一位热爱公益、忘我的社会工作者,正在用她的全部热情发光、发热,给需要帮助的人们送去爱和温暖。作为天津经济技术开发区志愿者和慈善领域的"领军人才",陈继红正带领着两支团队在扶贫助困的路途上大步向前。

邢燕子：用耐心为家乡建设添砖加瓦 以坚韧换来家乡繁荣

邢燕子，中共党员，天津市北辰区人大常委会原副主任。邢燕子为改变家乡穷困面貌作出突出贡献，成为当时全国"发愤图强，扎根农村，大办农业"的青年典型。2009年9月，她被评为"100位新中国成立以来感动中国人物"，2019年9月，被授予全国"最美奋斗者"荣誉称号。

17岁下乡成为知青，成立了"燕子突击队"，带领农村妇女向荒洼要粮，在盐碱地上种庄稼，改变了村子的穷面貌。当年，邢燕子的先进事迹在全国引起强烈反响，成为全国闻名的"知青楷模"，先后5次受到毛泽东主席接见、13次受到周恩来总理接见。

邢燕子的事迹，曾激励和鼓舞了一代人。时至今日，回顾她的故事，依旧充满着进步意义，散发着永不过时的正能量。

潜心扎根农村立志改变家乡穷困面貌

　　1958年,邢燕子中学毕业。当时,她的父亲是市里一家工厂的副厂长,然而邢燕子却没有选择留在城里工作。她思念与自己十分亲近的爷爷,于是选择回宝坻老家司家庄村务农,这是她当时最直接、最朴素的"下乡"初衷。在那里,她深感家乡的落后,决心做"祖国第一代有文化的农民",和家乡人民一起改变贫穷面貌。

　　她违背了父母期待她留在城里工作的愿望,执着地来到宝坻大钟庄乡司家庄村下乡,"村干部看我是从城里来的女娃,压根儿不会干农活,就把我安排到食堂帮忙,我也特别高兴,觉得在农村广阔的天地里,干啥都能锻炼人。"邢燕子说。

　　但事实并非她想象的那样简单,初来乍到的邢燕子闹了一堆笑话,一次食堂熬了一大锅粥让她看着,不一会儿粥溢了出来。从没做过饭的邢燕子,完全不知道该怎么对付。

　　司家庄村是出了名的穷乡僻壤,村子里的壮劳力去外地支援建设,剩下的大多是老弱妇孺。于是邢燕子开始从食堂走进田野,她说:"我那时不太会干农活,只有卖力气地干,干不完就不休息。"在当年的环境中,劳力是最珍贵的资源,邢燕子在广播中听到国家正在提倡解放妇女劳动力,有些文化的她就跟几个伙伴组织了幼儿园,一下子让20多个青壮年妇女腾出手来下农田。

　　在司家庄村,邢燕子带领由姑娘们组成的"突击队"挖渠排涝,改土治碱,到了冬季又去冰上治鱼发展副业。在三年困难时期,司家庄村不仅没有挨饿,收入反而还出现了增加,3个月下来创造了3000多元的副业收入。1959年,司家庄村出现粮食危机,生产自救迫在眉睫。邢燕子又带领村里的姑娘们用各种工具往水坑外提水。几天后,坑里的水越来越少,竟然打出了几百斤鱼虾。

那一年,邢燕子19岁,在乡亲们眼中,她已经成为朴实能干的大姑娘。她被安排到生产一线,和乡亲们一起插秧苗、种高粱,带领姐妹们组成了"燕子突击队",不辞辛苦地劳动。

1960年冬,为了多开荒地、多打粮,让乡亲们吃饱饭,邢燕子带领"燕子突击队"的队员们一鼓作气开垦了560亩荒地,准备来年开春种麦子。隆冬时节,化肥冻得像石头疙瘩一样硬。大伙儿合力将化肥疙瘩一个个轧碎,在满是冰碴儿的地里大干10多天,把560亩地轧了8遍。种子播种后,秋天多收获4万多千克粮食,帮助乡亲们渡过灾荒。就是凭着这股"要使石头长出粮"的干劲儿,邢燕子在那个年代成为"发愤图强、扎根农村、大办农业"的青年典型。

为人父母官依旧奋战在一线

20世纪80年代,邢燕子曾担任过不同的领导职务。在北辰区一家知青农场当党支部副书记时,她依然是劳动榜样。上班时间,她挑着大桶撒肥,帮小卖部售货员售货,一天工作十四五个小时,哪里需要她,她就去哪里。

熟悉基层、扎根基层的优势,让她以全新的形式践行着为人民服务的诺言。两年中,邢燕子查阅了大量文献资料,访问了多位专家学者,走现场入农家,亲自取水化验水质,沿着丰产河逐一排查排水口……

在担任北辰区人大常委会副主任时,她查看了大量文献资料,沿丰产河两岸逐个排查排污口,完成了《天津北运河水污染问题的报告》和《保护丰产河水免受污染的报告》两个课题,为保护水质、防止污染提出了自己的见解。邢燕子还经常看望基层单位女职工,特别关心农村妇女,鼓励她们学习文化知识,创造美好生活。退休后的邢燕子积极发挥着余热,关心少年儿童成长,热衷参与社会活动,还自学书法、绘画,晚年生活过得朴素而充实。

邢燕子的事迹被报道后,在全国引起强烈反响。她本人曾先后担任大队党支部副书记、县委副书记、天津市委副书记、市政协副主席等职,先后当选第三届至第五届全国人大代表,党的九大至十三大代表、第十届至十二届中央委员。

但鲜为人知的是,除了开会时作为代表参与讨论、发表意见外,她日常的生活仍然是在最基层的农村,养猪、起猪粪、打猪草,并且她是个不带薪的市委副书记,在当时生活依然十分拮据,甚至经常和丈夫到大洼里为家里拾柴火。

即便如此,邢燕子依然觉得自己是幸运的,因为她有幸亲眼见证、亲身体验了祖国的日益昌盛,发展壮大,"虽说也赶上了苦日子,但是我毕竟有幸为国家的脱贫致富贡献出了一份力量,并且我的小家也伴随着国家这个大家一起成长了起来"。

邢燕子常说:"党的教导、人民的嘱托,我永远不会忘记,我愿以萤烛之光,贡献于祖国的发展,与共和国共同成长,这是我人生中最美的乐章。"

邢燕子在听报告

以不变的初心践行为国为民的誓言

从1958年开始,邢燕子便告别城市的舒适生活来到农村广阔天地之中,以她的名字命名的突击队事迹更是闻名全国,而她本人也因其十足的"铁姑娘"形象而成为20世纪60年代青年们的偶像。

说起几十年前在村里艰苦劳动的细节,邢燕子记忆犹新:住土坯房,拾柴挑水,夏天蚊蝇成堆,冬天顶寒风凿冰洞,用手拉网捕鱼,肩膀磨破,脚和鞋冻在了一起。回首这些细节,邢燕子没觉得当时有多苦。她说,一个人的力量微不足道,艰苦劳动是大家一起完成的,农村社会主义建设中取得的成绩,是一代人的功劳。

邢燕子每一次回首往事,都会由衷地感叹:"日子真是越过越带劲!"她说,包括自己在内,每一个普通百姓的生活,都因为新中国70多年来的发展壮大而发生了彻底的转变。"新中国的成立让咱老百姓真正当家作主了,改革开放又带着咱们彻底地奔向小康、富裕起来了。"

她的房间里珍藏着很多珍贵的老照片、旧报纸。每每有人来访,邢燕子都愿意拿出这些资料边看边聊过去,仿佛打开一段段尘封的历史。尽管报纸、照片已泛黄褪色,却依旧能从中感受到催人奋进的力量,带给人无限的鼓舞和感动。

一辈子吃了很多苦,也经历过起起落落,而邢燕子的那些话言犹在耳:"我是党和人民培养出来的,听党话、感党恩,永远跟党走。过去的苦换来今天的甜,我们那代人的所有付出都是值得和无悔的。"

侯隽：扎根乡村 不负韶华

侯隽，中共党员，天津市宝坻区政协原主席，中国共产党第十次全国代表大会代表，曾多次获得先进知青、青年标兵、先进工作者等荣誉称号，全国农业学大寨先进个人，2019年9月，被授予全国"最美奋斗者"荣誉称号。

"人生的路，前人踏平；生活的路，热血铺成。高举起不倒的红旗，接过父辈手中的工具，将路上残石除尽，积雪扫清……为了这一切，我愿献出终生！"著名演员黄宗英笔下的"特别姑娘"侯隽，早在初中就写下了奉献青春的诗句。扎根天津宝坻57年来，她努力带着乡亲们做规划、绘蓝图，大搞农田基础建设，推动粮食增产、农业增效；与乡民们一起学雷锋助人为乐，丰富乡亲们的精神生活；吸引接纳知识青年来农村，为农村各项事业发展增添活力，谱写了华丽灿烂的篇章。

青年时期的侯隽

一颗"以农报国"的种子在幼年种下

侯隽1943年出生,1950年在北京上小学。小时候生活虽然清苦,但精神富有,那时随处可见英雄人物的图书和电影,侯隽读过很多英雄故事书,刘胡兰、董存瑞、黄继光……无数英雄的伟大精神就像一颗颗种子,在她幼小的心灵里生根发芽,使她从小就树立了"一切为了祖国和人民"的远大志向。

侯隽的父亲是工程师,母亲是工会干部。1955年夏,随母亲工作单位搬迁,侯隽从北京市区转至良乡县(现北京市房山区良乡镇)北京基建局子弟小学。后以优异成绩考入良乡中学(后文简称为"良中"),在那里度过了初中、高中六年的时光。那时的良中没有暑假,是按农时放麦假和秋假,学生多是农民子弟。学校不仅经常组织学生下乡劳动,而且设有试验园地,种小麦、玉米和蔬菜,也养鸡、鸭、猪,还烧砖建校。劳动的体验和农村同学吃苦耐劳的精神,都给侯隽留下深刻的印象,让她对农业产生了深厚的感情。

不断为心中梦想而努力靠近

侯隽读高中时,成绩非常好,曾两次获得北京市教育局颁发的品学兼优奖。毕业考试她的7门功课都是满分,一门心思要报考北京大学。1962年侯隽毕业,正值我国三年困难时期。毕业前的动员会上,校长介绍了国家形势,要求毕业班的同学,响应党中央"大办农业,大办粮食"的号召,"一颗红心,两种准备",考不上大学就回乡务农。面对国家的困难和党的召唤,"书生未敢忘忧国"的抱负油然而生,那些从英雄身上汲取已久的奋斗、奉献和牺牲精神,在侯隽的思想深处迸发着! 当时她就想:加强农业第一线,不光农村青年有责任,城市青年同样有责任啊! 看到几个要好的同学放弃高考回乡务农,又学习了徐建春、邢燕子建设家乡的事迹,侯隽深受鼓舞,特别是天津南开女中高中毕业生王培珍下乡的事迹更是打动了侯隽的心,于是就在距离报考北大的梦想只有一步之遥的时候,侯隽选择了放弃高考,立志做一个有社会主义觉悟、有文化的新型农民。

苦中作乐扎根窦家桥

带着这份雄心壮志,侯隽来到人生地不熟的宝坻,成了窦家桥大队的一名新社员。一个柔弱的城市小姑娘,来到举目无亲的农村,又不是组织安排的,看到乡村一贫如洗的境况,着实让侯隽始料不及。当年的窦家桥农业基本靠老天,好年景粮食亩产不过200斤,有时还要靠国家救济。那时没有骡马,耕牛也不够用,还得人拉耙子种地。收高粱、玉米使镰刀割,收麦子还要用手拔。每天下地干活,侯隽常常累得腰酸背痛,手上还磨起一个又一个的血泡。侯隽住的小土屋,矮得伸手能摸到房顶。房子坐东朝西,不仅冬天冷、夏天热,还透风漏雨。村里每天给八两原粮,得自己推碾子磨面,加工好再去点油灯做饭。由于缺菜少油,光指这点粮食连皮也不够吃,侯隽就时常饿着肚子躺在炕上唱歌……一些好心人不忍看侯隽受这份苦,劝她及早离开,有的帮她联系去农场,有的帮她安排好了去当代课教师,她都谢绝了。尽管侯隽不止一次偷偷掉眼泪,但下乡插队毕竟是自己的选择,无论多难她都咬紧牙关坚持。

日子虽很苦,但侯隽并不孤独。村里人很善良,经常有人给她送吃的。每天上工,侯隽都会带上书报,歇响的时候就给大家读报、讲故事,大家都非常喜欢她。晚上,小青年们吃完饭就陆续到侯隽家中,帮她做饭,看她吃饭。在不足10平方米的小屋里,通常是炕上坐得满满的,院里还站着十几个,大家屋里一句屋外一句地聊着。几个白天一起下地干活的姑娘主动留下来跟侯隽做伴,凑在自制的豆油灯下看书、读报、做针线活儿,有时还借着月光帮她推碾子磨面。睡觉时挤在一铺小土炕上,翻身都得喊"一二"。侯隽和村里的小青年一起学习雷锋助人为乐,宣传社会主义道德风尚,还办了夜校、俱乐部、图书室,刊出壁报、黑板报,也时常排点小节目给乡亲们演出,生活忙碌且充实。

"特别姑娘"担当重任

1963年,上海女演员、作家黄宗英到宝坻"体验生活"。听说有个"专门从城市来到农村的特别姑娘",就赶到窦家桥看望,和侯隽共同生活了20多天,还为她写了副对联:苦中自有乐,乐在吃苦中。其间,黄宗英出席全国第三届文代会,向周恩来总理汇报了侯隽下乡插队的情况,总理肯定地说,这是"自动下乡的一个好典型"。

在周总理授意下,黄宗英写了长篇报告文学《特别的姑娘》,发表在1963年7月23日的《人民日报》上,这之前,《中国青年报》曾发表了长篇通讯《城市知识青年立志建设新农村的榜样——侯隽落户农村劳动被称为"特别姑娘"》,各大媒体也相继进行报道,天津地委还发出《关于在知识青年中开展学习侯隽事迹的通知》。之后侯隽连续多年被评为各级先进知青、青年标兵、优秀共青团员和先进工作者。在侯隽的影响下,窦家桥先后迎来30多名京津等地的知识青年。这些知识青年多数有高中文化基础,都成为农村各项事业发展的骨干。作为全国先进知青和著名劳动模范,侯隽被选为共青团九大代表、党的十大代表和四届全国人大常委,多次受到毛泽东、周恩来等党和国家领导人的亲切接见,特别是周总理,生前曾6次接见侯隽。

在组织的关怀培养下,1966年侯隽入了党,1970年还担任了大队党支部书记,而且一干就是9年。侯隽和支部一班人带着乡亲们做规划、绘蓝图,大搞农田基本建设。气候连年大旱,窦家桥人连年大干,平地面、打机井,把全村1078亩耕地全部改造为水浇地,其中还建成了700多亩高标准园田。同时增施有机肥料营造海绵田,并改土治碱实行科学种田,使农作物增产的幅度一年比一年大,粮食平均亩产一年过"黄河",二年跨"长江",三年超千斤,总产也由过去的20多万斤,递增到96多万斤。不仅改写了吃国家返销粮的历史,还能交售43万斤爱国粮。同时先后建起7个村办加工厂,不仅增加了集体积累和社员收入,也购置了汽车、拖拉机等各种农用机械,使耕种排灌、收割运输等主要作业,基本实现了机械化。亲历窦家桥由贫困村变为富裕村,知青们和众乡亲充满成就感和幸福感,想到"大办农业,大办粮食"的理想变成了现实,侯隽也觉得无比欣慰。

1980年,侯隽正式脱产,组织上为如何安排她的职务征求意见,她说自己愿意一辈子留在宝坻。同年5月侯隽担任宝坻县人大常委会副主任,1990年2月任副县长,2001年1月任政协主席。2007年,侯隽正式退休。退休后,她在宝坻桑梓助学基金会做副理事长,资助贫困大学生。2008年为纪念周恩来诞辰110周年,由她主编的《知青心中的周恩来》一书出版发行。2011年"七一"前夕,侯隽和老伴把精心培育了近10年的百亩知青林无偿捐赠给政府,希望能"留下一片绿荫,传承一种精神"。

回想自己的人生经历,侯隽说:"我为自己投身国家的探索之路,感到光荣自豪,无怨无悔。青春就是用来奋斗的!"

李锁：毛家峪山村领路人
家家户户都要富起来

　　李锁，中共党员，天津市蓟州区穿芳峪镇人民政府副镇长，毛家峪村党支部书记、村委会主任。他用19年时间，改善村居环境，办农家乐、发展旅游业，将一个默默无闻的小村庄打造成"全国农业旅游示范村"。曾获全国最美退役军人、全国优秀复员退伍军人、全国劳动模范等荣誉称号。

　　若是和京津冀的一些旅游爱好者提起天津市蓟州区毛家峪旅游长寿度假村，他们不仅不陌生，还会用山清水秀、空气清新来称赞村庄的好风光。但19年前的毛家峪，只能用四面环山来形容……

　　来自毛家峪的李锁，像一只破空翱翔的山鹰，靠着军人的使命与韧劲，不仅带领着毛家峪的乡亲们奔上致富小康路，还帮1600千米之外的甘肃省石门村的村民脱了贫。

"摆脱贫穷,需要吃苦耐劳和智慧头脑"

李锁是土生土长的毛家峪村人,他家曾是村里最穷的一户人家,在他的记忆中,家中的衣服是大人穿破了补补给孩子穿,大孩子穿完了给小孩子穿。李锁一直梦想有朝一日能够走出大山,摆脱贫困。1982年,高考落榜的李锁如愿穿上军装走出大山,在部队入了党,学会了开车,开阔了眼界。

3年后,他退伍回乡,看到家里仍有兄弟姐妹需要养活,毛家峪依然如故的穷困面貌后,李锁暗自下定决心:先从自我做起,尽快改变家庭的困境。穷,就像一根刺,扎得他坐卧不安。为了多赚点儿钱养家,李锁放弃了收入微薄的"铁饭碗",给人开车跑运输。凭着军营里练就的吃苦耐劳的本领,3年后,他成了村里第一个"万元户"。可这笔钱赚的并不容易,李锁给这段时间吃的苦编成了一句顺口溜:"车当床,地当房,野菜野果当干粮。"开货车赚的是辛苦钱,随着创业大潮的来临,李锁开始琢磨新的机会。

20世纪80年代末,改革开放走过了第一个10年,李锁看准时机,拿出省吃俭用攒下的1万元钱,又东拼西凑了9万元,建立了天津跃华瓶盖厂。一个天津的厂子要给东北地区供货,如何寻找客源,对李锁来说是一个难题。为了省钱,李锁经常一个人跑销售,吃苦对他来说并不是难事。"只要思想不滑坡,办法总比困难多"是李锁的人生信条,他始终认为,摆脱贫穷,需要吃苦耐劳和智慧头脑。

直到1996年底,李锁兼并天津市蓟县(现为蓟州区)20余家大大小小的企业,组建跃华瓶盖集团,拥有员工500多人、固定资产300多万元,摇身一变成为北方赫赫有名的农民企业家,人送美誉"瓶盖大王"。

"我要让咱毛家峪家家都富裕起来"

昔日的毛家峪,地处北方山区,土地贫瘠,地表缺水,吃水要靠驴驮3千米,饿的时候只能用谷末饼充饥,是天津市蓟县当时最穷的山村。"李锁能干,让他带着大伙儿一块儿干,说不定能带领我们村闯出一条路。"2000年11月,在全村党员群众的一致推举下,李锁被推选为村党支部书记。在第一次全体村民大会上,李锁郑重承诺:"我李锁一人富了不算富,我要让咱毛家峪家家都富裕起来。如果3年不能让大伙儿都富起来,我主动辞职。"

要想富,先修路。从马平路进入毛家峪村有一段1.62千米的柏油路,是毛家峪村的致富路,也是乡亲们的幸福路。70岁的老支书王守余感慨:"路,是20年前李锁带着大家修的。没有这条路时,毛家峪穷得叮当响,村民进城卖鸡蛋换钱,没出山,鸡蛋就碎了一半。"为了筹集修路资金,李锁带头捐款5万元,乡亲们也纷纷捐款,终于凑足了资金。

为了尽快将道路修通,李锁急活儿抢在前,累活儿冲在先。他带领村民仅用了40多天,就把一条光滑平整的柏油路从每户人家的门口修到了山外,圆了全村几代人的梦。李锁又筹集资金改造了村里的自来水管道,解决了人畜饮水问题。随后,又整修了村里的街道,安装了路灯,全村的面貌焕然一新。修路、改水、整街这3件事,让乡亲们看到了致富奔小康的希望。

致富的门路在哪里?李锁为此吃不香、睡不着。经过深入调查研究,李锁发现,毛家峪自然风光秀美、森林覆盖率高,俨然一处天然氧吧,而且村里人大都长寿。何不充分利用这些优势,发展山村旅游呢?于是,李锁请来了有关专家进行论证,决定在"长寿"二字上做文章,开发建设"毛家峪长寿旅游度假村"。2002年春,李锁推倒自家老房,投资50多万元,盖起了二层别墅,进行了高档装修,建起了第一家标准较高的农家旅店。同时,动员党员、干部和群众,利用自家庭院,开办家庭旅店。很快,村里陆续建起了12家农家旅店。李锁深知,发展旅游必须依托优美的景区才能可持续发展。然而景区开发需要大量资金,他把自己的房产、有价证券全部拿来担保,贷款200多万元,全部投入景区建设,并向全村保证,如果失败不用集体背一分钱的债务。

为了把"毛家峪长寿旅游度假村"推广出去,李锁驱车奔波于京津两地,大大小小的旅行社他都跑遍了。除了联系客源,李锁还利用新闻媒体广泛宣传农家旅店,并建立了相关的网站。功夫不负有心人。2002年"十一"黄金周期间,一向沉寂的小山村热闹起来,城里人源源不断地涌进村来,住农家院、吃农家饭、买山货、摘山果,白日里爬山,夜里点篝火,昔日小山村变成了"快乐大本营"。2006年,富村带穷村,抱水峪村并入毛家峪村。村子变大了,人口变多了,人均年收入已达9万多元。如今,毛家峪村已经成为远近闻名的全国农业旅游示范村,被评为"全国文明村"。

李锁检查毛家峪村中的零售产业

口袋要富足，脑袋也要富

这些年来，李锁带领毛家峪村制定了"以长寿为主题、科技作支撑、院校为依托、旅游为支柱、组织作保障、大家共同富裕为目的"的发展思路，先后投资8000万元，修建了元古奇石林、情人谷、青龙湖等景区景点。2005年，毛家峪村与天津永泰红磡集团合作，成立了天津毛家峪旅游发展有限公司，投资5亿元进行山地体育运动公园和生态塘污水处理厂等项目建设，在全区率先实现生活污水零排放。全村日住宿接待能力达到5000人。粗略统计，2018年全村共接待中外游客50万人，村民人均纯收入8万元，旅游综合收入上亿元。

"口袋要富足，脑袋也要富。"李锁发现，毛家峪部分村民富起来后，出现了比吃穿、比阔气的攀比之风。为遏制这种风气，李锁在村内组织成立了精神文明建设小组，一方面加大教育培训力度，每年聘请专家学者到村里讲课，对村民行为礼仪、法律法规等方面知识进行培训，不断提升村民素质；另一方面每年开展"好婆婆、好媳妇、好村民"评选和"十星级文明户"创建活动，在年底对评选出的先进典型进行表彰。

在李锁的不懈努力下，毛家峪村乡风文明建设水平持续提高，真真正正做到了风景与民风表里如一、内外兼美。

周明陶：精准扶贫用真情 乡村振兴出实招

周明陶，中共党员，天津市宁河区板桥镇盆罐庄驻村帮扶组组长兼第一书记，天津海关所属宁河海关二级高级主办。在驻村帮扶期间，周明陶着力抓支部建设、抓产业带动、抓环境改善、抓扶志扶智，使村集体收入由帮扶前几乎为零增至745万元，

村民人均年收入从1.9万元增至3万余元，盆罐庄村被评为市级"文化旅游村"和"文明村"。荣获全国脱贫攻坚先进个人称号，被天津海关记三等功。

盆罐庄村坐落于天津市宁河区板桥镇。这个村是天津市唯一以行业命名的行政村，曾以烧制黑陶器皿远近闻名。岁月沉浮，在全民奔小康的路上，这个拥有506户、1454名村民的村子却落在了后面，村庄破落，基础设施落后，到处是村民的旱厕，垃圾随处可见；村民收入低，困难群体多，村集体也几乎没有收入，成为天津市的困难村。

2017年8月，天津海关响应天津市委、市政府的号召，参与地方新

一轮结对帮扶工作,选派周明陶作为帮扶组组长,开展精准帮扶、振兴乡村的3年行动。3年间,周明陶带领帮扶组通过所在单位等部门为村庄争取帮扶资金1542万元。在他的带领下,这个人均年收入不足两万元、村集体收入几乎为零的困难村,变为了小康村。

党建引领　强战斗堡垒

进村伊始,周明陶在调研中发现所在村党组织涣散,党员作用不突出,群众意见很大。因此他把建强村"两委"班子、规范党内政治生活作为重中之重。已经80多岁、有着40多年党龄的党员孙德璞,对村党支部的变化看在眼里喜在心里,他说:"工作组一心为村,我们村庄的发展有了盼头。"为此,他还专门向工作组递交了工作建议书。

自新冠肺炎疫情发生后,周明陶主动放弃与家人团聚的机会,大年初二就回村参与疫情防控工作。他与村"两委"研究建立进出村管控机制,带领党员24小时在村口轮流值守,并积极协调防疫物资,主动带头捐款捐物,做好防疫宣传,发挥了基层党组织的战斗堡垒作用。村庄党支部被评为"五好党支部"创建支部。

调查研究　保精准有效

"我出生在安徽农村,7岁才随父母来到天津,我许多亲戚还在老家,我对农村有深厚的感情。"周明陶在和村民的第一次见面会上,是这样介绍自己的。那时,有村民介绍说:"我们这从明朝就开始做陶,你的名字叫'明陶',你跟我们村有缘分呐!"他说:"这以后就是'咱村'了!"也正是这份情怀、这个缘分,让他义无反顾地走上了这结对帮扶、乡村振兴的道路,他暗下决心一定要让老百姓生活好起来,村庄美起来,产业长久兴旺。为此,他带领帮扶组通过几个月的走街入户,细致筛查困难户情况,对村民、村务、村情有了深入了解,建立了村民信息、村民就业信息和困难群体信息3个台账,拟定了村庄长远发展和近三年发展规划。

周明陶带领帮扶组上门慰问特困人员、低保户、低收入家庭、困难党员群众及70岁以上老人

精准聚焦短板,确保小康路上不落一人。周明陶3年争取到资金和物资达150多万元,精准帮扶村内260余名三类困难群体。他在调研中发现,一名70岁的老太太年轻时从广西远嫁到此,40年都没有户口,无法享受国家各项福利待遇。周明陶多方联系,最终在公安部门

大力支持下为其解决了户口问题,随后又从天津海关争取10多万元资金,把老人住的危房进行了拆除重建,并配备了家电,让老人晚年过上了幸福的生活。

产业带动　促经济发展

自驻村后,周明陶带领帮扶组认真研究村庄产业发展,帮助村庄确定文旅发展为主的方向,推动盆罐庄村与全国最大的文旅公司乡伴文旅集团签约,成为该公司旗下新的理想村,村庄因此获得超1亿元的文旅发展投入。他还积极引进具有国家级资质的郁金香种植项目落地,形成观光、研发和种植花卉新格局。

他还主动研究宁河区的发展思路,了解当地招商引资优惠政策,找寻招商引资促帮扶的路子。目前,他已经为宁河区引进10家企业落地,其中4家龙头企业落户所在镇,两年多时间里,带来税收超过8亿元,也使盆罐庄村获得了900多万元建设资金。

黑陶技艺在盆罐庄村有序传承了几百年,在推动产业扶贫的过程中,周明陶对这项老祖宗传下来的技艺一直"心心念念",绝不能在我们手里丢掉,而且还要大力发展起来,让它成为村庄文旅发展的金字招牌。村里只有两家还在勉强维持着制作黑陶。他就带队和两家传承人赴外地考察学习交流,不断研讨,共同确立了"民用+文创"为主的发展方向。他将海关优势充分发挥出来,天津海关又帮助检测出当地陶土富含对人体非常有益的金属元素"锶",这使黑陶产品的价值大大提升。来村参观考察、洽谈合作的人越来越多,不断巩固黑陶技艺成为村文旅发展的核心。

更妙的是,周明陶引进的郁金香种植和黑陶发展结合起来,黑陶花盆可以种花,花瓶可以插花,传统产业和引进产业相得益彰,共同推进村文旅发展。

他还邀请互联网企业及天津报关协会等企业与困难村对接,帮助长期销售黑陶、大米、蔬菜等特色农产品。

"志""智"双扶　建美丽乡村

在工作中,周明陶积极推进村庄基础设施建设,与百姓生活密切相关的污水改造、道路硬化、文体设施建设项目相继完成。3年来村庄环境大变样:4纵12横道路全部硬化,"见缝插针"种植了花卉和5500余棵树木;修桥2座,安装、更换路灯201盏,建设健身广场和街心水景公园,打500米生活用水井1眼;对7000米河道进行清淤,全村近4000余亩土地受益;在前期强力推动户厕改造的基础上,天津海关又投入57万元,实施了全村户厕防冻工程。

"营造一个宜业宜居、美丽整洁的生产生活环境,也要让文明乡风浸润其中。"周明陶说。来到盆罐庄村后,周明陶主持建立了较为系统的村规民约,用"建项目,定规范"的思路完善村庄的治理规定,例如,建健身广场就制定健身广场管理规定等,逐步让老百姓形成愿意遵守的村庄治理规定。他还推动通过表彰孝敬公婆、关心集体、丧事简办等先进,推动移风易俗,形成文明乡风。

在推进乡村精神文明建设的过程中,周明陶十分重视教育。他带领帮扶组建立了电教室,募集图书4000余册;打造农家书屋,加强村民的培训学习;为所在地中学捐助书籍、为村内幼儿园募捐物资,并争取到资金,为幼儿园更换高品质保暖门窗,加装大功率空调,解决了孩子们冬季受冻、夏季受热的情况,也使村民们的受教育环境得到了显著改善。

在周明陶带领和帮扶下,盆罐庄村2020年集体收入745万元,村民人均收入突破3万元。村庄先后被评为市级"文化旅游村""美丽乡村""平安乡村""文明村""五星村"。

李辉忠："老字号"的忠诚守护者

李辉忠，中共党员，天津市桂发祥麻花饮食集团有限公司党委书记、董事长。李辉忠秉承诚信经营理念，积极推进标准化生产，严格原料采购、工艺流程和销售规范，把昔日前店后厂的"小作坊"打造成"津门三绝"之首——百年老字号"桂发祥十八街麻花"。荣获第四届全国道德模范荣誉称号。

作为桂发祥的掌门人，李辉忠克服困难，利用科研攻关食品创新，实现了机械化、规模化、产业化经营和现代化生产的新格局，为老字号食品企业发展奠定基础。在延续与推广中国传统美食文化的同时，更是将老一辈诚实守信、本分经营的传统传承下来并发扬光大。他以诚待人，坚信诚信能够实现互利共赢，成造了桂发祥在业内的金字招牌；他以信做事，致力于让消费者吃到放心食品。

弘扬民族品牌上不遗余力

做企业难,做食品企业更难,做强做大百年老字号食品企业更是难上加难。自从1971年从部队转业后步入桂发祥的大门,李辉忠就深感肩头责任重大。正是这份责任让他和十八街麻花紧紧"拧"在了一起,这一拧就是40年。

李辉忠常对同事们说,老字号的"金字招牌"是企业的,更是民族的。20世纪90年代,刚刚担任厂长的李辉忠就接待了一位主动找上门来的特殊客人。他是一家日本公司的总裁,在商界颇有知名度。对方以优厚的条件提出合作意向,桂发祥也会因此得到一笔不菲的投资,但条件是参与麻花的生产、技术与管理。

"生产配方是企业的'绝活儿',是国家的'财富',怎么能为一时之利,让民族品牌流失!"李辉忠断然拒绝了对方的要求。这同时也使他意识到,桂发祥十八街麻花所承载的品牌价值与市场潜力还有很大的挖掘空间。

在当时,桂发祥还是一个"前店后厂"的家庭作坊式企业。虽然生产的十八街麻花远近闻名,但产量供应不上需求不说,还存在产品样式单一、工艺传承受限的问题。为解决这些瓶颈问题,从20世纪90年代末开始,李辉忠率先从生产工艺改革入手,从食品科研机构引进多名专业人士,成立技术开发中心,集中优化生产流程,改良、丰富麻花口味。

恪守传统工艺并非一味坐在祖先树下乘凉,创新与产业升级同样不可或缺。1998年,他带领技术人员自主研制出了国内第一条麻花生产线,一举改变了麻花生产依赖老师傅面前一口锅的传统手工方式,实现了传统小吃的机械化生产。1999年,植物油自动循环净化系统研制成功,麻花炸制实现了电脑控制。

李辉忠在弘扬民族品牌上不遗余力。他努力推动桂发祥十八街麻花制作技艺入选天津市非物质文化遗产名录。以"桂发祥中国节"为主题,他又带领团队把产品线逐渐向元宵、粽子、月饼等与传统节日相关的食品方向延伸,突出健康、绿色的理念。

百年老字号在发展壮大的同时不忘回馈社会。李辉忠带领企业拿出150多万元来,一对一帮助有困难的群众,将临时救助延伸为常态化的帮扶机制。桂发祥集团先后被评为中国商业信用企业、全国文明单位、中华老字号传承创新优秀企业。这无一不体现出一家老字号企业应尽的社会责任。

让老字号也有时尚气息

"老字号必须与时俱进,要有时尚气息,才不会落伍。"李辉忠很坚定。在美国进行市场考察期间,一位美国客商品尝麻花后,非常喜欢,就将剩下的半根麻花直接装进西服口袋,准备拿回家里给家人尝尝鲜。这个小细节被李辉忠看在眼里。麻花是不是太大了?会不会油了他的衣服?带着这样的问题回到国内,他马上组织研发人员进行攻关,夹馅小麻花应运而生。这种拥有发明专利权的特色夹馅小麻花,其重量只有10克,油脂含量相较于传统麻花下降了近15%,过氧化值和酸价等影响油脂变质的指标均远远低于国标,更满足了当代消费者营养健康、休闲便利等诸多需求,填补了国内此类休闲食品的空白。

近几年,电子商务方兴未艾,网购已悄然改变了人们的消费习惯,李辉忠很敏锐地意识到了这一点。2009年,桂发祥正式和电子商务牵手,淘宝、亚马逊、京东等网购商城和高朋网、拉手网等团购网站陆续销售桂发祥食品。同时,通过多种方式提高服务质量,保证产品品质,只为求网购"零差评",他们很快在网络销售业"快车道"中拥有了一席之地。

李辉忠还根据现代人的消费喜好,带领桂发祥改进包装、提高档次,形成50余种麻花和上百种糕点、面包、节令食品的产品格局,筑牢了企业发展根基。

李辉忠在指导工作

"做食品企业要算良心账"

随着生产规模的扩大和销售市场的拓展,负责开发新产品的技术人员提出,使用添加剂可以丰富麻花口感,降低研发成本,李辉忠当即予以否决。他斩钉截铁地说:"十八街麻花能叫'津门一绝'就在于它的'原汁原味',不用食品添加剂。宁可开发慢一点,成本高一点,也要保持自己的品牌特色。"

"做食品企业要算良心账。一根麻花不合格,对企业的影响没什么，但对消费者的伤害却是百分之百。"这是李辉忠经常挂在口头上的一句话。桂发祥制定了一套严密的食品安全检验体系和规章制度。他们严格检验原材料"三证"，主要原材料需经化验室检验；在同行业率先通过IS9001国际质量管理体系标准和QS企业生产许可证；2002年又兴建了全封闭无菌净化生产车间，从原材料采购、加工等8大节点强化质量控制。在生产车间，质检部门每天都要不间断地对麻花炸制用油进行抽检，并及时更换。近几年，油、面、糖等主要原材料大幅度涨价，如果降低标准就能降低生产成本。这一点李辉忠也了解，却不愿也不会选择偷工减料。多年来，集团商检抽箱合格率达到100%，向客户提供食品安全率达100%，产品出口十几个国家和地区。

在企业"道德讲堂"上，李辉忠告诫全体职工："诚信是金，可以实现互利共赢；如果不讲诚信，100块钱就是一张纸。"桂发祥一直采购杭州一家老字号的桂花酱做原料，这种无添加剂的天然桂花酱制作复杂、产量低、成本高。李辉忠得知他们经营困境后，主动提出每吨上涨2000元，又预付60万元帮助他们解了桂花采购的燃眉之急。对合作伙伴的赤诚相待，成就了桂发祥在业内的金字招牌。

孙世福：用良心守护百年老店"丹桂飘香"

　　孙世福，中共党员，天津市桂顺斋糕点有限公司董事长、总经理。他把年销售产值不足3000万元的百年老店，打造成年销售产值1.83亿元、辐射京津冀三地的清真糕点名牌，"做人讲良心、做食品讲诚信"是他一直坚守的承诺。曾获全国道德模范荣誉称号。

　　老字号，记载着一座城市的记忆，更是属于国家的宝贵财富。创始于1924年的小吃品牌桂顺斋，在百年风云中大浪淘沙，与时俱进，从天津地区家喻户晓的金字招牌，成长为覆盖京津冀地区的响亮品牌。

　　2002年，孙世福临危受命，带领桂顺斋步入崭新的发展之路。他用良心换来顾客的真心，把糕香传进天津的大街小巷、千家万户，书写着老字号糕点店铺的发展奇迹……

"顾客看不见，我们能看见！"

1924年，北京通州一火烧铺老板为生计来到天津，在南市旭街芦庄子口（即现桂顺斋总店所在地）买下一个门脸儿，起了"桂顺斋"的字号，经营起糖火烧、贴饽饽、汤圆、杏仁茶、秫米饭、八宝粥等回民小吃。

此后，桂顺斋历经了开办分店、公私合营、更名改姓、重新挂牌、产供销一体化、拆改与重建……浮浮沉沉数十年，2002年12月30日，桂顺斋完成了企业性质改制，董事长孙世福带领桂顺斋进入新的发展阶段：一是突破桂顺斋僵化的经营模式，走专卖经营的渠道开发之路；二是突破小作坊式的生产模式，走专业化、规模化、集约化的经营生产发展之路。作为桂顺斋的掌舵人，孙世福坚持用过硬产品、贴心服务和不变真诚，把年销售产值不足3000万元的百年老店，打造成年销售产值1.83亿元、辐射京津冀三地的清真糕点品牌名店。

孙世福认为，要让传统的百年老字号在今天仍能焕发生命力，不仅要深入挖掘清真食品优秀传统文化内涵，更要有严格的采购、生产、销售管理体系。为此，企业先后建立了采购进货查验、生产过程控制、食品出厂检验、不合格产品管理等规章制度，全面导入ISO9001国际质量管理体系并通过认证，成为天津老字号清真企业中首批取得QS企业生产许可证的单位，产品抽验合格率始终保持100%。

不过，在供货商眼里，孙世福和桂顺斋可实在"太难缠"。2013年，桂顺斋进了两吨红枣，然而在原料入库检验时发现送来的红枣跟样品差别很大，未达到采购标准。已是"老熟人"的供货商希望将这批枣降价售出，"反正是做馅儿，弄碎了谁也看不出来，顾客更看不出来"，而孙世福当即严词拒绝："顾客看不见，我们能看见！""进原料决不能马虎，桂顺斋要讲信誉，要对得起顾客的信任！"最终这批红枣被全部退回，供货商被终止合作,这也对生产周期、产品成本产生了一定影响,但孙世福认为,做食品就要讲良心,这么做值得。

"做人讲良心、做食品讲诚信"是时常挂在孙世福嘴边的话,也是他一直恪守不渝的承诺。良心与诚信,为桂顺斋挣来了实打实的品质和响当当的口碑。

一份订单也开工

逢年过节,津城中便会出现桂顺斋门前三四百人排起"长龙"的景象。在天津,只要提起过节送礼、婚礼回馈或是给老人做寿,老百姓首选的礼品就是口味纯正、品质精良、深得信赖的桂顺斋糕点。

在孙世福的心中,顾客的满意是他永远的追求。有一年中秋,店里有一位年迈的大爷气呼呼地向售货员问道:"为嘛没有了?"恰好正在巡店的孙世福目睹了这一场景。经了解,原来这位70多岁的大爷想为90多岁的老母亲购买一斤中秋限量供应的翻毛月饼,然而这款月饼刚好售罄。"别人家没有可以,桂顺斋没有就不行!"大爷气恼,孙世福更是着急,因为这款月饼的生产线已经停了,再找出一份谈何容易? 但为了满足这位老人的心愿,孙世福当即决定:"联系工厂,重启生产线,马上赶制月饼!"隔日,翻毛月饼便被送到了大爷的家中。孙世福说,绝不能辜负顾客对桂顺斋的肯定、喜爱与依赖。

精雕细琢　留住顾客心中的传统味道

作为一家百年老字号的"掌舵人",严谨认真、精雕细琢的态度,是他带领全体员工驾驶这艘巨轮在瞬息万变的现代商海中砥砺前行的必要因素。然而对于一家秉承原始工序、坚持手工制作、不加防腐剂的食品企业而言,产能和品质难免成为一对矛盾。正因如此,即便孙世福身为桂顺斋的董事长、总经理,在常人看来理应把控大局,但他仍会在琐碎"小事"上下工夫。

孙世福不放过生产中的任何一个细节

孙世福说,有老顾客反映,五仁月饼里曾经放得满满的子仁儿变少了,他感到又委屈、又着急,因为子仁儿的数量并未减少,只是新的机器生产工艺将子仁儿碎成了蓉状,使得老顾客认不出原汁原味的产品了。为了留住顾客心中的传统味道,即便需要增加几十万元的成本,孙世福还是决定扩充人力,继续保持传统月饼的制作工艺,并积极寻找符合传统制作工艺的生产线。

"顾客看重是老字号的诚信和口碑,为了这份信任,我和企业都将诚信作为做人做事的第一标准。"孙世福说。如今,各类品牌的糕点店比比皆是,可桂顺斋却在激烈的竞争中立于不败之地,过硬的产品、贴心的服务和那份不变的真诚,是桂顺斋最好的名片。

事必躬亲　把全部的心都给了桂顺斋

　　2006年,孙世福前往北京店签约时突发心脏病,被诊断为主动脉夹层,这是心血管疾病中的"强性"杀手。医生一再叮嘱他注意休息,防止复发,可几个月之后,他又一头扎进了办公室里。业务多、工作忙的时候,孙世福时常会亲自上阵。有一次,他在参与制作时,被一个4米长的大案板砸到了脚面,造成两个脚趾骨折,医生告诫他必须卧床休息,但一瘸一拐的他仍然坚持上班。事必躬亲、兢兢业业的工作态度,只因他放不下桂顺斋,放不下顾客的期待。这样的勤勤恳恳,让孙世福得到了众人的肯定——员工用来回报他的,是努力工作,让企业越来越好;顾客用来回馈他的,是常年对桂顺斋糕点的支持,让这个老字号品牌再次腾飞。

　　把全部的心血投入在工作上的孙世福,对家人却有着不少亏欠。2006年,孙世福的母亲病重,老人弥留之际,正值中秋、国庆两大节日,这也是桂顺斋最忙碌的时候。在医院,孙世福对姐姐和弟弟说:"妈这里需要我,可店里的几百号员工也等着我呢,咱妈这就拜托你们了。"说完便深深鞠了一躬,然后在床前磕了个响头。走出医院时,这个轻易不掉泪的硬汉泪流满面。不久,老母亲去世了,这也成为孙世福心中永远的遗憾。提起自己唯一的儿子,孙世福也有歉疚。从孩子小学4年级开始,他就再也没有接送过,孩子自己骑车上学,从长江道到河北路需要半个多小时;小升初、中考、高考,校门口从没有过他的身影。

　　对待产品质量的铁面,对待顾客需求的悦容,孙世福的"两张脸"都是真性情;作为"掌舵人"的雷厉风行,作为"员工"的事必躬亲,孙世福把全部的心都给了桂顺斋。良心与诚信,载着桂顺斋的糕点香飘万里……

徐文华："扫"出美丽天地、精彩人生

徐文华,中共党员,天津市河北区环卫局一所工人,天津市总工会副主席(兼职),天津市人民代表大会城乡建设环境保护委员会委员,中国共产党第十九次全国代表大会代表,曾荣获全国优秀共产党员、天津楷模、全国抗击新冠肺炎疫情先进个人等荣誉称号。

"在工作岗位上一如既往,脚踏实地把自己负责的工作干好,为天津的城市发展添砖加瓦,这是我们每个人的担当与职责。"现年54岁的河北区环卫所环卫工人徐文华,在30多年的时间里,他用扫帚"美化"街区,用脚步丈量整洁,他用一片匠心擦亮了劳动光荣的价值底色,用一抹"环卫橙"留给人们最美丽的风景。

爱岗敬业　勇当先锋

1989年,20岁的徐文华高考落榜了,抱着"先走出去看看"的心态,他背起行囊从河北省景县来到天津市河北区,投奔在这里务工的亲人,成为河北区环卫一所的一名垃圾清运保洁员。之后的30多年,徐文华始终践行着"宁愿一人脏,换来万家净"的环卫行业精神,默默地坚守在岗位上。

为了让市民早上出门就有一个干净舒适的环境,徐文华和同事每天都要早起打扫街道,为了不睡过头,他买了3个闹钟放在床头。"每天起大早对于当时只有20岁的我来说,确实是一个不小的考验。"但是徐文华身上不仅有一股毅力,还有一种责任和担当。

刚工作的那些年,河北区的平房较多,垃圾道很窄经常堵塞,钻进垃圾道进行疏通是常有的事情。"冬天还好些,最难熬的是夏天,垃圾腐烂后不仅会生蛆还臭气熏天,有时候,从垃圾道里爬出来时,不但一身臭汗,身上还爬有蛆虫。"徐文华说。

自2008年开始,天津大干900天,进行市容环境综合整治。在这900天的整治过程中,徐文华每天都早起晚睡。"这样的日子,我连续坚持了700多天。700多天里,我只陪家人吃了7顿饭。"徐文华坦言,看着发生了新变化的市容环境,内心觉得所有的辛苦和付出都是值得的。这一年,徐文华还光荣地加入了中国共产党。

为提高工作效率,徐文华总结提炼出"找、传、捡、巡、带、暖"道路扫保检查管理"六字诀",并在全区道路扫保检查中推广,成为道路扫保检查管理的有效支撑。

徐文华还自学机动车驾驶技术和保洁车维修技术,对于脏、苦、累、险活儿,他总是冲在前面。

热心公益　传递大爱

2019年，徐文华向天津市委提出建议，希望能更多地关注对农民工的思想政治引领，在农民工中发展党员，在农民工中树起党的旗帜，这得到了天津市委的高度重视。此后，徐文华在河北区城管委的大力支持下，筹建了"徐文华先锋党员工作室"，多渠道、多方式为农民工解难题、办实事，帮助协调子女入学、申请住房补贴等，开展各类宣讲上百场，引领农民工积极向党组织靠拢。工作室累计为39名环卫工人申请住房补贴，共计金额58212元。

在工作之余，徐文华还自学了维修技术，坚持多年为同事义务维修保洁车辆，为单位节约资金8000余元。此外，徐文华一有时间就读书学习，充实自己。2008年，徐文华终于如愿走进了天津大学，圆了自己的大学梦。2018年，他再次走进天津大学，进行专升本的学习。

作为天津市总工会劳模宣讲团成员、河北区理论宣讲团成员，党的十九大以来，徐文华深入学校、社区、工地等基层一线，开展宣讲100余场次，听众1万余人。从环卫一线走上讲台，徐文华始终怀着敬畏之心对待每一次宣讲。他每次都骑自行车自行前往，且不收取分文报酬。为了让干部群众入耳、入脑、入心，每一次宣讲他都坚持用真心实意感动听众，把他心中赤诚的爱党爱国情怀融入每句话中。

坚守初心　勇担责任

2020年春节前夕，新冠肺炎疫情来势汹汹，徐文华第一时间报名参加"党员突击队",主动请缨参加疫情隔离点垃圾清运工作。"进去之前也有担心和害怕,但咱是党员,又是'老环卫',咱不上谁上?"徐文华义无反顾穿上防护服,第一批进入疫情隔离点。十几层楼,每层楼20多个房间,每天三次挨个房间门口收拾垃圾,每天弯腰就至少六七百次,熟悉的工作在隔离服的阻力下显得困难而笨拙,衣服湿了又干、干了再湿。腰肌劳损的老毛病只能靠贴膏药缓解。由于长时间接触消毒水导致过敏,其间,两次造成淋巴结肿大,但是徐文华仍然大剂量服药坚持工作着。他先后转战4家隔离点,连续工作了4个多月,干了一轮又一轮。

"在隔离点工作的日子,有很多事情让我非常感动,尤其是境外回国的小留学生,从大巴车上下来的时候,眼神里充满了无助,让人心疼。"看着这些比自己儿女还年幼的孩子,徐文华用心用力呵护着,他的身份也从单一的垃圾清运工衍生成了管理员、配餐员、快递员、心理疏导师等。14天过去了,看着孩子们临走时露出久违的笑容,徐文华倍感欣慰。

"有一次,一位'小客人'临走时留下了一张便条,上面就写了一句话,'大家辛苦了,我给祖国添麻烦了',当时我的眼泪就下来了。"每念及此,徐文华总有些哽咽:"我们的工作虽然平凡,但是能把党和国家的温暖传递给这些同胞,让他们知道有强大的祖国护佑着他们,让大家感受到'家'的温暖,再辛苦也值得。"

参加完全国抗击新冠肺炎疫情表彰大会,被授予"全国抗击新冠肺炎疫情先进个人"荣誉称号的徐文华返津后便如平常那样投入了工作。对于徐师傅来说,他干的工作是没有休息日或节假日的。

在后来的一次采访中徐文华表示:"荣誉是暂时的,在今后的工作和生活中,我会牢记党员身份,继承环卫工作者'宁愿一人脏、换来万家净''不怕吃亏,不怕吃苦,不怕平凡'的理念,用无私奉献、诚实劳动、担当作为诠释一名共产党员的初心,为坚决打赢疫情防控阻击战贡献自己的全部力量。"

2021年立冬的大雪,是天津近年来最大的一场雪,徐文华毫不犹豫,在凌晨3点多钟动身,4点到岗,在他的带动下,所有环卫工人准时到岗,大家拿着铁锹与扫把,上路去清雪,伴随着寒冷的风雪,他与身边的环卫工人一起,整整一天都在路面清理积雪,除了趁吃口饭的时间休息一二十分钟,其间没有人退缩。对徐文华来说,恶劣的天气不能阻挡他工作,看着为人们清理出一条干净的路,方便了大家出行,他心里也十分的踏实。

徐文华被市委宣传部、市文明办授予"天津楷模"荣誉称号的消息传来,工友们连连点赞。"任何时候,任何情况,徐师傅都冲锋在前,脏活累活抢着干!"在徐文华的感染下,越来越多的工友以他为榜样:"徐师傅让我们觉得小岗位也能干出大事业,大家都以自己是一名环卫工人为荣,深深感受到了来自职业的满足感和成就感。用他的话说,咱们每天扮靓的是天津的'脸'啊,咱可不能给天津人民丢脸!"

这些年,徐文华获得了全国优秀共产党员、全国五一劳动奖章、天津市劳动模范等荣誉称号。面对荣誉,徐文华说:"我只有把荣誉当动力,更加用心去感悟新时代的脉搏,更加用心去传播新时代党的创新理论,更加用心去履行一名新时代共产党员的职责和使命,才能不负党的培养和信任!"

徐文华

郭志龙：淬火成钢的忠诚卫士

郭志龙，中共党员，天津市公安局北辰分局特警支队三大队三级高级警长，曾获得全国公安系统二级英雄模范、全国公安楷模、天津市优秀共产党员、天津市道德模范、天津楷模等荣誉称号，荣立个人一等功1次、个人二等功1次、个人三等功3次。

心有忠诚，行有方向，每一次坚持与每一份坚守的背后，都是执着与担当；择一事，终一生，郭志龙在自己选定的道路上奋力前行。

1985年11月，18岁的郭志龙参军入伍，他毫无保留地把自己的青春献给了部队。2003年12月，郭志龙从部队转业，成为天津市公安局北辰分局辰昌路派出所的一名社区民警。他以所为家，不放过每一次出警、抓捕、审讯的学习机会；为民服务、从不懈怠，为民解忧、倾心付出，仅用半年时间，他用实干赢得重用，被提拔为警长。

2010年8月，已经担任派出所副教导员的郭志龙在处置一起警情时，全身35%的面积被犯罪嫌疑人纵火烧伤，经历9次手术，患上严重的肾病并发症,几度在生死边缘徘徊,他以顽强的意志与病魔、伤残抗争。经过4年的治疗,本应在家康复的郭志龙主动请求返回工作岗位,谢绝了组织上对他的特殊照顾,与其他民警一样,值班、值勤、处警。

蹈火抢险　意志坚强

如果没有那次意外,凭借着一股子干劲、闯劲、钻劲,郭志龙会在自己的工作岗位上走得更高更远,但是一次突如其来的横祸,改变了他的人生轨迹。

当天,刚刚做完阑尾手术应该在家休息的郭志龙,放心不下所里的工作,又跑回了单位,正赶上一起扬言纵火的警情。因为深知作为领导面对危险就要身先士卒,所以郭志龙毫不犹豫冲在最前面。

到达现场,情况比想象的还要严重。嫌疑人靠在一辆推土机前,一手抱着装满汽油的塑料桶,一手举着打火机,塑料桶的盖子已经打开,不远处围着的是一群丝毫没有感觉到危险的施工人员。

如果汽油被点燃,后果不堪设想。危难关头,总要有人挺身而出,郭志龙将个人安危置之度外,一边向嫌疑人靠近,一边试图侍机夺下打火机。就在快接近到嫌疑人的那一刻,没想到对方按动了手中的打火机,之前挥发出的汽油瞬间被引燃,郭志龙的上半身完全被火焰包裹。

在危及生命的情况下,郭志龙想到的不是自己的安危,而是自己腰上的枪,他用已经烧烂的手摘下腰间的手枪交给同事,并叮嘱一定要保管好。经过抢救,全身35%重度二级到三级烧伤的郭志龙暂时脱离了生命危险,被送进了重症监护室,而在之后一个多月的时间里,他经历了一次次的取皮、植皮,血水、汗水不断渗出。

面对猝不及防的意外,奋力搏击随时都可能上演人生奇迹。凭着不屈不挠的精神和毅力,一个月后,郭志龙挺过了病危期,从重症监护室转入了普通病房。见到了久违的战友,郭志龙第一句话问的就是"事发后现场的情况如何",这是躺在病床上的郭志龙心心念念的事情。当得知现场没有群众受伤、公共财产也没有受到损失,郭志龙悬着的心终于落地了。

扛过了烧伤的危险期,似乎命运对郭志龙的考验还未结束,因烧伤而引发的严重并发症——肾病高血压、肾病贫血、肾病综合征接踵而至,一次次与死神擦肩而过,是信念的力量支撑着他,走过了最难熬的时光。"当时,我就是想着自己的那身警服还没穿够呢,我一定要挺下去。"为了给丈夫加油打气,妻子从家中取来警服挂在病房里,陪伴着、鼓舞着郭志龙度过了3年的病床岁月。

浴火重生 初心不改

2013年底,郭志龙虽然出院了,但治疗还要继续。因烧伤而蜷缩的手臂和前胸需要拉伸,身上虬结般涌起的大片瘢痕需要定期激光治疗,双手的手指都是紧紧粘连在一起的,也需要分开。在坚持到医院进行康复治疗的同时,郭志龙还为自己定下一个目标,他要返回岗位,重新穿上警服。

为了实现目标,他开始了康复训练,除了医院的拉伸按摩外,他还让儿子站在自己身上,用脚踩压两肩,以便伸展收缩的组织;而他自己,则把无法伸直的手臂卡进暖气管道后面,用力往外拉;为了分开粘连的十指,他让妻子往自己指缝里夹进卫生纸,每天掰一点,每分开一丝一毫都是剧痛。

命运从不会辜负用力奔跑的人。2014年11月16日,郭志龙终于回到了魂牵梦绕的岗位。为了照顾他的身体，组织上给他安排了一份较为轻松的工作，同时批准他可以不受考勤时间限制，但自从上班的那天起，除了每周两次到医院康复治疗，他从来都是来得比别人早、走得比别人晚，并且值班备勤也从不落下。

2017年4月12日，公安局北辰分局进行机构改革，组建特警支队并成立了一支辅警应急处置队。由于队员是从社会上招录来的，没有经过专业训练，整体素质参差不齐，要想把这支队伍尽快培养成一支辅助打击犯罪的劲旅，难度之大，可想而知。

郭志龙揽下了这份差事，凭借在部队带兵积累的经验，很快制定出《内务规定》《考勤制度》《日常管理规定》等10余项规章制度，实现了对辅警队伍的规范化管理。在训练中，他克服烧伤后皮肤伸展受限、无法排汗、奇痒刺痛等痛苦，坚持每项动作亲自示范。封闭集训期间，他要求辅警每天6时起床，他会在5时30分就做好各项准备工作。22时晚

郭志龙（前排右二）在训练场上培训辅警

点名,他会在确认大家睡下后,再独自回到办公室准备转天的工作,直到深夜。

在榜样的带动下,这支应急处置队先后参与抓捕违法犯罪嫌疑人300余名,并抓获网上在逃人员21名,为公安工作增色。

无悔逆行　忠诚担当

2020年,突如其来的新冠肺炎疫情,见证了无数个逆风驰骋的英雄,郭志龙就是其中一员。

当阻击疫情的警报拉响,当从网上看到"全市公务人员提前返岗"的信息后,上班10多年第一次回老家、原本要为父亲过90大寿的郭志龙立即收拾东西赶回天津。

按照规定,外地返津必须居家隔离14天才能返岗。居家隔离期间,郭志龙也没闲着,他主动为100余名辅警建立了微信群,担负起提示教育、整合信息和离津辅警人员每日信息核查报告工作。隔离期满后,他迫不及待地返回岗位,第一时间参与防疫勤务工作。

寒冷的冬夜,北风呼啸,在儿童医院门前,郭志龙着装整齐肃立在点位上,寒风吹打在他的脸上、身上。当初被严重烧伤的手每到冬季都会布满细小的裂口,无论接触到什么都是钻心的疼,而身上其他裸露在外的皮肤在寒风下也会起反应,先是痒,再是疼,然后就是往一起紧缩。即便如此,他仍然站如松、行如风,坚守在岗位上。领导也多次对他说,可以根据身体状况调整勤务,但他的回答只有一句:"我没问题,我能行!"

因为疫情和勤务紧张,郭志龙中断了每周的康复治疗。远在山西的父亲先后四次住进医院。"哥,有时间回来一趟吧,和妈的最后一面你就没见着，就别让爹也带着遗憾走了。"接到妹妹的电话，在忠孝之间，强忍泪水，他毅然选择前者。2021年春节，响应就地过年的号召，郭志龙依然没能回家陪伴父亲，透过视频，他多么想飞奔到父亲的病榻前，但使命在心、责任在肩，郭志龙只能把思念藏在心底，直到父亲生命的最后时刻，他也没能见上一面。

面对危险，一往无前；身负重伤，浴火重生；重返岗位，履职尽责。作为天津楷模，郭志龙用行动诠释"平凡中的伟大"，用血肉之躯践行"人民公安为人民"的庄严承诺，他是党和人民当之无愧的忠诚卫士！

林则银：从"布依妹子"到"社区天使"

林则银，布依族，中共党员，天津市北辰区瑞景街道宝翠花都社区党总支书记、居委会主任，曾荣获全国三八红旗手、全国抗击新冠肺炎疫情先进个人、全国优秀共产党员、天津楷模等荣誉称号。

"林主任，早上好！""小林子，吃了吗？""林妈妈，想您了！"……北辰区瑞景街道宝翠花都社区党总支书记、居委会主任林则银，从云贵之巅来到海河之滨，已扎根社区14年了。这个布依族山妹子，心里住着暖阳，笑容绽放光芒，走到哪里都像一个"小太阳"，温暖着社区里的每一个人。社区居民，也把心中最亲昵的称呼，送给了她。

她快人快语，走路风风火火。手机步数榜上，她总是排前几名。7.6万平方米的社区，1009户居民，一路巡查下来，每天走个1万步不叫事。社区工作人员都知道，她脾气急，居民反映的事得马上办；但跟居民交流时很有耐心，人家发了火，她也不着急。

外乡人·当家人

林则银是云贵高原土生土长的布依族农家女,2007年成为北辰区瑞景街道的一名社区工作者,2014年担任宝翠花都社区党总支书记、居委会主任。

"尽管算不上什么官,但上管婚丧嫁娶、下管鸡毛蒜皮,再加上我不是天津本地人,存在语言和文化风俗的障碍,真是难上加难。"林则银说道,"记得回老家时,我弟弟劈头盖脸地说'姐,你没有金刚钻,就别揽瓷器活。你一个外地人,说普通话还大舌头呢,怎么跟居民打交道、处理问题,赶紧辞了吧'。"一些居民也话里话外不服气:"我们宝翠花都是商品房社区,凭什么要让你这么一个外地人来管我们?"困难面前,她没有低头:"我这人天生就有着布依族人的倔强性格。我坚信,多为老百姓办实事、办好事,那指定错不了!"

新官上任三把火,林则银的第一把火,"烧"向了环境治理。

"社区有一对老人,退休后每天捡拾废品,屋里的杂物码到房顶,屋外的破烂塞满楼道,楼院门前更是乱七八糟。"林则银一看自己说不通,就找二老的儿子一起做思想工作。把老人说通了,她又成立"守好家"巡逻队,使安全意识、环保理念深入人心,最终,成功清了存积多年的杂物。紧接着,又进行全方位改造,一点点把老旧社区变成了"大花园",居民不禁对这个外来的"当家人"竖起大拇指:"之前以为这环境不好治理,过两天就没人管了,没想到她不仅坚持下来了,还打造得这么好。"

第二把火,创建"党建+服务"新模式。

在基层党建工作中,有三个"老大难"——集中学习难、集中开会难、过组织生活难。林则银琢磨来琢磨去,认为关键是转变居民意识。2019年,为了确保老党员学习不掉队,学习质量不下降,她开创性地把红色教育阵地直接搬到了居民楼道,在18个楼门口建立了楼栋微"党校"。"你看,这里有电视机、便民服务柜、邻里聊吧、妇女微家、党建书屋……等于是把会议室和服务基地直接搬到了居民家门口。"林则银说,微党校建成了,优选校长很关键。宝翠花都社区通过"自己荐、群众推、党员选、组织聘",层层选拔,最终确定了18名"校长"。学习党史、重温入党誓词、服务群众……微"党校"作为党建引领基层治理的最小阵地,不仅让楼栋焕发出生机活力,也将"老党员"变成了"先锋队",让党的声音掷地有声。

第三把火,她把新时代的社区治理"烧"到了居民的心坎里。

"在社区工作,光靠苦干蛮干是不够的,必须得动脑子,靠智慧,还得有专业的办法。"林则银介绍,十年磨一剑,2018年,她提出的"13579"工作方法,包括以人民为中心、约法三章、五常五送、七彩七倡、九五工作法,被评为全国十佳优秀社区工作法。其中"五常五送"工作

林则银带着社区网格员、志愿者走进社区擦拭座椅、清扫垃圾

法,更是在全市推广。随后,她又推出"阳台菜园""红色菜篮子"等项目,让居民把"开心农场"搬回家,受益居民4000余人。

"如今,深圳、上海等城市的社区工作人员都来我们这儿学习。以前都是我们去跟人家取经,现在终于也能让他们主动北上,来看看咱们天津社区的风采了!"她满脸笑容,快乐得像个孩子。

好闺女·好妈妈

"多亏了小林,解决了我们家的大问题,她是我们社区的大家长、好闺女。"宝翠花都社区居民李阿姨通过微信给居委会发来感谢信,感谢社区帮助调解她和楼上邻居之间的噪声纠纷。

社区1009户中,256位空巢老人、22位独居老人,成了林则银工作的重点和最大的牵挂。社区有个103岁的独居老奶奶,最大的遗憾是从未收到过鲜花。林则银准备在母亲节前夕送上鲜花祝福,甚至无数次幻想着奶奶的幸福表情。可当她兴冲冲上门时,却得知老人已经在头一天晚上去世了。至今提起,林则银仍泪流满面:"这件事深深地教育我,服务群众,要像孝敬父母一样,需趁早,不能等。"为此,在新时代文明实践中,在党组织的引领下,林则银提出,要常敲空巢老人门,嘘寒问暖送贴心;常串困难家庭门,排忧解难送爱心;常叩重点人群门,沟通疏导送舒心;常守居民小区门,查防管控送安心;常开休闲文明门,和谐追梦送欢心。

可事有轻重缓急,怎么对不同人进行量体裁衣式服务呢?

天气预报用不同颜色代表不同预警等级,她受此启发,将所有独居老人、空巢老人、残疾及失能人员等,根据不同颜色,绘制成了28张色彩斑斓的"民情图",挂在社区党群服务中心最显眼的地方。整个社区

28栋楼,谁家有困难、谁家有特殊需求、谁家有党员,一目了然。走千家、访民情、解难题,林则银用真心、爱心和恒心,焐热了人心。

"我们不叫她书记,都叫小林子,亲切。""天天风风火火的,全是为我们老百姓干实事。""每天好像总有使不完的劲儿,我们岁数大了,什么事都找她。"……金杯银杯,都不如百姓的口碑。扎根社区多年,她不仅收获了"老粉丝",更收获了"小粉丝"。

社区16岁女孩彤彤,父母常年不在身边,小小年纪就要独立生活,让她时常感到孤单无助。"阿姨,我怕。"一天夜里,彤彤发来求助信息。"别怕,我下班去接你,跟我回家。"林则银给彤彤买了睡衣,陪她一起吃饭、过年、谈心,让这个孤单的女孩,有了情感的依托,"只要有林妈妈在,我就不害怕了。""孩子就像一棵小树苗,爸妈不在身边,作为社区'管家',我有责任引导她健康成长,就像母亲对待亲女儿一样。"林则银说。

小书记·大情怀

"我们走在大路上,意气风发斗志昂扬,共产党领导革命队伍,披荆斩棘奔向前方……"2021年,宝翠花都社区启动了新的"一号工程",居民们八仙过海各显神通,都想用隆重的方式为建党百年献礼。于是,一支由50人组成的合唱团诞生了。作为领队,林则银唱歌跳舞,次次不落。"在建党100周年之际,每当想到我从小山寨出发,能在天津这座温暖的城市为大家服务,就觉得无比光荣和幸福。"前不久,林则银再次成功当选宝翠花都社区"一肩挑",她说,未来5年里,将努力再努力,继续为社区贡献所有的力量。

居民的认可,成了她不断前行的动力:"我一生中最开心最精彩的时光,都是和社区居民一起度过的,居民们的好事难事也愿意第一时间跟我分享。所以我每天都心怀感恩,倍加珍惜这个来之不易的岗位,工作起来不知道什么叫苦、什么叫累,就感觉自己永远都没有干够。"

如今,她正像《我们走在大路上》里唱的一样,永远向前进向前进!

刘广超：用心用情交上首展"答卷"

刘广超，中共党员，天津市津南区城市管理委员会市容环境管理科科长，荣获天津市优秀共产党员称号，2021年，被中共中央组织部、中共中央宣传部确定为"最美公务员"，中共中央组织部为其记一等功。

天津市津南区城市管理委员会市容环境管理科科长刘广超曾在消防救援部队服务6年。他不惧危险、冲锋一线，磨炼出坚毅的品格和无私奉献的精神。2012年12月，他转业到天津市津南区城管委工作，成为一名"城市美容师"。

从事环卫工作数年来，一年有300多天扎进垃圾场站的刘广超，时常一身酸臭、晒得黝黑，在体会环卫工作艰辛与不易的同时，他深刻地感受到百姓对美好环境的深切期盼，并把这份期盼转化成为工作中最大的动力。

"硬核"作为保障首展盛大启幕

国家会展中心(天津)坐落在天津市津南区,是商务部和天津市合作共建、落实京津冀协同发展重大国家战略的标志性工程,是中国北方展览规模最大、配套设施齐全、全球领先的绿色、智慧、创新型会展综合体,已成为天津市的城市名片和"生态会客厅"。2021年6月国家会展中心(天津)迎来首展,适逢建党百年及"十四五"开局之年,办好首展意义重大。做好服务保障是首展的"大考"之一,刘广超带领他的团队承担了15个服务保障组中环境和审批两个保障组的工作。

拿到"考卷"后,刘广超立即与国家会展中心主动对接需求,他发现最急需的便是加紧建设生活垃圾高效转运站,以保障首展期间几十万人的生活垃圾得到及时处理。更重要的是,为实现生活垃圾分类处理,需要增加厨余垃圾处理设施,而会展建设场地又受限。为了解决这些难题,刘广超积极召集设计、勘察、建设、施工等多家单位负责同志参加专题会议反复研究,最终提出"从空间找增量,把地面压缩设备变为半地下式立体压缩设施,同时增加厨余垃圾就地处理设施"的方案。

经过几番交心沟通,最后取得了建设方的理解和支持。历经3个多月紧张施工,国家会展中心配套转运站建设工程和具有中转功能的国展中心P6区域垃圾收集房改造项目正式竣工。这座占地2800平方米的转运站日转运能力可达145吨,能够实现垃圾分类收运和日产日清。在国展首展环境保障工作的筹备阶段,他以"高标准"推动"硬指标"落地,忙碌起来忘记吃饭,出门办事顾不上喝水,每天早起晚睡,是刘广超的工作常态。

在服务审批事项中,刘广超与市、区两级政务服务办加密联络频次,组织协调签订了国展中心、津南区城管委、辛庄镇等五方框架协议,提出高标准要求,提供"一站式"服务,让国展场馆广告牌匾更加符合大气端庄的国展形象,同时组织协调51处重要点位立体景观、48处重点楼体夜景灯光与国家会展中心折叠星海、海鸥灯组交相辉映。为此,刘广超做了大量工作,选点位、定标准、审图改稿、督导施工、及时验收,5个多月内,他的足迹踏遍津南区10余个街镇的近20条主干道路,每日行程约20千米。他说:"要让所有来津客人,感受美的享受与家的温馨。"

2021年6月24日至27日,中国建筑科学大会暨绿色智慧建筑博览会在国家会展中心(天津)盛大启幕,刘广超和他的同事们又投入了下一阶段的紧张工作之中。

"被甲枕戈"助力首展绚丽绽放

国家会展中心(天津)首展炫彩绽放的4天,近500家参展单位、22万人汇聚天津这座"城市会客厅",刘广超和他的团队面对这如山责任,96小时"被甲枕戈",昼夜轮值推动环境卫生及时清整,确保会展期间环境干净整洁。

为了将垃圾分类这件"文明小事"做精做细,他牵头起草制定《"大干200天,全面提升市容环境品质"专项行动实施方案》,指导相关单位根据16个展馆参展企业数量,合理排布垃圾分类箱,并对垃圾箱的容量、颜色、印制符号和回收提示,甚至是人员收集垃圾的时间间隔等都作出统一安排。展馆内225组、900余个垃圾分类箱,展馆外167个分类果皮箱,放在哪儿、多少人值守、收集间隔他都烂熟于心。

首展期间,刘广超每天坚守会场超过12个小时,当夜幕降临、华灯初上,偌大的S区北广场便留下刘广超和扫保队员持续奋战的身影。总结每日经验、及时查找不足,由刘广超带领区城管委干部、会展物业等20多人组成的"收尾小分队"分为3组,对展馆内外1000余个垃圾果皮箱开展垃圾"遗漏"检查。

为了保证首展期间疫情防控安全,阻断疫情因环卫作业二次污染传播途径,刘广超紧盯死守,反复督促物业服务部门加强精细管理,如消毒液含氯浓度、消毒次数、排气装置设置等,一方面,做好6500余名扫保人员个人防护,另一方面,启用70余台自动化室内扫保设备替代手工方式进行清洁。

刘广超(中)跟同事一起检查国家会展中心(天津)垃圾箱情况

对标首展全面提升大美环境

盛大的国展首展圆满落幕,幕后的护航英雄却从未停下脚步。召开总结会、邀请相关单位研讨座谈、部署推动城市管理后期服务……为了更好地备战下一次会展业"大考",还未歇足半天时间的刘广超,便马不停蹄带领团队抓紧总结经验,进一步规范推广相关标准要求,推动全区特别是会展周边全面提升大美环境。

积极推动道路扫保更加精细化。借鉴首展期间的经验做法,刘广超已经习惯每天清晨抽出半小时在会展周边道路转一转,不时检验抽查,他还率领环卫队员们将新的"清洁工程"延伸至背街里巷、次支道路和小区甬路,对标首展扫保标准,提升"小街小路"市容市貌。与此同时,加强全区道路科学机扫水洗作业,在更大范围做到"以克论净"。不仅高标准做到路面净、道牙净、雨水口净,还要强化墙根净、树穴净、绿带净;加密全区主干道扫保时间,让道路及公共场所地表产生的垃圾停留时间不超过10分钟,进一步提升道路环卫作业精细化水平。

积极推进全区建设工程围挡与会展宣传及绿色生态特色的融合度。他牵头制定全区围挡设置导则,突出津南特色和会展主题,通过加装曲直草材质、绿色绒毯、绿植景观等方式,使围挡设置体现绿色发展要求;分片区、分道路、分街景统一围挡风格与周边建筑风貌相协调,更好地融入大绿大美整体环境氛围。

借鉴首展中"立体压缩收集设备"的经验,刘广超不分昼夜,带队做好津南区首座"花园式"垃圾转运站——咸水沽镇垃圾转运站的运营。在这里,绿化覆盖率达45%,垃圾车专用栈桥与转运车分道而行、4个转运平台满足8个压缩箱轮流作业。如今,该新建转运站不仅能够辐射国家会展中心,还可覆盖海河教育园区、咸水沽镇、北闸口镇、八里台镇等多个区域,服务固定人群30万,日设计转运垃圾能力达300吨,成为津南区规模最大、转运能力最强的转运站。

多年来,挑灯加班、连续作战已成为刘广超的工作常态,但他从不觉得苦,他总说:"有了一颗讲奉献、为人民的心,所有的艰苦付出都是甜的"。

把大事落细落实,把难事干成干好。刘广超凭借着苦干实干、拼搏奉献书写着爱岗敬业、履职尽责的"最美"答卷。

段肇谊：军人家庭用一生践行"大爱无疆"

段肇谊，土家族，中共党员，天津市和平区南营门街道竞业里社区居民，曾先后获得全国三八红旗手、全国道德模范、天津好人等荣誉称号，其家庭被评为全国最美家庭。

半个多世纪，对于浩渺的宇宙星河不算什么，但是对于一个人的一生来说，已是大半辈子。只要说起见义勇为的英雄顾伟力，就不得不提与他携手共度风风雨雨的妻子段肇谊。当年，年轻的段肇谊不顾外界看法毅然选择嫁给了瘫痪的顾伟力，时至今日，历经50多年风风雨雨，两人依然伉俪情深，日子过得平淡却十分温馨。

"你是我心中的英雄"

段肇谊出身革命家庭，20岁考入上海第二军医大学。1967年12月，25岁的段肇谊毕业，被分配到沈阳军区旅大警备区213医院工作。

在段肇谊心中，最崇拜的是两个人，一个是救死扶伤的白求恩，另一个是做好事不留名的雷锋。而舍己救人、积极乐观的"活雷锋"顾伟力，就在1968年出现在了段肇谊的生命里。

那一年，顾伟力所在的部队接到一项极为重要的国防施工任务，可是刚刚开始没几天的工程因为塌方不得不暂停施工。国防工程与别的工程不同，若是耽误了进度后果难料。8月25日凌晨，顾伟力带着全班战士和民兵，赶赴施工现场，因塌方情况不明，他命令战士们在洞口待命，自己则带着民兵连连长和一位班长进去查看情况。进洞没多久，洞顶的一块险石已经裂开一条大口子，摇摇欲坠，顾伟力毫不犹豫将险石底下的民兵连连长推出去很远，就在这时，险石落下，把顾伟力埋在了里面。

顾伟力全身15处受伤，腰部受伤尤其严重，被送到213医院，经全力救治苏醒过来。虽然当时的顾伟力伤得极重，但段肇谊对他生出爱慕之情，在顾伟力住院的半年时间里，他们相互鼓励，相互帮助，建立了深厚的革命情谊，但顾伟力的后半生，很有可能会在轮椅上度过。

这个消息，让25岁的顾伟力陷入巨大悲痛，而段肇谊同样惋惜不已，半年多的相处，她深知顾伟力有多么想康复，重回工作岗位。此时，已经深深爱上顾伟力的段肇谊，在经过激烈的思想斗争后，给顾伟力写了一封长信，不但表达了心中对英雄的崇敬，也表达了自己的爱意。在她眼中，顾伟力是英雄，她不仅希望英雄能有一个好的身体，还希望他能够拥有爱情和家庭！

对于段肇谊的决定，部队领导和家中亲人都很支持，但反对的声音也不少，说她"精神可嘉，但不可学！"对于不理解、不认同的声音，段肇谊并未理会，因为她知道，自己是为了什么。1970年，段肇谊毅然选择嫁给了自己心目中的英雄。

"是站长，更是你的保健医生"

退役后，顾伟力被评定为一等伤残军人，他本可以享受国家补贴，在家休养，但顾伟力说："我半截子身子，但绝不半截子革命。"他不愿给国家添麻烦。为了使顾伟力尽快恢复工作能力，作为医生的段肇谊严格要求他每天加强下肢功能锻炼，加强生活自理能力锻炼。"我就让他扶着那棵树，每天蹲，慢慢起，天天练，然后练走。"

陪伴和护理是段肇谊夫妻生活的关键词。为了帮助顾伟力恢复一些自理能力，她还专程带他到上海做了矫形鞋。慢慢地，顾伟力能够挂着双拐挪动了。于是，夫妻二人便写信向部队表达他们的想法。"可以从事坐着的脑力劳动。"中国人民解放军总医院（301医院）的一纸诊断证明，让夫妻二人欣喜不已。

在部队和地方的帮助下，夫妻二人被调到天津东亚毛纺厂工作。顾伟力以前学过一些会计知识，文章写得又好，曾先后在厂里的会计室和宣传科工作，段肇谊则在厂里的保健站工作。她对顾伟力说："我是站长，更是你的保健医生。"就这样，每天早晨，顾伟力摇着轮椅，段肇谊用竹子儿童车推着两个孩子，一家人一起出门，一起上下班，这样平静美好的日子过了11年。后来，顾伟力腰部发生了继发性病变，腰椎间盘多处突出，整宿睡不着觉，渐渐地出现了忧郁、恐惧等症状，无法继续坚持工作，无奈之下便选择了退休。"本来厂里体谅他这种情况，让他晚来早走，但他总说军人不能搞特殊，更不能因为自己给厂里造成不好的影响。"段肇谊很理解自己的丈夫。

段肇谊与顾伟力一起散步

　　为了更好地照顾丈夫和两个孩子,段肇谊辞去了保健站站长的行政职务,选择做一名普通大夫。但她从来没有降低对自己的要求,不仅政治上要求进步,加入了中国共产党,而且业务也没有落下。在繁忙的家庭事务和工作中,她挤出时间去学日语和中医知识,成功晋升为副主任医师。爱从来都是相互的。顾伟力看到妻子每天奔波很是辛苦,为了减轻妻子的负担,他主动采买、做饭,尽量做一些力所能及的事情。段肇谊退休之后,放弃了很多工作邀请,专心在家陪伴照料老伴儿。

"有生之年,我要拼尽全力做好能做的一切"

　　随着时间的推移,顾伟力的身体越来越差,2018 年,他突发脑溢血,导致左侧肢体偏瘫。段肇谊没有被困难击垮,体重不过百斤的她每天将老伴儿抱上抱下,喂水喂饭,陪他锻炼,无怨无悔。祸不单行,也就是在这一年,他们正在桂林出差的长子突发脑溢血,情况危急。段肇谊强迫自己冷静下来,家里老伴儿离不开人,便让二儿子先赶到桂林。得知医治无望之后,身为母亲又是医生的段肇谊做出了一个艰难的决定——捐献器官。她说:"在器官捐献这方面,目前还有很多人不能接受。但我作为医生,深知器官捐献的价值。另外,儿子以另一种形式存在于世界上,这对我们也是一种安慰。"

上善若水,大爱无疆。说起那段忙碌的日子,段肇谊脸上始终挂着笑容,她不觉得苦,不认为自己累,她始终认为自己并不是嫁给了残疾人,而是嫁给了英雄,是全社会都应该学习的榜样。"我们属于革命夫妻,同在1962年参军,为国家奉献是我们终身的理想,国家的需要就是我们的理想。"

2021年冬天,天津暴雪袭城时,给老伴儿外出买药的段肇谊摔了一跤,胸椎骨折,一躺就是一个多月,刚能下地,又继续当起了"家庭医生","我要在有生之年对家庭、对亲人,拼尽全力做好能做的一切"。坚韧不拔,是诠释段肇谊最好的词语,她面对一次次困难从不退缩,用笑容和耐心去化解一个又一个的挫折。伉俪情深的52年间,段肇谊和顾伟力以革命的理想和信念相守相伴。

如今,老两口生活平静而温暖,每天三餐有度、起居有时。段肇谊被授予第八届全国道德模范荣誉称号。面对荣誉,她始终很平静:"这是社会对我的肯定,但这也是我应该做的。两个人在一起最重要的是什么呢?我想应该是付出,而不是一味索取,要为对方付出。"

王贵武："你为国尽忠　我替你尽孝"

　　王贵武，中国民主建国会会员，空军退役军人，天津银座集团有限公司董事长，曾获全国最美退役军人、十大中华孝亲敬老楷模、全国优秀复员退伍军人、模范退役军人、天津市劳动模范、天津市道德模范、天津市文明市民标兵等荣誉称号。1999年、2009年、2019年王贵武三次受邀参加中华人民共和国成立50周年、60周年、70周年国庆观礼活动。

　　"我有一个儿子叫王贵武""我也有一个儿子叫王贵武"……这些老人来自全国各地，四川、湖南、山东、河南，等等，但是他们都有一个共同的儿子，就是王贵武。

火热的军营塑造了他军人的品格与作风

王贵武，1959年出生于天津市西青区的一户贫寒农家之中，即使生活条件艰苦，父母依旧供他们兄弟读书。17岁时，王贵武中学毕业，在家当了两年农民之后，报名参军，在陕西秦岭空军某部队服役，为部队修筑洞库，成了一名工程兵。因为父亲是村子里盖房子的能人，从小的耳濡目染让王贵武成为唯一一个能听懂技术员讲解的士兵。因为能理解技术员的意思，在部队表现优异的王贵武，很快成了工地上的指挥员。这件事让王贵武意识到了知识的力量，在给班里的战士讲清楚怎么干后，他便把大部分精力放在学习工程识图、制图这一核心技术上。

多了样本事的王贵武，很快脱颖而出，被提拔为副班长。大家对王贵武也很信服，王贵武的班在他的带领下，无论是修洞库、建泵房，还是抹坡道、盖房子，都干得又好又快。

1980年，全军精简整编。本来，以王贵武的表现是可以留在部队的，但是王贵武起了退伍的念头。唐山大地震后，天津也受到很大波及，许多房屋倒塌，政府号召天津百姓有钱出钱、有力出力，建设新天津，王贵武也想回去建设家乡。

回到家乡后，王贵武将自己在部队学到的知识充分利用了起来，当时天津要搞新农村建设，他花了一晚上时间，画了一个村庄规划图送到了区里，没想到，因此被调到了区里，吃上了"商品粮"。但是家庭的负债让王贵武最终放弃了这个"铁饭碗"，随后他作为"个体建筑师"开始接活儿，迅速脱颖而出，第一年，他便挣了16万元，让全家人都成了万元户。1994年，积攒了不少资金的王贵武，成立了银座房地产开发公司，1997年，成立了天津银座集团有限公司，成了先富起来的人。

"替烈士尽孝,烈士的母亲就是我亲妈"

虽然经商,但在王贵武的心里,从未忘记自己曾是军人,回报部队、回报国家的初心始终未曾改变。在他心中,所有的军人,都是自己的战友,而战友的母亲,也是自己的亲人。1998年,我国江南、华南及北方部分地区普降大暴雨,甚至特大暴雨,长江干流、鄱阳湖、洞庭湖水系、珠江、闽江、嫩江、松花江相继爆发有史以来最大洪水。

为了战胜这场特大自然灾害,解放军和武警部队投入36万人,地方组织更是调动了800多万名群众,在如此大的行动中,自然也涌现出无数感人的故事。这年8月1日,空军某高炮团连指导员高建成在簰洲湾参加抢险战斗时,长江大堤突然决口,为保护群众生命安全,高建成与洪水搏斗两个小时,先后救出8名战士和群众,但是洪水越来越大,高建成和连长把最后生还的机会让给了几位体弱的战士,他和连长最终被洪水卷走。这次长江大坝决堤,共牺牲了10人,这一感人事迹很快被报道出来,电视机前的王贵武深受感动。

曾经当过兵的王贵武,决定替高建成等10位烈士尽孝。"如果我还在部队,当国家和人民需要的时候,我也会挺身而出。现在我的好战友、好兄弟牺牲了,最悲痛的莫过于他们的母亲,我要把烈士的母亲当成自己的母亲,替烈士为母亲尽孝。"怀着对烈士的一片敬意,王贵武满载着给烈士母亲精心准备的天津地方特产和生活用品,从天津驱车踏上了认母之路。

经过两天的长途奔波,他来到了抗洪英雄高建成烈士的家。在烈士遗像前深深地三鞠躬后,王贵武紧紧地握住高建成老母亲的手,眼含热泪,满怀深情地说:"妈妈,我是来给您做儿子来了,建成兄弟走了,从今以后,我就是您的亲儿子!我要替他为您老尽孝,您就把我当作您的亲儿子吧！以后，不管您遇到任何生活困难，我都会尽心尽力地帮助您解决。"王贵武一边说一边拿出特意从天津带来的礼物交给杨妈妈，一再叮嘱着："您老一定要保重身体，以后我会经常来看您的，我会照顾您一辈子。"

从高建成烈士家里出来，王贵武又驱车赶往家住在湖南、安徽、陕西、甘肃的另外9位烈士家中，把烈士母亲一一认作了自己的母亲。从此以后，10位烈士母亲就有了一个共同的儿子——王贵武。此后，每逢节日，王贵武都要花半个月的时间，一一去拜访这10位母亲。

同样的故事，还发生在2008年汶川地震后。在抗震救灾中，中国人民解放军成都军区陆航团邱光华机组和"抗震救灾英雄战士"武文斌等6位烈士的壮举深深打动了王贵武。他驱车8000多千米，赶赴四川、湖南、山东、河南，在当地政府和部队领导的支持帮助下，把6位烈士的母亲都认作了自己的母亲，并赠上携带的特产和现金。

把妈妈们接到天津　住进"英雄母亲之家"

2008年春天，王贵武突然接到湖南的朱妈妈家打来的电话，说朱妈妈在两个月前去世了。"怎么过了两个月才说，还是没把我当成亲儿子。"王贵武回忆的时候声泪俱下，后来电话那头解释说："妈妈说，一定不要再麻烦天津那边，这10年来没少给你添麻烦啊，让我们两个月后再告诉你。"王贵武放下电话，紧接着就赶往湖南邵东，朱妈妈的家人见到王贵武之后都愣住了。顾不上寒暄，王贵武问："妈妈埋在哪了？"跪在坟前，王贵武抑制不住泪流满面，子欲养而亲不待，没能为朱妈妈尽最后的孝道，王贵武陷入了深深的自责。

自从这件事情之后，王贵武心里便产生了要盖一座妈妈楼的念头，要把妈妈们接到天津来养老。"把妈妈们接到天津,在我眼皮子底下养老,我就不信哪个妈妈还有什么事不告诉我。"

王贵武与妈妈们在"英雄母亲之家"

　　2018年,王贵武等不及妈妈楼的建成就拿出100多万元,把自己在西青使用的一处大院进行了改造,分成了8间住房,每间房都有独立卫生间,能够满足这些烈士母亲生活的需求。为了让母亲们住得更舒服,他把大院里的基础设施整修一新,还给大院起名叫"英雄母亲之家"。那年建军节前夕,妈妈们入住到这里。烈士马斐的父母两个人过来住,王贵武就给他们安排了一处大套间。马斐的母亲激动地说:"做梦也没想到,自己有生之年还能住上这样的房子。"湖南攸县易志勇烈士父母住进英雄母亲之家,看到窗外的月亮池和左面中式的长廊激动地说:"我们住的房子就像公园一样,我们已经70多岁了,能住上这样的家,真是太幸福了。"

　　"献出一个儿子,为他们这些孩子尽孝,我也算光荣的妈妈。"王贵武的生母王玉荣一如既往地支持儿子的做法,并为此感到无上光荣。

"你为国尽忠,我替你尽孝。"王贵武始终在用实际行动来履行这句诺言。他还有个新目标,要利用企业自身优势做好"妈妈楼"项目,为天津市需要帮助的所有军人烈士的父母无偿提供住房养老,过上和自己母亲们一样的生活!

衡飞：褪去戎装赴新岗
携战友一同"乘风破浪"

衡飞，中共党员，天津市飞浪智慧洗涤科技有限公司董事长。退伍后，衡飞带领战友从一家20平方米的"擦鞋店"起步创业，如今"擦鞋店"发展成为面积达2500余平方米的智慧中央工厂，门店数量达50余家，业务拓展到家政保洁、鲜花绿植、新媒体等领域，累计带动600余人就业创业，其中390人为退役军人。获全国最美退役军人荣誉称号，入选全国退役军人创业光荣榜。

2010年12月，在内蒙古包头市的一座军营里，一期士官衡飞向送别他的战友敬上最后一个军礼。彼时，他的耳边是凛凛寒风，眼里是滚烫泪水，心里是眷恋之情……

2005年入伍，2010年退役，褪去一身戎装的衡飞决定自主创业，从上街摆摊的擦鞋匠，到飞浪智慧洗涤科技有限公司的董事长，他帮助战友"重新入列"，在崭新的海域激起澎湃的浪花……

"不服输是我们当兵人的天性"

曾几何时,衡飞是名冠全师的"兵王"。2009年1月,在组建国庆60周年阅兵方队时,外表帅气、作风硬朗的衡飞以战士身份,担任H12导弹方队领队,在中华人民共和国成立60周年庆典那天,英姿勃发地通过天安门广场,接受党和人民的检阅。士兵担任领队并不常见,那是衡飞人生的高光时刻。

阅兵任务完成后,衡飞作为干部预提对象,列入考察名单。他回到部队,担任代理排长,但最终等来的是退役命令。"名额有限,这没什么想不通的,我服从命令。"就这样,衡飞恋恋不舍地告别了军旅生涯,踏上了回乡之路。

天津市北辰区双街镇西赵庄村,乡镇企业林立,是远近闻名的"富强村"。衡飞回乡后,成了各企业争抢的人才。他彷徨了许久,没有接受各企业抛来的橄榄枝,决定从零开始、自主创业,可一时之间却也难以找到方向。直到有一天,他想要把那双陪他走过了天安门广场的战靴修补一下,留作纪念,然而跑了半个天津城,问了10多个修鞋摊,得到的回应都是"修不了"。"没人能修这双靴子?我就不信了!没人能修我来修!"坐在一家修鞋店门口的台阶上,衡飞坚定了自己创业的方向。

"优秀退役军人上街摆摊修鞋?"消息传开后,村里顿时"炸了锅"。村民们不解:为什么放着好好的日子不过,偏要去修鞋?衡飞却很坦然:"我就想挑战一下,看看能不能让自己'归零'。"

真要迈出第一步,首先就得克服心理障碍。衡飞下定决心,从擦鞋匠做起,他置办了一套工具,跑到天津最繁华的滨江道商业区摆摊擦了几个月的皮鞋,又与内蒙古的一位老师傅联系,上门拜师学习修鞋手艺。2014年底,衡飞投入2万元,注册了"衡飞修鞋"工商执照,带着自已的妹妹在双街镇上开了一家修鞋店。为了给顾客更好的体验,衡飞护理完每一双鞋,都会放入香包,并送鞋到家。就这样,店铺的口碑一点点积累,并慢慢打开了市场。

如今,已是飞浪智慧洗涤科技有限公司董事长的衡飞,忆及当年迈出的这一步,仍感慨万千:"不服输是我们当兵人的天性,你越说干不成,我就越想试试!""过去的辉煌有时会变成包袱,成绩应当'归零',但军人精神决不能'归零'。"

"在部队学的技能派上了大用场"

很多事业的起步,往往缘于一次意外的发现,或者一个突发的灵感。

有一天,一位老人提着一双皮鞋和一件大衣来到店里,他把鞋子放下后,随口说道:"这一天忙乎的,到你们店里修鞋,我还得找洗衣店洗衣服!"衡飞这才发现,很多顾客都有如此困扰。"如果我们能把修鞋、洗衣合为一体呢?"带着这样的想法,他暗暗做了市场调研,发现周边没有太像样的洗衣店,但这方面的市场需求很大,整个天津市每年的市场总容量超过30亿元。这是一个不小的"蛋糕",衡飞觉得,自己一定能够分到其中的一块。

说干就干!衡飞立即找到3个老战友,东拼西凑40万元,于2015年3月注册了飞浪洗衣有限责任公司,并开张营业。

衡飞带领同事们进行职业技能培训

"没想到,在部队学的技能派上了大用场。"衡飞说,洗衣就像擦枪,先把工具准备好,零件分拣,再按照一步一动的高标准完成。他按照在部队训练时学的规范体系打造了一套工作流程——生产线上,他以军队内务标准抓车间管理,鞋子摆成一排,衣服挂成一条线,被单叠成豆腐块。为规范操作流程,他提出"用擦枪的精细度来洗衣",并引入"云科技",顾客手机扫码即可自助下单。他组织全员岗位练兵,起初,熨烫一件衣服需要十几分钟,经过岗位练兵,现在熨烫一件衣服只需一分钟。他还把社会主义核心价值观和军营文化融入企业文化建设,"礼貌+诚信+快捷+精准",成为"飞浪"的显著特色……

很快,"飞浪"的品牌就在天津立起来了。2017年,"飞浪"被天津全运会指定为运动员洗衣服务商,随后又成为第二届全国青年运动会(在山西举办)洗衣服务商。"飞浪"洗涤以优质的服务、良好的形象赢得广泛赞誉。人们不禁赞叹,当过兵的人就是不一样!

"我想团结更多的战友一起'冲浪'"

通过身体力行的劳动,收获的果实总是格外甜美,品尝到这一滋味的衡飞,首先想到的是让更多战友加入"飞浪",共同创业。"虽然脱下了军装,但我们当过兵的人,都想为国家做一点事情。"衡飞始终记得自己曾是一名军人,他也总是优先录用退役军人和军人家属,公司中有七成员工是退役军人,大家就像战友一样默契。

"飞浪"的生意蒸蒸日上,恰在此时,天津市退役军人事务局和关爱退役军人协会挂牌办公。衡飞高兴地告诉大家:"咱这是有娘家了!"而市、区退役军人事务局也很快发现了"飞浪"这棵"好苗子",主动上门,将"飞浪"列入重点扶持对象,给予全方位支持。"飞浪"破例参加了天津市政府组织的大型招聘会,与众多知名企业一起挂牌招工。

2019年,衡飞提出"让退役军人服务现役军人"的口号,使得"飞浪"从众多竞标者中脱颖而出,成为武汉军运会指定洗衣服务商。衡飞带着25个战友,在武汉辛勤工作20多天,得到中央军委领导和军运会组委会高度肯定。归来后,衡飞决定"扩军",建起了400平方米的中央工厂店,门店拓展到45家,业务也从洗衣扩展到皮具翻新、奢侈品保养等,公司每天营业额翻了两三倍。

2020年,新冠肺炎疫情暴发,衡飞和他的团队第一时间作出快速反应,将公司员工分编成民兵应急分队、退役军人志愿服务队,捐献大批医疗物资和消毒用品援助天津援鄂医疗队。此后,又为凯旋的天津援鄂医疗队和公安干警提供免费洗衣服务,并加紧复工复产。"飞浪"这支"洗涤铁军"成为天津市北辰区抗击疫情的一面旗帜。

现在,"飞浪"建起了3层楼、2500平方米的中央工厂,这里不仅是"飞浪"的总部,也是衡飞构建的"创业军校"——设施完备的电化教学室,是专为退役军人建立的创业培训基地,也是全市洗涤行业的技术交流平台。这里,承载着衡飞帮助广大退役军人就业创业的理想。

"让战友重新入列"是"飞浪"的企业文化:"脱下军装,退伍不退志,退伍不褪色。加入'飞浪',就要有重新入列的姿态,你得总想着自己曾经是个兵,从工作和生活氛围上,也让大家感觉自己就是一个兵。"衡飞说,他佩服冲浪者挑战极限的勇气,他希望"飞浪"这朵浪花,能够跟上新时代的浪潮,团结更多战友一起"冲浪",勇往直前!

阿斯哈尔·努尔太：青春无悔　淬炼成钢

阿斯哈尔·努尔太,哈萨克族,中共党员,南开大学法学院法学专业2015级本科生。2017年9月,阿斯哈尔携笔从戎,完成了从大学生到人民子弟兵的成长和蜕变,成为一名武警特战队员,2019年9月,服役期满正式退役。2021年7月,阿斯哈尔顺利完成本科学业后,选择第二次报名入伍。曾获得天津青年创优能手、全国大学生年度人物、全国"最美大学生"等荣誉称号。

阿斯哈尔·努尔太于2017年9月入伍,参军前向习近平总书记写信汇报参军志向,得到总书记两次回信勉励。服役期间,阿斯哈尔·努尔太获评所在支队"十佳义务兵",他作为基层团员代表参加武警部队团员代表大会,获评全国"最美大学生"、第十三届全国大学生年度人物、天津市首届青年创优能手。2019年6月,阿斯哈尔·努尔太光荣入党,退伍返校后积极发挥党员先锋作用,以实际行动继续书写南开青年学子党员的爱国担当。2021年7月,阿斯哈尔·努尔太完成本科学业后,报名武警新疆总队直招遴选,立志为强国梦、强军梦贡献力量,并第二次光荣入伍。

建军90周年之际　他携笔从戎立志报国

"从军报国的'种子',自幼便扎根在我心底。"阿斯哈尔·努尔太说,他的父亲是一名公安烈士,在他2岁时不幸牺牲,被追授公安系统二级战斗英模。他自小就树立了刻苦学习、报效祖国的志向,长大后也希望成为像父亲一样的人,到部队中去、到战场上去、到前线去,追寻先烈的初心、继承父亲的遗志,肩负起自己的使命,为军队建设和国防事业挥洒自己的青春与热血。

天津是阿斯哈尔·努尔太从军梦想起航的地方。

2015年9月,他考入有着光荣爱国传统的南开大学。他深知专业学习是他爱国奉献、立志报国的基础,求学期间,他始终态度诚恳、勤奋努力,在老师和同学们的帮助下,认真对待自己的专业学习。在南开园里,得知张伯苓校长以子许国的动人故事、看到西南联大纪念碑上镌刻的抗战师生名录、聆听近年来退伍返校老兵的故事,先贤英烈投笔从戎、奔赴沙场的事迹再次激起了阿斯哈尔·努尔太对军旅生活的向往。

在学校组织大家阅读《习近平的七年知青岁月》一书时,书中习近平总书记在青年时期扎根基层、在艰苦环境中磨砺自己的故事深深打动了南开大学的青年学子,也使阿斯哈尔·努尔太似醍醐灌顶,一下子找到了自己的人生奋斗目标。

2017年,正值中国人民解放军建军90周年,阿斯哈尔·努尔太决定响应国家号召,提交入伍申请,同另外7名南开大学学子一起投入实现兴军强军的伟大洪流中,从军报国的"种子"由此向阳而生、枝繁叶茂。

总书记的回信　激励他战胜挑战不断进步

阿斯哈尔·努尔太与其他7名南开大学参军学子给习近平总书记写信，汇报自己立志从军报国、建功军营的决心。

2017年9月23日，习近平总书记给南开大学8名入伍大学生回信，表示"你们响应祖国召唤参军入伍，把爱国之心化为报国之行，为广大有志青年树立了新的榜样"。得知习近平总书记回信的消息，阿斯哈尔·努尔太内心无比激动："习近平总书记的亲切关怀、谆谆教诲和殷切希望让我和战友备受鼓舞，信中'在军队这个大舞台上施展才华，在军营这个大熔炉里淬炼成钢，书写绚烂、无悔的青春篇章'这段话久久萦绕在我的脑海中。"习近平总书记的句句嘱托都牢牢印在他的心上，激励他努力适应和融入军队生活，成长为一名优秀战士。

他主动要求加入特战中队、主动申请参加"魔鬼周"训练、主动请战参与淮河抗洪抢险……在部队，阿斯哈尔·努尔太以顽强的意志和坚韧的品格经受住了一次次磨砺与考验，完成了从普通地方大学生到一名真正的人民子弟兵、从普通一兵到特战队员的两次成长和蜕变。

在参军一周年之际，阿斯哈尔·努尔太等8名学子再次给习近平总书记写信，汇报了各自一年来的成长经历和体会。习近平总书记收到信后对他们给予勉励，希望他们"珍惜军旅时光，锤炼过硬本领，把忠诚报国、担当奉献作为毕生追求，为实现强国梦、强军梦贡献力量"。

入伍期间，他不仅军事技能和身体素质经受住了考验，还成为利用业余时间给身边战友讲授团课的理论骨干，并积极追求思想政治上的进步，主动向党组织靠拢。他作为代表在2018年全国征兵宣传教育进校园活动中发言，号召新时代青年在实现强国梦、强军梦的征程中要坚定理想信念，努力谱写无愧于时代和人民的青春篇章；2018年、2019年先后获得第十三届全国大学生年度人物、全国"最美大学生"等荣誉，并于2019年6月在部队光荣加入中国共产党，成为一名预备党员。

阿斯哈尔·努尔太在2018年征兵宣传教育进高校活动上发言

退伍不褪色　他激励更多学子贡献青春力量

2019年9月，阿斯哈尔·努尔太服役期满正式退役。带着中共预备党员的光荣身份，他重返南开大学继续学业，开始与2017级的学弟学妹一同学习。

军营的淬炼锻造了他迎难而上的坚毅品格。他把军人那种特别能吃苦、特别能战斗的精神带到学习上，每逢考试周，为不打扰室友，常可见他在宿舍公共空间学习到凌晨两三点的身影……虽然离开校园两年,但他很快重新适应了法学专业的学习,攻下一门门课业难题。

在努力完成学业的同时,他担任法学院本科生第一党支部宣传委员,发挥先锋作用,积极参加国防宣讲,以自己的亲身经历,激励和影响更多的青年学子把实现自身价值同强国使命结合起来,并为之不懈奋斗。在新生军训、支部主题党日活动中,他分享军旅生涯感悟和入党初心,号召更多青年积极向党组织靠拢、立志献身国防;在中宣部"时代新人说"全国演讲大赛中,虽然备赛时间紧张但他仍斩获佳绩,站在央视舞台发出天津学子的爱国强音;疫情形势下,他在全国高校爱国奋斗精神云宣讲中,代表学校讲述南开学子的家国情怀……

建党百年之际　他志在重回军营续写荣光

进入大四,阿斯哈尔·努尔太面临毕业,在面对众多就业机会的选择时,他最关注的还是军队就业信息。作为一名青年党员和退役大学生士兵,多重经历的磨炼让他更加坚定参军报国的人生梦想。习近平总书记"把爱国之心化为报国之行"的殷殷嘱托时刻在他心头激荡,强军号角时刻在他耳畔回响,恰逢中央军委发布的《现役军官选拔补充暂行规定》正式施行,首次向"双一流"大学直接选拔招录军官,在学校大力支持下,阿斯哈尔·努尔太毫不犹豫地选择并成功报名武警新疆总队某排长岗位,决心重回军营,回到父亲曾经奋战过的新疆反恐一线。

阿斯哈尔·努尔太说:"2021年是中国共产党成立100周年,我也即将从母校南开大学毕业,奔赴祖国边疆。请党组织和母校放心!我将以于方舟、周恩来等南开大学历代杰出的共产党人为楷模,传承南开共产党人红色基因,赓续南开共产党人精神血脉,矢志在边疆热土上守卫万千安宁,以实际行动践行新一代南开共产党人的担当,回报总书记的关怀与厚望,实现'把忠诚报国、担当奉献作为毕生追求,为实现强国梦、强军梦贡献力量'的嘱托和梦想!"

"请党放心,强国有我!请党放心,强军有我!"在阿斯哈尔·努尔太身后,一张张天津青年学子的面庞,一句句郑重有力的誓言,彰显着新时代中国青年的志气、骨气、底气所在,奏响着建功新时代的奋进强音。

严立淼：脱贫攻坚战中的"小石子"

严立淼，中共党员，天津亿联控股集团董事长，全国光彩事业促进会常务理事、全国工商联执委。他竭力参与脱贫攻坚战，在边远贫困地区投入675亿，开发建设了28座现代商业和产业群落城，捐资1.76亿元，为贫困地区兴建了2所从小学到高中的学校、5所幼儿园，建立了精准扶贫基金。先后获得全国脱贫攻坚先进个人、全国光彩事业发起25周年纪念奖章、全国工商联优秀党务工作者等荣誉称号。

严立淼出生在浙江省泰顺县。他从大山中走出来，这个伟大的时代给了他一展抱负的机会。他懂得感恩时代、感恩人民，积极参与脱贫攻坚战，时代也回馈他更大的人生格局、发展机会和生命意义。

"我个人只是脱贫攻坚战中的一粒小石子，我为自己能成为这样的一粒小石子而感到无上荣光！"这是严立淼荣获全国脱贫攻坚先进个人，受到党中央、国务院表彰后的感言。

回首这几年参与脱贫攻坚战的历程,严立森感受特别深刻。他说:"只有真情投入、真心做事,坚持'产业、救济'两轮驱动,民营企业家才能在这场伟大的战斗中彰显作为。脱贫攻坚事业大有可为、大有作为,只要心中有爱,人人、事事、处处、时时都能焕发光彩。"

"造血式"产业扶贫彰显民企力量

严立森创办的亿联控股集团成立于1997年。20多年来,亿联集团从单一专业市场开发,发展为以专业市场、智能制造、电商物流、文化旅游、未来社区、施工产业、智慧农业七大领域的投资、开发、经营、管理为主营业务,业务涉及天津、山东、河南、浙江、四川、重庆、甘肃、湖南、广西等19个省份,成功开发运营了93座城市现代商业和产业群落,投资总额达2000多亿元,建筑面积达3600多万平方米。

亿联集团先后被评为中国最具核心竞争力的商业地产价值运营商和全国商业地产领军企业、全国先进民营企业。连续3年被中国商业联合会授予"中国优秀市场管理机构",2014—2020年连续7年上榜中国民营企业500强、中国民营企业服务业100强。

在企业发展壮大的同时,严立森用大爱之心、爱国之情发挥民营企业家的社会责任,他通过多种形式长期坚持参与扶贫攻坚事业。

严立森深知产业匮乏、产业落后,是贫困地区普遍存在的问题,要想走出困境,引进项目、发展产业是助力贫困地区脱贫致富的有效途径。他带领集团高管深入全国各地的边远地区考察研究,先后在甘肃定西、通渭、宁县,云南镇雄,重庆巫溪、城口,四川宣汉、营山、蓬安、南江、平昌等边远贫困地区投资675亿,开发建设了28座城市现代商业和产业群落。

项目所到之处,为当地深度贫困地区群众免费修路、建房,创造大量就业岗位,培训提升当地群众技能,积极带动当地群众创业就业,通过产业链条帮助贫困地区营造"造血"功能,帮助深度贫困地区群众实现快速脱贫致富。

扶贫扶智　创新帮扶模式

严立淼常说:扶贫,要先扶智;扶智,要先兴学。

亿联集团每到一处投资开发项目,都会开展捐建学校、金秋助学、上门慰问、定向扶持等多形式的教育扶贫,为当地捐献爱心助学基金。

2016年12月,亿联集团捐资50万元建设了四川省宣汉县三墩土家族乡梨树村一社的幼儿园,有效解决了当地贫困群众孩子入园难的

严立淼在教育发展基金会上为学生颁奖

问题。2019年8月，经过多方努力，成功引入华东师范大学附属温州泰顺学校，为泰顺县及周边山区的适龄学子，实现就近上名校的梦想。

2019年7月31日至8月2日，严立森随全国工商联第二联系调研组前往重庆北碚区、石柱土家族自治县中益乡等地调研。当得知石柱县兴建幼儿园缺乏经费时，他当场捐献60万元，为石柱县兴建了3所光彩幼儿园。

2019年9月18日，亿联集团再出大手笔，一次性向云南省镇雄县政府捐款人民币1000万元，助力当地扶贫攻坚和幼儿教育事业。2020年9月，昆明理工大学——镇雄县人民政府战略合作暨南部新区新建学校三方合作办学签约仪式举行，严立森又出资3000万元，支持创办昆明理工大学附属镇雄幼儿园和昆明理工大学附属镇雄学校，擘画了镇雄县"一山揽芳华，一府满桃李"的美好发展篇章。

2020年，严立森先后向浙江省泰顺县泰顺中学、司前民族学校、雅阳镇捐献300万、100万、300万助学基金，助力贫困山区教育发展。至此，亿联先后共捐建了5所幼儿园，2所小学，2所中学。2020年9月，浙江省第四届最美教师发布会在杭州召开，严立森被浙江省授予"绿叶奖"，以表彰他为教育事业做出的贡献。

资金帮扶　永放"光彩"

在坚定教育扶贫的同时，严立森还不忘创新扶贫模式。

消费扶贫是2018年"万企帮万村"精准扶贫行动的重点工作。在严立森的牵头、组织、发动下，分别坐落在全国19个省（市区）的亿联集团旗下93个项目公司办公室和食堂，通过网购、现购、订购等方式，购买贫困地区的农副产品。两年多时间，全集团共向甘肃、贵州、陕西、河北、重庆、四川等贫困地区购买实物,消费扶贫金额达1000多万元。

此外,亿联控股集团的项目开发到哪里,光彩事业就做到哪里。项目所到之处都会投入至少100万元的精准扶贫基金。2020年8月,严立森随浙江省温州市党政经贸代表团赴青海省考察深化对口支援工作时,捐赠帮扶资金100万元。8月31日,出席"全国工商联直属商会进甘南暨民企甘南行"活动时,他带头向甘南州捐赠了100万元,并发出了支持甘南发展的五个方面的倡议。时隔5天后,亿联控股集团又向四川省平昌县捐赠精准扶贫款100万元。9月12日,亿联再次伸出援助之手,向湖南省东安县捐献扶贫基金100万元。近年来,帮扶贫困县、贫困村捐献扶贫资金累计达8622.8万元。

在抗击新冠肺炎疫情过程中,严立森发动全国93个项目公司踊跃向抗疫一线和全国各地红十会捐赠防疫抗疫物资和款项,捐赠防疫急需物资和钱款共计1100多万元。2020年11月,亿联控股集团荣获全国抗疫先进民营企业。

据不完全统计,在严立森的带领下,亿联控股集团近年在爱心助学、扶贫帮困等公益事业上,共捐赠款项1.76亿元,为脱贫攻坚事业做出巨大贡献,获得了社会各界的赞誉。严立森个人先后向甘肃、青海、重庆、四川、广西、河南等边远贫困乡村捐献扶贫基金1000多万元,最近,又捐资3000万元重建浙江省泰顺县司前畲族镇西北大桥工程。他在民族教育、义务教育、慈善事业、红色基金、五水共治、扶贫济困等方面个人捐款累计达5100多万元,彰显了新时代企业家的高尚道德情操,让这粒"小石子"绽放出绚丽的光芒!

姚小青：遍地中药材 "种出"新生活

　　姚小青，天津红日药业股份有限公司董事长，中国中药协会特聘副会长，民革天津市委会委员，天津市劳动模范，2020年获得全国脱贫攻坚奖奉献奖、2021年获得国内十大医药产业人物等荣誉称号。

　　"聆听了全国脱贫攻坚先进事迹巡回报告团成员讲述的一个个感人故事，心情很激动，我和红日药业全体员工能够参与到扶贫工作中，感到非常荣幸，也深感责任重大。"2020年全国脱贫攻坚奖奉献奖获得者、2021年国内十大医药产业人物之一，天津红日药业股份有限公司董事长姚小青介绍说，"红日药业多年来始终坚持中医药产业扶贫，通过把最先进的中药现代化生产技术、产业模式引入贫困地区，促进当地中医药产业跨越式升级，激发贫困地区人民群众内生动力，勠力同心，奔向幸福生活"。

　　2016年以来，姚小青带领公司员工脚步遍布多个国家级贫困县，扎根当地建设中医药产业扶贫项目，助力当地打赢脱贫攻坚战。目前，红日药业已在甘肃渭源、湖北英山、河南宜阳及重庆秀山建立了4个中药产业扶贫基地,总投资超过10亿元,带动了当地中药材种植和工厂车间就业,参与其中的贫困人口达到1.8万余人,贫困户年均收入增加3万余元。

打造扶贫产业链　采取"五依托五带动"模式

红日药业在全国设立了4个扶贫基地,当归、党参、黄芪、茯苓……数十种中药材在当地进行加工,这些工厂车间的设立,为贫困地区的发展提供了源源不断的支持,让当地人民过上了好日子。

几年前,红日药业董事长姚小青第一次来到甘肃渭源,面对这里群山连绵的地形地貌,看着当地的贫困群众,他意识到仅仅捐助是不够的。于是他酝酿了一个大胆的想法:"我们向贫困地区捐款捐物进行'输血'的同时,更要'造血'。"在那之后的几年里,姚小青带领公司员工往返于湖北英山、重庆秀山、河南宜阳、甘肃渭源等国家级贫困县市,打造了以中药材种植生产基地为核心的系列产业链扶贫项目。

"种植中药材的农户和到扶贫基地上班的村民,我们都要进行培训。只有掌握了一技之长,才能从根儿上斩断贫困的代际传递。"这是姚小青经常对项目人员说的话。为了长期有效地激活地区发展内生动力,姚小青不断摸索扶贫带贫机制,采取了"五依托五带动"的扶贫模式——依托药源基地,带动当地药材的种植与采购;依托产地初加工车间,带动贫困户就业;依托工业生产车间,带动劳务用工;依托企业产品优势和产值规模,带动地方中医药产业转型升级和提质增效;依托企业社会经济贡献,带动县域经济快速发展,提升全县总体经济水平。事实证明,这种模式符合帮扶地区特点,取得了成功。

开展精准扶贫　多角度进行医疗援助

在脱贫攻坚路上,姚小青带领公司团队专啃"硬骨头",大力开展精准扶贫。2018年,红日药业携手甘肃当地中药龙头企业,在渭源县建设了生产设备先进、品种齐全、质检水平一流的中药饮片生产基地。300多户当地民众通过就业实现收入稳定增长,近4000户民众通过收购原料药实现收入稳定。该项目也作为精准扶贫、产业扶贫的示范工程,得到国务院扶贫开发领导小组、甘肃省以及天津市的大力支持,相关经验得到大力推广。

不仅在渭源县的产业精准扶贫在如火如荼地开展,姚小青还带领红日药业及子公司重庆红日,深入重庆市秀山土家族苗族自治县开展帮扶。"重庆红日作为秀山'万企帮万村'项目的牵头公司,帮助当地乡亲脱贫致富是义不容辞的责任,特别是对对口的秀山县孝溪乡一定一

姚小青在重要生产基地炮制车间

帮到底。"姚小青向当地群众立下了"军令状"。2019年9月,红日药业与孝溪乡签订精准扶贫协议书,以捐赠、产业帮扶、就业扶贫等方式帮助秀山脱贫致富。随着3000亩黄连种植基地逐步建成,2019年至2020年,红日药业收购当地黄连70余吨,价值约1000万元,当地农户每年可通过种植黄连实现分红收入近5000元。

姚小青在进入制药领域之前有8年的医师生涯,他一直视治病救人为自己的初心。因此,他不仅在不断推进集团产业精准扶贫,而且带领红日药业所有员工,多角度、多渠道帮扶贫困地区、救治困难群众。由姚小青发起的"康方仁药"大型医疗救助系列活动在贫困地区陆续展开,他组织北京、天津等地医护专家赴重庆、贵州等十几个省份的贫困地区开展大型义诊。同时,他还邀请医疗专家为村医答疑解惑,在提高基层医疗水平的同时,向贫困群众普及各类疾病危害以及相关预防知识。

"贫困地区医疗资源匮乏,特别是医疗基础设备相对缺少。"姚小青心中一直牵挂着贫困地区的乡亲们,致力于进行多角度、长期且有效的援助,"作为医药企业,我们必须得做点什么才行。"据不完全统计,仅2018年和2019年,红日药业在全国各地开展医疗救助活动已达到300多场,参与专家500余人,服务患者超过5000人次。

持续扶贫扩大受众　科技赋能创新迭代

姚小青在探索出扶贫带贫新模式,制定了中药材产业扶贫行动计划的同时也极其注重科技创新。多年来,姚小青带领红日药业实施了多个产业扶贫项目,投资超过10亿元,参与中药材种植和工厂车间直接就业的贫困人口超过1.8万,220户建档立卡贫困家庭550余人受益,户均年增收3万元以上。项目全部投产年产值可达30亿元,为贫困地区贡献税收超3亿元,为实现全面脱贫、接轨乡村振兴助力。在扶贫助困的同时,红日药业坚持医药普惠,公司成立以来,各类捐赠累计超过6000万元;近10年策划举行公益活动超过1500场,辐射全国700余个县乡村,受益群众15万人次。

姚小青重视长期赋能,以科技创新促进技术迭代。在2021年,姚小青以"数字红日"理念引领企业再度升级转型,开始应用大数据模式完成企业的全产业链整合,引进人工智能等科技手段,让企业内部的整合成本和速度达到很高的水平,配合全产业链的布局形成了更高效的"中国模式",成为中国大健康时代最亮丽的风景。

姚小青表示,下一步红日药业将以更大的决心,更坚实的步伐,探索更加精准的产业帮扶模式,让脱贫攻坚的丰硕成果不断壮大,为我国乡村振兴事业实现人民共同富裕,再立新功。

陈中红：扶贫公益网上平台为老农带货

陈中红，中国民主建国会会员，全国政协委员，宜垦（天津）集团有限公司董事长。她创建专注于弱势群体的网上扶贫助农公益平台，搭建"空中菜市场"，创新"电商燃爆+公益爱心+裂变发展"扶贫模式，为农户量身定制"超简式"软件，短短 3 个月为新疆、甘肃、湖北等地农户销售滞销农产品 70 吨，带动 2.3 万贫困户增收。她还向全国两会递交提案 16 份，为推动我国精准脱贫献策献力，获得全国脱贫攻坚先进个人荣誉称号。

新冠肺炎疫情发生后，大量的农产品积压，农产品滞销成为制约农民增收致富的瓶颈。如何破解农产品滞销困局？作为宜垦（天津）集团有限公司董事长，陈中红用自己参与抗疫的经历，给出破解之道。

创新平台:精准帮扶,专注弱势群体扶贫农产品

2020年有些特殊,这一年是脱贫攻坚收官之年,也遭遇了突如其来的新冠肺炎疫情。陈中红是一名成功的女企业家,同时也是全国政协委员,面对战"疫"又战贫的双重艰巨挑战,陈中红给自己按下了"快进键"。

在参与战"疫"的过程中,因农产品卖不出去,"诉苦"的声音不断传入耳边,陈中红坐不住了。一边是销售没有出路,一边是居家隔离出不去,她萌生了一个念头:搭建平台,让供给与需求"牵手"。搭建平台,并没有只停留在想法上。这次疫情,就像一个导火索,让危中寻机的陈中红找到了方向。对于小商户来说,在大平台里,不容易被人看到,想突出点还要花钱。尤其是期待短时间里把水果、蔬菜等滞销农产品卖出去的农户,这样的弱势群体,并不适合大平台。所以陈中红带领团队从扶贫下手,突出精准性,点对点地解决销路。"只有精准发力,才会取得事半功倍的效果。"陈中红认为,要想让农产品走出大山、走向世界,产销要对路,政府应给予引导,让农产品种养殖户根据市场走向,及时调整产品结构,只要方向对,不愁没销路。

咨询政府相关部门、马不停蹄投入资金、聘请专业人才设计搭台,很快,"空中菜市场"应运而生。只用4个小时,"空中菜市场"就为焦急不堪的山区单亲母亲销售滞销的柴鸡蛋;不到半天,上千斤因疫情滞销的恩施玉露茶就被一抢而光;承德扶贫玉米、蓟州农家蜜薯、湖北伦晚脐橙更是一经上线,不到2天就能卖出几千斤。3个多月的时间里,已经有300多家来自天津周边地区,以及新疆、河北承德、青海、西藏、甘肃、湖北等地的农户入驻平台,总共销售滞销农产品70吨,全年拉动消费扶贫总额达1000万元。把农产品送上"云端",陈中红为"奄奄一息"

的农产品注入了新活力。

创新模式:"电商+公益+裂变"让农产品滞销变畅销

有了平台,有了定位,陈中红又接着思考,得有自己独特的方式,才能更有效地带动这些扶贫产品销售。热爱公益事业的她,决定完全公益化运作平台。"因为面对的都是有困难的老乡,做这个平台是为了帮他们,买卖成交我们平台分文不取,并且全程服务,这也是我们的特色吧。"陈中红说。

有着企业家基因的陈中红把商业销售的理念和公益有机结合了起来,创新性地提出"电商+公益+裂变"模式,电商是平台,公益是基础,

"万企帮万村"宜垦购消费扶贫平台正式挂牌

裂变是方法。没想到"1+1+1>3",在这个创新模式的推动下,"空中菜市场"宜垦购扶贫助农线上公益平台迅速获得认可,不仅在天津闯出了市场,影响力也遍及全国。

陈中红创新不断,亲自上阵做起了客服和推销员,给老农带货。在新模式的推动下,这个公益平台创出了不少让大型综合电商平台都望尘莫及的成绩。天津市蓟州区单亲母亲滞销的7600斤柴鸡蛋,4个小时就脱销了,那位大姐后来在和陈中红视频通话的时候哭了,还给平台送来了锦旗;承德的速冻玉米,不到2天时间就卖出了2760斤;本来市场需求量预估不大的青稞米,也在上线平台后,马上就卖了几百包,后来也是持续热销,为此青海省商务局的领导还特意来津,和陈中红的平台进行深度对接。通过天津市各区妇联,不少农户闻名而至。红薯、山药、西红柿……都是两三天时间就有几千斤的销量。

2020年3月24日,支援湖北抗疫的第一批天津医疗队从湖北省恩施州回津,医护人员看到平台很火,便找到了天津市妇联,看能否帮恩施因为疫情滞销的茶叶找找销路。了解到情况的陈中红当即决定,在平台举办"天津·恩施春茶会",转天她就和恩施方面做好了沟通。3月25日晚上,就有17家茶商联系到平台,平台工作人员也一直没休息,为茶商上架商品忙到了凌晨3点。仅仅十几个小时的时间,平台上线茶农30余家,并在上架几小时后实现第一笔订单销售。

这次的"天津·恩施春茶会",给恩施花枝山生态农业公司董事长刘小英解了燃眉之急,共有包括刘小英在内的80多家恩施茶商入驻平台,成交量约50吨。随后,恩施的商品一下子在天津火起来了,后面接着销售的恩施小土豆、腊肉,都成了平台爆品。医疗队和陈中红的平台,让天津人民与恩施人民的心紧紧连在了一起。

履职尽责：交上政协委员满意"答卷"

做一名政协委员，为国履职，为民尽责，陈中红是这么想的，更是这样做的。自从成为政协委员，她便是身边朋友心中的细心人、有心人。她关注国家大事，也了解百姓的柴米油盐。

2020年全国两会，陈中红即关注精准推进电商扶贫助农工作，她在提案中提出，网络扶贫工作是打好脱贫攻坚战的重要组成部分，也是具有巨大发展潜力的重点领域。她在调研中发现，农村一线务农女性比例高于男性，贫困地区留守女性大多从事农业种养殖。贫困地区电商创业主体年轻化，很多是大学生返乡创业。而电商行业适合女性，淘宝数据显示，女性一直是电商创业的主力军。在脱贫攻坚过程中，国家要加大帮扶力度，政策支持鼓励贫困地区女性电商创业；聚焦留守女性，政策鼓励帮扶打造适合女性特点的电商品牌，优先帮扶留守女性电商扶贫创业。

2021年全国两会，陈中红关注乡村振兴战略，在解决农业农村现代化发展"人、地、钱"瓶颈制约方面提出建议，为国家乡村振兴战略献计出力的同时，也关注未成年人权益保护，尤其是离婚纠纷中妇女和未成年子女的权益保护，认为要更加妥善处理涉及未成年子女的家庭纠纷的审判执行工作，注重倾听未成年子女的心声。

这些建议具体实用可操作性强，不少转化为相关部门工作意见施行。而陈中红作为建议的思考者、提出者，也身体力行，在工作中实践开来，取得了令人瞩目的成绩。

班立桐：让科技成为受援地区群众脱贫的"及时雨"

班立桐，天津农学院农学与资源环境学院教授，天津市科技帮扶骨干特派员，天津市技术帮扶专家，天津市现代农业产业技术体系食用菌栽培岗位专家，津甘双地科技特派员。班立桐在新疆维吾尔自治区国家级贫困县策勒县与甘肃省天祝藏族自治县、古浪县开展农业科技对口援助与扶贫协作工作，通过食用菌科技创新、成果转化与技术服务，帮助当地群众探索出一条食用菌产业增收脱贫之路。曾获全国脱贫攻坚先进个人等荣誉称号。

作为一名现代农业产业技术体系食用菌岗位专家，天津农学院农学与资源环境学院教授班立桐被菇农们亲切地称作"地头专家"。多年来，他带着科学技术与科研成果走过新疆南部的茫茫戈壁，走进连绵起伏的祁连山脉，走遍津沽大地的田间地头……他始终坚持用科技助力脱贫攻坚和乡村振兴，在菇农最需要的时候，给予最及时的帮助与支持,让科技能够真正成为受援地区群众脱贫的"及时雨"。

科技援疆　让食用菌在戈壁滩上开出"致富花"

国家级贫困县策勒县地处新疆和田地区最南部,塔克拉玛干沙漠南缘,昆仑山北麓。3万平方千米的土地上,散落着13万人口,地广人稀,风沙大,少平原,多戈壁。自2010年国家推进援疆工作以来,天津对口援建和田地区于田县、民丰县和策勒县。鉴于策勒县耕地紧缺且干旱少雨的自然状况和以粮食作物、果树和药用植物等传统产业为主的单一农业结构,天津市对口援建了对土地要求相对较弱的食用菌项目,打造了"天津—策勒食用菌科技示范园区"。2010年7月,班立桐作为天津援疆食用菌项目前方指挥部成员和主要技术负责人,奔赴国家级贫困县——新疆和田地区策勒县,负责食用菌技术工作。

如何让喜欢潮湿阴暗的蘑菇在这茫茫戈壁"安家落户""生根发芽"? 这并不是件容易事。选址、温室设计、建造、适宜栽培食用菌品种选择、栽培技术指导、示范……班立桐带领技术人员经过无数日日夜夜的分析、讨论、反复设计试验与改进完善,终于建造出性能优良的适用于戈壁滩食用菌栽培的专用温室。他还结合当地气候条件、农业环境、民族消费习惯,根据不同食用菌生长发育的适应性与特征特性及当地农业废弃物资源可利用率,与企业技术人员分析讨论,筛选确定适于当地栽培的平菇、香菇、茶树菇等品种,并充分利用戈壁滩的棉籽、棉秆、畜禽粪便等原料进行配套生产技术的研发。此外,班立桐指导援疆企业采用先进的发展理念,初步形成了菌种培育、规模生产、保鲜加工、产品回收以及销售等较完整的产业体系。

随着园区一期工程竣工,在短短一年多时间里当地人民第一次在茫茫戈壁沙漠上建造起温室,栽种出食用菌,实现鲜菇周年生产、四季供应。园区项目的建成,不仅使当地食用菌产业实现从无到有、从大到强,而且拉动农用生产资料供应、物流业和外贸出口的发展,活跃当地经济,成为当地农业经济发展新的增长点,满足了国内外市场对优质食用菌产品的需求。"现在当地民众也开始慢慢食用蘑菇了,每天的销量也十分可观。随着国家'一带一路'的深入发展,策勒县作为我国西北地区重要的食用菌生产销售基地,未来国际市场不容小觑。"班立桐自豪地说。

2010年至2018年,班立桐指导协助援疆企业在戈壁滩上建成日光节能温室和食用菌专用菇棚300座,帮助企业与种植户累计生产鲜菇183万千克,实现社会经济效益1303万元,菇农户均增收1万元。班立桐真正用科技带动了数千农民走上致富之路,让科技在新疆戈壁沙漠上开出食用菌的"致富花"。

科技协作 在祁连山脉收获"脱贫果"

甘肃省武威市天祝藏族自治县、古浪县是天津市蓟州区对口支援地区。特别是天祝县地处甘肃省中部、武威市南部、祁连山东端,素有河西走廊"门户"之称,属全国"四省藏区"贫困片区县、国定"三区三州"和省定"两州一县"深度贫困县。

2018年开始,班立桐再次投入东西部科技扶贫协作工作中,他多次赴天祝县调研考察,针对当地食用菌产业情况,结合在蓟州区开展多年的食用菌产业科技帮扶经验,协助当地相关部门制定出由企业负责提供菌棒、技术及产品回收,农户负责生产管理的"三提供一带动"生产管理模式,不断扩大种植面积,推广新品种、新技术,优化品种结构,提高产品质量,拓宽销售渠道。

2019年,为解决当地主要栽培食用菌品种香菇生产技术水平偏低、缺乏优良生产品种及配套栽培管理技术的问题,班立桐结合天祝县地理气候及现有食用菌设施条件与生产经验情况引进了示范香菇优良品种,并向菌种生产企业免费提供了香菇菌种,在菌种制作与香菇生产栽培期间,他悉心为企业与农户进行相关技术指导与培训。经过两年多的辛勤努力,在天祝县种植户的菇棚中,先进的科学技术"开花结果",食用菌新品种展现出出菇期长、品质优良、产量喜人的特性。

2020年5月,班立桐被甘肃省武威市委组织部和武威市科学技术局聘为科技特派员。对班立桐而言,东西部科技协作不仅仅是产业协作,更关系老百姓的生产生活和切身利益。班立桐在东西部扶贫协作的征程上用科技为食用菌产业脱贫攻坚事业继续奔波,让食用菌在祁连山脉收获扶贫协作的"脱贫果"。

2022年春天,正值甘肃省武威市从天津市引进的10个香菇新品种和白灵菇菌种扩繁的关键时期,但检测数据显示,由于种种原因发菌时间有所迟缓,相关企业为此一筹莫展。得知消息的班立桐为及时解决香菇生产技术难题,一边在电话中指导技术人员,一边筹备来武威事宜。按照疫情防控要求、多次核酸检测、几次更改行程后,班立桐一行终于到达武威。一下飞机,班立桐未作停歇,直接赶到武威市古浪县食用菌产业园、古浪县食用菌研究院、古浪县亿万家食用菌合作社、天祝县臣祥菌业公司、天祝县南阳山农业公司等地,一一察看了现场,召开市县菌产业科技特派员及企业技术人员座谈会,研究指导解决技术难题。

班立桐教授在甘肃省天祝县指导农户食用菌生产技术

科技帮扶　让食用菌在津沽大地成为"增收力"

　　食用菌是蓟州种植业结构中的重要产业之一,特别是东北部出头岭镇、西龙虎峪镇及其周边地区,近年来已形成华北地区较大规模的食用菌种植基地。如今,班立桐作为食用菌骨干科技特派员,和他的团队又奔走在天津蓟州区,随时随地接受菇农的技术咨询,深入农村为菇农提供技术指导。

　　蓟州区是天津市食用菌主产区,由于缺乏科学指导,技术相对落后,菇农们的产出和收入非常不稳定。班立桐带领帮扶团队深入当地进行走访调查,了解食用菌种植现状及所需技术,协助制定种植方案。他带领团队建设示范基地,向菇农们展示新菌种生长情况。为了更好地让困难村村民实现高效生产,他将课堂搬到了大棚田地里,将科学专业术语换成菇农们能够理解的语句进行讲解。这种深入田地现场指导的方式深受农民欢迎。

多年来,班立桐带领团队在蓟州区多个困难村开展技术服务与科技帮扶活动,平均每年举办食用菌技术培训与观摩活动10余场,培训农民与技术人员500余人,极大地提高了菇农的科学生产水平,帮助困难村菇农实现亩增收7000元,真正用科技创新让食用菌成为困难村农民增收致富的有效力量。

李景龙：肉羊养殖产业成就"康庄大道"

李景龙，中共党员，天津津垦牧业集团有限公司党委书记、董事长。李景龙作为津垦牧业公司负责人，承担着天津食品集团对口帮扶工作的重任。自2017年以来，他在新疆和田、河北承德、西藏昌都各地因地制宜，建设肉羊养殖产业扶贫项目，带动当地投资近6亿元，多措并举带动1.75万户贫困户增收。2021年，李景龙获得全国脱贫攻坚先进个人荣誉称号。

从天津出发，李景龙心系民众，毅然决然接受组织的任务，扛起扶贫的重担，在新疆和田、河北承德、西藏昌都三地之间辗转奔波。他克服重重困难，让肉羊养殖产业扎根各地，成就了一条让当地人民能够实现致富、迈向小康的康庄大道。

打好关前战　摸清扶贫底

2017年,天津食品集团接到一省三区对口帮扶的任务,李景龙随着集团领导第一时间赶赴当地展开考察调研。在李景龙看来,正式打响扶贫之战前,只有到实地进行细致准确的考察,才能找到致富的好项目。

启程来到新疆和田,第一眼看到昆仑山脚下流淌的雪水孕育出十几万亩湿地时,他和团队曾考虑过在此地种植稻米,但当他跑遍和田的荒原沟渠进行更为深入的调研后发现,真正的突破口却另有它处:和田当地肉羊消费量大,但受自然条件限制等外因影响,每年本地肉羊供不应求,缺口达200万只。在完整了解到相关情况后,他又立刻带着团队赶往河北承德的围场满族蒙古族自治县调研。后又辗转于西藏昌都和河北承德之间,面对4500米的海拔以及高原气候所带来的缺氧等状况,李景龙依旧坚守岗位:白天与当地市委市政府的有关领导进行座谈;晚上回到住所又与公司同事商讨项目建设的情况,最终他们发现,昌都市最关键的问题是"阿旺绵羊"种群数量急剧减少且品种出现退化。

寻找创新路　造福贫困户

在各地发展肉羊产业,需要因地制宜,结合每一个地区不同的特点来制定方案,没有前车之鉴,一切都在摸索中。李景龙作为一省三区肉羊养殖对口帮扶的总指挥,付出很多心血。

李景龙在所属和田地区津垦牧业科技有限公司调研推动工作

在和田,李景龙带领团队不断讨论方案又不断推翻,一次次在当地实践各类创想。依托位于希吾勒乡的扩繁场,通过实行"五统一"方式,统一品种、统一饲料、统一饲养、统一防疫、统一保护价收购摸索出了8种扶贫手段,被和田当地民众亲切称为"希吾勒"模式,贫困户受益达457户。回想起在和田迎接第一批羊时,因为暂时没地方住,也是为照顾初到的种羊,李景龙带着团队一起在羊圈住了20多天。夏初,羊圈里弥漫着浓重的羊屎味,还有成群的蚊子、此起彼伏的羊叫声、时不时刮起的沙尘暴,这些都是他们当时生活的常态。

在承德市,李景龙带领团队将日常工作做扎实,因地制宜创新推行"五个一批"模式。在"津承百万只优质肉羊产业化扶贫项目"开展过程中,他代表集团积极与承德当地商讨合作事宜,围绕肉羊全产业链展开全方位合作,采取羔羊补贴、品种改良、贷款贴息等模式助推产业帮扶,带动当地农民脱贫增收。据他回忆,在河北注册成立公司后,仅仅用了90天就建成了首个6000只基础母羊扩繁示范场。到了2020年,已有835户贫困农户参与进来,获得了收益。

在昌都市,他和团队经过研究决定,向昌都投资7000万元建设阿旺绵羊胚胎移植保种基地。项目运营后,有效引导农牧民由无序放牧向现代标准模式转变,这对带动广大农牧民养殖户脱贫都具有积极意义。为了掌握工作进度,李景龙在新疆结束工作的第二天,立刻赶赴昌都市。尽管已经有半年没回家,但为了扶贫工作能够有序推进,造福更多的民众,他不辞辛劳,依旧坚持亲力亲为。

他带领团队认真扶贫,得到了当地政府的高度支持和百姓们的高度认可,肉羊产业扶贫项目也成为各地最受老百姓欢迎的项目。家住新疆和田,40岁的麦麦提艾萨便通过"育肥合同羊"方式获得了可观的收入:"育肥期70多天,我挣到了1.1万元。第二批羊马上可以卖了,预计可以挣1.5万元。我希望可以从公司获得更多的羊。"他家中的院子角落停着一辆崭新的摩托车,这是卖了第一批羊后为方便爱人上班买的。家住承德市围场县的77岁老大爷王振祥也感慨道:"原来这家企业不光是自己养羊,还跟咱贫困户有关系,我们全家都很高兴,与儿子一起盖好了羊舍。"

扶贫更扶志　夯实新基础

"扶贫要扶志,扶贫必扶智。"李景龙深知,仅仅创收并不能从根本上长久改善各地贫困户的境况,更重要的是要把受援地贫困群众的主动脱贫志气"扶"起来。

有了这个想法,他积极组织各地项目公司帮助和指导贫困群众提高肉羊养殖的技术水平,提升脱贫致富的综合素质。自项目建设以来,各地公司组织了各种专题培训,当地基层干部、乡级技术负责人、农业带头人和贫困户参加人数累积达6000余人次。

通过培训带动一批懂技术、会管理的农民群体及乡镇兽医站干部，引导他们适时调整种群结构，逐步推广实用的饲养技术和繁育技术，提高农户养羊经济效益，增加农户收入水平，带动地区畜牧业及相关产业的发展。在李景龙的支持鼓励下，新疆项目公司还专门制作了维语培训视频帮助贫困户提升养殖技能，一系列举措增强了贫困户对扶贫项目运营管理模式的认同，有效调动了贫困户参与热情，促进了扶贫产业链在当地的延伸。

除此以外，李景龙还鼓励集团优秀的年轻干部下到基层，真正将企业文化、企业精神带到扶贫一线，帮助更多的贫困户实现脱贫。2018年，天津食品集团遴选出一批优秀青年成立援派突击队，赴承德开展成建制援建。援派队员来的时候正好赶上第一批羊临产，他和队员们一起一直坚守在羊场一线，春节期间一天都没休息，接生了1600只左右的羔羊。此外，他们还帮助当地合作社建立肉羊扩繁分场，目前在于田、策勒、民丰已建有18家分场。这支青年队伍组成下乡技术服务队，分成4组每天奔波在各个分场，免费为各乡镇羊场提供技术服务、开展技术指导，帮助贫困户解决实际问题。除了干好项目，李景龙还常常号召党员带头为当地帮扶贫困户捐款购买米面油、资助贫困大学生完成学业、下乡到贫困户家中讲解扶贫政策和新思路，真正做到真扶贫、扶真贫、真脱贫、不返贫。

李景龙常说："打赢扶贫攻坚战不是一时的应景，而是为贫困地区建设立得住、见长效、可持续的造福工程。"努力就有结果，付出就有收获。李景龙心系贫困地区，用实际行动做好党员领导干部示范引领作用，是津垦牧业公司实实在在的"领头羊"。扶贫工作已告一段落，但肉羊产业还在继续发展，持续给各地经济带去发展生机与活力。李景龙的努力，也为扶贫工作的答卷增添了浓墨重彩的一笔。

杨春武：一川滦河水　映照初心行

　　杨春武，天津市人大社会建设委员会副主任委员，天津市人大常委会代表资格审查委员会委员，天津市总工会党组书记、副主席，曾挂职中共承德市委常委、承德市人民政府副市长，担任天津帮扶承德工作队领队。杨春武在承德牵头打造了一系列扶贫项目，实现消费扶贫由300万元到2.23亿元的跨越发展，助推49.6万建档立卡贫困人口全部稳定脱贫，被中共承德市委记二等功。获得全国脱贫攻坚先进个人荣誉称号。

　　为什么来承德？来了承德干什么？离开承德留下什么？2018年，杨春武受天津市委、市政府委派，接任天津市帮扶河北省承德市工作队领队，到达承德的第一天，他向自己提出了这三个问题。带着思考，杨春武和工作队成员遍访45个深度贫困村。"我作为扶贫大军中的普通一员，能够参与总书记亲自指挥、亲自部署、亲自督战的脱贫攻坚战，感到光荣和自豪。"杨春武说，"唯有奋斗，不负人民，将成为我的毕生追求。"

强基铸魂抓党建　打造援承铁军

作为天津帮扶承德工作队领队,杨春武以党建为引领,从建强临时党支部入手,选优配齐支部委员,积极组织工作队党员干部深入贯彻落实习近平新时代中国特色社会主义思想,认真学习习近平总书记关于扶贫工作重要论述、指示、批示精神。

在帮扶脱贫的战场上,杨春武和工作队成员遍访45个深度贫困村,"副市长来咱村里了"成了百姓们谈论的话题。侯玉军是杨春武在围场满族蒙古族自治县银窝沟乡银里村的"亲戚",在杨春武的鼓励下,他利用自己的手艺干起了施工,已经成功脱贫。大量的走访调研让杨春武认识到,因地制宜地打造特色项目,增强"造血"功能、实现可

杨春武参加党日活动

持续发展是工作的关键所在。他搭平台、搞对接,千方百计引进企业到承德投资兴业,从产业、教育、医疗、生态等方面入手,探索脱贫攻坚的新路径。

就这样,百万只肉羊、水培蔬菜、幽谷稻米、小滦河湿地等一批特色扶贫项目在承德市生根发芽,带动众多贫困群众受益,天津市和承德市共建的承德应用技术职业学院也拔地而起,走出一条鱼渔兼授、智志双扶的特色援承路。与此同时,帮扶工作队还推动建立了"承德山水"区域品牌,通过线上线下的推广,来自承德市的特色产品不断走向全国。

杨春武创新工作模式,建立工作队"1+5"组织架构,健全完善了重大事项报告、干部考核等多项制度。在他的带动下,工作队向心力、凝聚力、战斗力不断增强,真正成为"以对党的忠诚心铸魂,以对人民的感恩心立根,以对事业的进取心强基,以对法纪的敬畏心固本"的援承铁军。

几年来,天津市选派的21名党政干部和374名专业技术人才中,2名同志获得河北省脱贫攻坚奖,2个集体及3名同志受到天津市扶贫协作和支援合作办表彰,7名同志获得承德市二等功,11名同志在援派期间晋升提职,援承工作多次得到津承双方党委、政府高度肯定。

新冠肺炎疫情来得猝不及防。在医疗物资十分紧缺的条件下,天津扶贫战线全体人员倾力筹集医疗物资,并提前拨付资金专款专用,与承德携手并肩作战防控疫情。身为承德市委常委、副市长的杨春武,在岳父病重住院情况下主动请战,大年初二,杨春武提前结束了自己的春节假期,踏上了承德抗疫的征程,担任疫情防控市场供应与监管组组长,马不停蹄地深入乡村、集贸市场、超市、药店等一线调研指导30余次,参加、召开防控会议50余次,协调境外400多万元的防疫物资,解决承德地区的燃眉之急。自防控常态化以来,他多次深入冷链食品生产、运输、储存、销售企业检查疫情防控措施,补短板、强弱项。他带领援承工作队响应承德市委号召捐款捐物13837元,协调天津有关方面为承德地区捐款捐物1000多万元,为承德地区疫情防控和经济社会发展尽天津之为。

主动作为促交流　搭起援承立交桥

"承德真是处处好风光,这么好的一个地方一定得有一条发展的好路子。"杨春武给自己定下一个更大的目标。他从顶层设计开始,搭平台、搞对接,不断完善联络沟通机制,架起津承两地多方沟通的立交桥。

他积极引导天津企业来承投资,不遗余力向社会各界推介承德,宣传承德优越的自然环境和以人为本的贴心服务,吸引企业家来承德精准扶贫,每年组织东西部扶贫协作产业帮扶专场招商推介会,就自然资源、文化传承、主导产业及优惠政策进行重点推介。推动"承德山水"区域品牌的建立和推广,在天津市建立消费扶贫展销中心,积极开展线上线下销售,实现消费扶贫由2018年的300多万元到2020年2.23亿元的跨越发展。

5年来,杨春武协调相关单位到承德走访1000余人,签署结对帮扶协议379个;动员社会组织向承德捐赠款物1.7亿元;促成44家天津企业在承投资5.91亿元,带动1.8万贫困群众稳定增收;协调组织贫困人口技能培训263期、1.4万人,帮助1.5万名贫困劳动力实现稳定就业;通过中央、省、市级媒体宣传报道援承工作300余次。

杨春武重根本、看长远,将"在前靠前"的思想贯穿始终,嘴上常说的是"先做承德人,再干承德事",他用力抓教育、医疗扶贫。教育是拔掉穷根的德政工程,医疗是提升生活质量的惠民工程。天津投资2.08亿元与承德共建的承德应用技术职业学院是阻断代际贫困的金牌举措,面对人员少、工期短、山地施工难度大的重重困难,他制定了"日调度、周报告、月讲评、季奖惩"制度,和大家一起通过两个"百日会战",挽回了工程进度,全力确保2019年正常招生。

他积极引进天津市肿瘤医院、天津中医药大学第二附属医院等医疗部门,与承德受援县(市)构建医联体,实施"共享智慧医疗服务",搭建乡镇卫生院、县医院、京津医疗机构三级诊疗模式;聘请天津各大医院专家教授,赴承建立"名医工作室",提升了承德市医疗救治水平。

"滦河水既滋润了承德,也养育了天津人民,我是带着感恩之心来帮扶承德的。"这是杨春武经常说的一句话。414个帮扶项目,涵盖扶贫产业、基础设施、公共服务等领域,惠及17.12万贫困群众;499所学校改善教学条件,教学水平得到提升;577所卫生院、卫生室改造提升,就医环境不断完善……2020年,承德市45.6万贫困人口全部稳定脱贫,承德市贫困群众就学、就医条件得到根本性改善。

席世明：像一棵白杨　守望于田

席世明，中共党员，生前系新疆维吾尔自治区和田地区于田县招商局副局长，天津市静海区工业和信息化局技术管理科科长。2019年1月6日晚，席世明在援疆工作岗位上突发脑溢血，经抢救无效于1月14日牺牲，年仅43岁。他是天津市基层公务员和援疆干部的先进典型，曾获全国"最美支边人物"荣誉称号，被追授为天津市优秀共产党员、天津市模范公务员。

用无限的援疆热情久久为功、以诚换诚、以心换心，让各民族像石榴籽一样紧紧抱在一起。依依家乡柳，肝胆照昆仑，在脱贫攻坚路上，天津的援疆干部席世明用自己的生命践行了一名援疆人对同胞的庄重承诺。

昆仑山北麓、塔克拉玛干沙漠的南面，坐落着新疆和田地区的贫困县——于田县。现在，这里已经有了天津企业投资援建的大枣、核桃、葡萄干等农产品合作社，带动当地6000多户居民脱贫。而这背后，凝结着第九批天津援疆干部席世明洒下的汗水。

2017年2月，天津静海区干部席世明和其他17位来自天津的援疆干部，来到新疆和田地区于田县。席世明挂职新疆于田县招商局副局长，肩负起为于田招商引资、脱贫攻坚的重担。入疆581天，他先后帮助15家贫困户和5名贫困学生，陪150多名客商走过100多个村庄，与当地干部一起落实招商引资项目79个，带动当地1.5万余人实现就业。

近两年奋战在援疆一线，夜以继日的持续奔波，让席世明的身体日渐消瘦，体重锐减16斤。2019年1月6日晚，他在工作岗位上突发脑溢血，昏迷不醒，8天后离世，生命定格在43岁。翻开他的工作日记，有这么一句话："谋事讲守恒，创业讲守拙，做人讲守诚。"他言出必行。

于田"活地图"

刚听说席世明要去援疆，爱人马艳玲第一反应就是反对。不过，她也知道担忧和反对没用。席世明的父亲是军人，受到父亲影响，他素来不怕苦，不惧难，工作上更是不待扬鞭自奋蹄。

"母亲身体硬朗，儿子已经懂事，趁年轻，我想多干点事。"他做了决定就不会动摇。

箱子打包好。临行前，席世明偷偷把儿子的红领巾塞进包里。硬汉也有柔情，只是藏在心底。

2017年2月23日，一行人坐车前往机场。车上人都在聊天，席世明一直盯着车窗，熟悉的风景飞掠向后，真的要去千里之外了，80岁母亲、9岁儿子、任劳任怨的爱人，要很久才能再见他们一次……窗外渐渐模糊，男儿也可以流泪。车上的人都记住了这位柔情汉子。

一投入工作，席世明就换了个人。

新疆风沙大，气候干燥，他却适应很快。就像这里的白杨，环境再恶劣，只要有土，就能生长。

进村调研产业结构，入户进田了解贫困情况，奔波接待企业考察。不到两年时间，席世明陪同150多名客商，走遍于田县13个乡镇，100多个村庄，每周360多千米路。从项目的选址到最后落地，他负责到底。到于田的投资客商对他这个"活地图"记忆深刻。

"这里条件艰苦，招商引资工作难，留住企业更难。"于田县招商局局长徐伟说，席世明总能打动企业留下来。

2017年天津多兴农庄到新疆考察。晚上11点多下飞机，凌晨2点才到于田。席世明一直在等，见到企业负责人并安排好住宿。第二天一大早又陪着一起考察当地林果业。多兴农庄总经理薄春霞注意到，不管到哪，席世明路线都熟，乡亲们跟他感情也好。问了才知，他刚到这里时，就直接跑地里，一家一户边干边聊，怎么脱贫，种啥赚钱。

多兴农庄留了下来。"说实话，下了飞机，从和田又坐车180千米才到于田，看到当地环境，我就想回去。"薄春霞说，但看到席世明一群人干事创业的状态，决定在这成立3个农业合作社。

席世明（生前）在于田县一家葡萄种植合作社

工作组"大总管"

除了招商,席世明还负责组里的行政、党务、人事管理、后勤保障。大家亲切称呼他为"大总管"。

他记着工作组每个人的生日,生日时会送上祝福。更让同事惊讶的是,"他竟然可以从朋友圈照片中发现我们饮水机上没有桶装水了,第一时间就给送过来"。

"话少心细",成为同事对席世明的共同记忆。

在原单位,东永珍工位与席世明面对面。"他话不多,做事慢条斯理,一开始我看着都着急。"习惯后却发现,他做事看着慢,但从来不耽误。

2014年,静海区实施"千企转型升级"三年行动计划。席世明所在技术科对千企转型担负着重要的服务、引导和扶持作用,压力不小。老领导杜洪明很欣赏他,"遇事不推,遇难不退。事情交给他,很放心"。

加班是常事。晚上,他自己留下,让办公室女同事回家。杜洪明值晚班常看到席世明办公室灯还亮着,催他回家,他却说:"今天的事必须干完,明天还有明天的活儿。"

在生活中,席世明也是个技术通,水电气都懂。东永珍婆婆家暖气打压跑水,拿起手机先找小席。"他到了后,有个经典动作,先点根烟看一会。"之后三下五除二,暖气片就不漏了。东永珍说:"我爱人经常不在家,婆婆有啥难事都找他,对他就跟自己孩子一样。"

席世明在家话也不多。"有活儿他就直接干了。"马艳玲眼里噙泪。2018年腊月,她去买窗花,第一次操心这些事才发现不知该买多少,还得打电话问他。

群众贴心人

招商需要深入了解当地情况,只要一有空,席世明就进村入户看望乡亲。一看,就再也放不下。

麦图迪·如孜家有4个孩子,收入仅靠家里7亩地、1头牛和4只羊,人均年收入三四千元。"他每次来都带些生活用品,跟我们聊怎么脱贫。"麦图迪·如孜说,在席世明建议下,小儿子2017年7月去了一家纺织公司工作,每个月工资六七千块钱。

马依木尼汗一家也是于田工作组重点帮扶的贫困户,怀孕待产时出现重度贫血,病情危重,连住院费都掏不起。席世明知道后自己给了2000元,又联系大家一起捐助,连夜筹集治疗费用,帮助她渡过了难关。

2017年以来,他共帮助过15家贫困户和5名贫困学生。

2019年1月5日,周六,席世明被杭州富阳邦尼工艺品公司叫去帮忙,厂房建好了,下一步要招工,他跟当地人熟。1月6日,周日,席世明上午陪一家企业考察,下午多兴农庄打电话说他们正装货准备运往天津,他又主动跑过去帮忙。

回到住处晚上9点多,他给儿子打了个视频电话。快过年了,告诉家人买了16号的机票。"孩子要礼物,他说准备好了。"马艳玲因洗漱错过了视频通话,没想到,一别成永远。

2019年1月6日21点54分,席世明整理完材料起身,觉得不舒服,求助了医生卢玉香。在去医院的路上,一直呕吐,23点左右,席世明昏迷,被确诊为出血性脑卒中。8天后,席世明带着未竟的事业,永远地离开了。

2019年1月14日，南疆于田，隆冬天。四周一片空寂，两排白杨列队路旁。笔直的干，笔直的枝。叶落后的白杨，尤显清晰有力。

2019年3月25日，天津市委追授席世明同志为"天津市优秀共产党员"和"天津市模范公务员"。同年，7月22日，中共中央宣传部发布2019年"最美支边人物"先进事迹，其中已故天津援疆干部席世明荣获"最美支边人物"荣誉称号。

两年援疆路，他像一名守护者，勇挑重担，默默奉献。最后将生命化作一棵白杨，屹立在昆仑山下，守望于田这片热土。

芦玉香：医者仁心赴于田
筑起民族团结桥

芦玉香，中共党员，天津市西青区精武镇社区卫生服务中心妇产科主任，曾获得全国脱贫攻坚先进个人、中国好人、全国三八红旗手、天津市第九批援疆优秀共产党员、天津市东西部扶贫协作与对口支援工作先进个人等荣誉称号。

于田县，位于新疆和田地区。近4000千米外的那片土地上，存留着天津市西青精武镇社区卫生服务中心妇产科主任芦玉香与维吾尔族人民的记忆——那是一段医者仁心真情奉献，各民族间守望相助的记忆。

"石榴"红了　真情援疆践行使命

"小石榴"是一个新疆小姑娘的名字，她的平安降生，与芦玉香和天津援疆于田工作组分不开。当年,在得知选拔援疆医生的消息后,芦玉香第一时间报名。作为一名经验丰富的产科医生,她被分配到于田县人民医院产科。

一次她在和同事查房时,一位患者引起了她的注意。当地医生用维吾尔语和一名孕妇交流了很长一段时间,该孕妇掩面而泣,大夫神情无奈。这位孕妇,正是"小石榴"的母亲。询问后得知,她已怀孕35周,因重度贫血入院,几天治疗下来仍全身浮肿,血色素指标仅为常人的一半,口服补血药无用,急需输血。但是由于家庭贫困,公婆早逝,年迈的母亲还在住院接受手术治疗,而且她的爱人因工作原因不能回来,这次3000元的住院费还是驻村工作组想方设法筹集的。如今已根本拿不出1700元左右的输血费及后续费用,无奈之下,她决定出院放弃治疗。多年从事产科工作的芦玉香非常清楚,孕妇已经临近预产期,血色素不及时纠正的话,孩子和大人都将面临生命危险。

"但凡有一丝希望,她也不会放弃治疗。作为援疆干部,我决不能袖手旁观。"想到这里,芦玉香当即产生了自己掏钱资助患者的想法,但她转念,如果能发挥集体的力量,让大家一起帮助新疆群众将收到更好的效果。于是芦玉香请示领导后,在天津援疆于田工作组"大美于田2017"群里发出了每人捐款百元凑齐输血费的倡议。芦玉香的倡议得到了全体18位援友的积极响应。"需要捐多少,我马上送过去""需要献血吗?""先帮我垫上,我微信转给你。""是不是可以多捐点啊?"就这样,爱心不断汇聚,在短短的20分钟内,爱心捐款已达2100元,小石榴的母亲当天下午就输上了血,身体逐渐恢复。由于平时没人照顾,她的日常生活还很不方便,这一切都被芦玉香看在眼里。打水、翻身、嘘寒问暖,在芦玉香无微不至的关怀下,"小石榴"的母亲各项身体指标逐渐恢复正常。这位维吾尔族妈妈紧紧拉着她的手,热泪盈眶,表示一定要结亲戚,认芦大夫这个姐姐,一辈子感念她的恩情。女儿出生后,芦玉香为她起名叫"小石榴",象征着各民族像石榴籽一样紧紧拥抱在一起。

扎根基层,兢兢业业;远赴新疆,无私奉献。原本援疆任务已经完成后,芦玉香申请再延期一年半。"授人以鱼,不如授人以渔。"治病救人之外,她将技术带到了于田。刚到于田时,芦玉香发现当地因对孕产妇进行系统管理不足,孕产妇死亡率很高。于是,她将天津医疗模式推广至当地县医院,将自己的技术和经验传授给医护人员。经过大家努力,于田县孕产妇死亡率明显下降。

赤胆忠心 彰显共产党人底色

作为专业技术人才,芦玉香自从业以来便扎根基层,精钻业务。1990年,芦玉香学医归来,义无反顾地回到家乡,扎根基层卫生服务事业。

为了提高专业技能,她每天孜孜不倦地学习、观摩,利用休息时间研读医学专著,积极参与上级医师的查房与手术工作,不断锤炼自己的业务能力。妇科日常的门诊工作本就繁重,计划生育手术、子宫肌瘤手术等工作量同样巨大。1993年芦玉香被选派到医院的产科,更是没有了歇假的机会。她回忆说:"当时科里包括我,就两人上夜班,1996年一年平均每月上20个夜班,连续工作24小时甚至48小时。"由于人员紧张,芦玉香要兼顾门诊、计划生育手术、接生、剖腹产手术等多项工作,紧急情况时,术前准备、观察输液等护士工作也要亲力亲为。一台手术下来,经常是累得腰都直不起来。那段时间,她从100斤瘦到了80斤。但一想到得到治愈的患者,她便顿时又恢复了力量。

作为一名医生,有医术,更要有医德。面对孕妇,面对患者,她总是怀着一颗温暖仁厚的医者之心,她说:"工作时要换位思考,生孩子是很痛苦的,患者情绪激动很正常,病人的要求其实也很简单。将病人视为亲人,给予耐心、细心和关心,就能互相建立信任。"由于芦医生医术好,服务态度也好,附近的群众都认可她,有时即使不是芦医生值班,她半夜也都会被产妇家人专门接到医院。

2005年芦玉香升任妇产科主任,职位的变化促使她对工作更加认真负责。作为领导,在工作中芦玉香团结同事,以身作则,凡事亲力亲为,时刻把患者的需求放在首位。"我自己都做到了,大家自然也会做好。"她的想法很简单,也很有效。按照规定,科主任可以不上夜班,但是每次下班后芦玉香都习惯做一圈巡查,只要还有需要手术的病患,她也总是要坚守到最后一刻。

她总看别人,还需要什么;她总问自己,还能多做些什么。妇产科,总是有些不同的,相比于其他科室更特殊些——这里有新生命的到来,这里承载着无数家庭的期待。芦玉香作为产科医生,穿上白大褂,用一双回春手祛除患者病痛,迎来婴儿新声;作为一名专业人才,作为共产党员,她积极响应东西部守望相助、鼎力协作号召,甘于奉献、不怕牺牲,远赴新疆。纵然生活和工作条件极其艰苦,饮食和天气也不适应,同时还

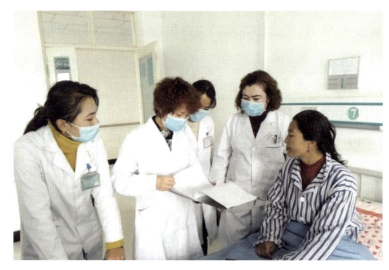

芦玉香与同事们在查房

面临语言不通、文化差异等方面的困难,但她依旧坚守岗位,履行使命职责,真情奉献,为决胜全面建成小康社会、决战脱贫攻坚做出重大贡献。

荣誉背后,是芦玉香数十年如一日的坚守,是忘我的付出奉献。共产党人总该是这样,党和人民需要这样无数的"芦玉香",也正是因为有这些"芦玉香"的付出,党和国家才取得了一个又一个亮眼成绩。

大爱无疆,大医精诚。从西青区精武镇到新疆于田县,芦玉香为百姓群众送去希望,为一个个家庭带来新生命。在芦玉香30余年的工作经历中,同事们对她作出了"做人温润如玉,做事幽兰淡香"的高度评价。恪尽职守、开拓进取,芦玉香以昂扬的斗志、饱满的热情、旺盛的干劲,发光发热,投身医学事业,用心用情用力为党和人民事业贡献力量,谱写出"民族团结一家亲"的佳话。

于一民：文创产业帮扶开辟教育扶贫新思路

于一民，九三学社社员，天津中德应用技术大学教师，2017年2月至2018年9月在新疆和田职业技术学院挂职。曾获全国脱贫攻坚先进个人、天津市扶贫协作和支援合作工作先进个人、优秀援疆干部人才等荣誉称号。

于一民作为天津援疆干部的一员，在一年半时间里履职尽责，按照天津市委、市政府和天津市对口支援新疆工作前方指挥部的工作分工，较好地完成了和田职业技术学院和天津援疆前方指挥部交办的各项工作任务，切实有效地开展各项对口支援工作。

作为一名教师，于一民充分发挥自己多年的从教经验，在后方学校领导和各学院、系、部的支持下，把天津中德应用技术大学优秀的教学管理、专业建设和人才培养经验带到新疆，在撰写和田职业技术学院的申办资料中做出重要贡献，并在实验室规划建设、设备选型采购及教师培训等方面提供大量技术支持。

与此同时,在于一民的协调联系与后方学校的支持下,针对当地品质优良的农特产品和旅游资源,天津中德应用技术大学艺术学院与当地政府积极合作,开展文化创意产业帮扶,分别与于田县政府、策勒县政府签订帮扶协议。

教育扶贫　授人以渔

扶贫先扶志,扶贫必扶智。扶志就是扶思想、扶观念、扶信心,帮助贫困群众树立起摆脱困境的斗志和勇气;扶智就是扶知识、扶技术、扶思路,帮助和指导贫困群众着力提升脱贫致富的综合素质。为此,天津市政府出资4.7亿元为新疆南疆贫困地区建设第一所高等学校——和田职业技术学院。作为全国职业院校名列前茅的天津中德应用技术大学,接到市委下发的援建任务后,第一时间选派有经验的老师前往和田地区。

于一民作为一名有着31年高校工作经验的教师,在通过所带的新疆班学生了解到当地教育资源匮乏之后,果断申请援疆支教。于一民在帮扶支教过程中,努力把天津优秀的教学管理、专业建设和人才培养模式带到了新疆。

到和田后,于一民积极投身和田职业技术学院的建设工作,与援疆指挥部项目组一起多方协调当地各级部门完成审批手续,使学校得以顺利开工建设;通过走访和田、策勒等区县,完成和田地区职业教育与行业状况、电子商务专业的调研与专业可行性报告分析,为学院初期专业配置奠定良好的基础;按照高等职业教育发展规律,结合当地实际规划学院中长期发展目标,制定学院发展规划、修订电子商务专业人才培养方案、规划、实训体系、实训项目以及实训设备选型论证等,两次参加和田地区职业学校技能大赛的组织和筹备工作,并承担了赛事的裁判和赛项方案制定,最大限度把天津先进的教育理念带给受援地区,助推学院建设取得明显成效。

于一民撰写新疆和田职业技术学院的申办资料

创新思维　产业帮扶

　　"其实当地的农特产品品质非常好,但是以前仅能做简单的纸箱包装,售价非常低,比如特优级和田大枣仅 15—25 元/千克。相比天津各大超市里几十、上百的售价,差距是很大的。"于一民在调研时发现。于是于一民积极联系后方学校,在学校领导的支持和艺术学院帮扶团队的协助下,对当地的贫困县开展精准扶贫工作。针对当地品质优良的农特产品,开展文化创意产业帮扶。此举受到当地政府的大力支持,并且后方学校分别与于田县政府、策勒县政府签订帮扶协议。目前,于田县政府已经全面完成商标注册、包装设计、商街规划、门店设计与装修等工作,并设立了文创帮扶纪念碑。

2018年9月,虽然援疆工作期已满,但于一民热情依旧不减,他又先后多次赴新疆调研考察,与学校其他同志一起努力完成对策勒县的文创帮扶。2019年1月31日,天津中德应用技术大学艺术学院、天津市津南区合作交流办、新疆和田策勒县人民政府签署了三方文化产业战略合作框架协议。2019年10月1日与策勒县商务和工业信息化局签署策勒县农特产品品牌策划技术服务合同,包括:其一,农特产品品牌策划项目,涉及策勒农特产品品牌策划、包装设计,畜牧产品包装设计,"战斗渠"品牌矿泉水产品包装设计,小佛寺博物馆衍生品文创产品设计,农特旅产品展位及展示设计。其二,文化旅游产业升级项目,涉及策勒动漫IP形象吉祥物及文创衍生品设计,拍摄制作策勒城市宣传片,拍摄制作策勒纪念中华人民共和国成立70周年宣传片。其三,技术帮扶培训项目,涉及策勒影视制作技术培训,播音与主持培训、旅游文创产品制作培训、基层干部能力素质提升培训。

此项帮扶,主要针对当地产品地域偏远,人们了解难度大、包装设计及印刷质量差、宣传力度小的问题,利用天津中德应用技术大学艺术学院优秀的设计团队进行精准帮扶。通过10多次远赴沙漠及高海拔山区的深入调研,于一民对当地农特产品有了全面的了解,从中提取主要特征元素,设计出既能代表当地文化特色,又能吸引广大民众注意,同时又有较高的辨识度的商标图样,这些图样进一步由当地政府统一注册、宣传,再下发给乡村农户使用。此举不仅保证了产品产地的准确性,也突出了产品的独特性,更能惠及当地民众,做到精准扶贫。

在进行农特产品包装设计的过程中,于一民还发现了当地丰富的旅游资源。他针对旅游线路设计、宣传推广进行了进一步的帮扶工作。以库尔班大叔、战斗渠等多条主线,进行红色旅游宣传设计,使用包括虚拟现实(VR)、航拍等技术为当地制作宣传片,助力当地开展旅游,带动地方特色文化宣传。同时通过旅游带入外界先进文化技术,促进当地社会稳定和经济发展。

志智双扶　摆脱贫困

产业帮扶能够带动当地经济发展,智力帮扶更能带动当地民众思想意识的提高。从根本上摆脱贫困,必须智随志走、志以智强,实施"志智双扶",只有这样,才能更好激发民众活力,从根本上铲除滋生贫困的土壤。

于一民利用毕生所学积极带动贫困地区的经济社会发展,积极推进当地民众思想意识的提高,切实把崇高信念扎扎实实付诸职业教育事业协调发展的奋斗实践中去,在探索全面建成小康社会实践途径、推进教育均等化中实现了自身的人生价值,也让当地人们摆脱了贫困,让全国、全世界各地人们看到当地特色传统文化的绚丽多彩。

赵宏：职教"天津模式"
在和田绽放教育之花

赵宏，中共党员，天津交通职业学院汽车工程学院本科教研室主任，援疆期间任和田职业技术学院工程技术系主任。他用最短的时间完成6600平方米全疆一流实训中心建设，曾5次参与和田地区教师比赛执裁、专业评审。他开展校企合作，将职教"天津模式"在和田推广。曾获得全国脱贫攻坚先进个人、天津市优秀共产党员、天津援疆优秀干部人才等荣誉称号。

和田是古代"丝绸之路"上的一颗璀璨的明珠。这里，"和田玉""和田毯""和田绸"闻名天下……

从天津到和田，8000里路。2018年9月到2020年1月，天津交通职业学院教师赵宏，在和田度过了500多个援疆日夜。赵宏，让职业教育"天津模式"在和田大地开花。

"我要成为同学们圆梦启航的见证者"

2018年8月29日,赵宏作为天津市第九批援疆中期轮换专业技术人才,抵达和田。刚下飞机不久,原本还是阳光明媚、晴空万里,突然间风云突变、黄沙肆虐,让人睁不开眼睛。虽然来之前已做好了心理准备,但当这种"吃土"的日子来临时,赵宏的心情还是有些沉重。

其实这些仅仅是援疆征途的开始。两天后,赵宏到和田职业技术学院报到。2018年9月1日,他被任命为工程技术系主任。当时,全系专职的专业课教师仅有2人,其他7名专业课老师都是学校其他职能部门来兼职的教师。此刻,距离新生报到只剩下16天。再看准备工作,千头万绪:学校的基建还没有完工,到处是工程废土和扬沙,路面没有硬化,教室没有桌椅,学生宿舍、实训车间、办公场地……一切的一切都是空空如也。"想过这里设施不完善,但此情此景确实超出了我的想象。"赵宏说。

赵宏定下心来。他梳理了自己的心绪:"我有自己的使命!我后面代表的是天津父老!我不能六神无主,办法总比困难多!甩开膀子加油干!"当心定下来的时候,困难就如沙尘一样,逐渐散去。赵宏开始进入紧张的工作状态。他首先找每位教师逐个谈心谈话,筹备开学,分解任务,用最短的时间完成系部的组建工作。

紧接着制定教学计划,安排教师培训,筹备迎新……那些天,身兼系主任、教务员、辅导员等多重身份,赵宏忙得像只停不下来的陀螺。终于在2018年9月17日报到之前,完成了准备工作。126名新生顺利报到,新学期开学工作顺利启航。面对学子的身影,赵宏暗自发誓:"这是同学们梦想启航的地方,我要成为这份美好的见证者。"

"我要让职教'天津模式'在和田生根发芽"

赵宏忙完开学,还要想办法解决更大的挑战:6600多平方米的实训楼已建设完工,但设备仪器还没有落实!他要以最快的速度想办法采购适合的教学实训设备。

援疆前赵宏在学校主要负责专业建设工作,没有任何实训室建设方面的经验。于是,他一边从学习入手,参考借鉴先进的实训中心设计方面的经验;另一边积极联系天津专家共同研究招标方案,与同事细化技术参数,撰写标书。招标文件技术参数部分一共100多页,他一个字一个字地反复修改完善不下几十遍,到最后对这些技术参数烂熟于心。为了保证项目的顺利进行,寒假来临,赵宏继续在校工作,直到临近春节才回到天津。春节刚过,正月初九赵宏又返回和田。经过不懈努力,汽车检测与维修技术专业实训设备等采购终于完成。

在众人的期盼中,一台台设备被送进了实训楼,顺利进入安装调试阶段。那段时间,赵宏整天泡在实训楼,与设备安装师傅打成一片。大到各个实训室的详细规划,设备如何摆放,小到一个螺栓的拧紧力矩,他都事无巨细,亲力亲为,一直坚守在施工第一线。有一次在安装三合一组合毂时,按照要求,每个组合毂支架的横向间隔距离、离地高度必须一致,安装好的三合一组合毂水平度也必须一致。那几天,他拿着量尺,一个一个地测量,只要发现有一丁点的不一致,便要求工人师傅重新安装。对于这样的赵宏,安装师傅无奈地笑着说:"赵老师您真是内行,对工程质量要求太高,您的敬业和认真也让我们看到了天津职教人的'工匠精神',您放心吧,我们一定打起百倍的精神,把这个工程做成我们的样板工程。"

设备到位了,赵宏除了每天喜欢扎进实训楼外,又多了一个新习惯:只要有时间,他都会在学校门口的道路口多停留十分钟。"我是想统计和田路面上跑的车辆中,都是什么品牌、什么类型。"也正是通过这样的调研,赵宏对课程计划作出调整。"作为国家现代职业教育改革创新示范区,天津的职教模式已经相当成熟。这一次,我把天津交通职业学院汽车专业的资源全部'搬'到了这里。但为了能够让它更好地服务当地经济社会发展,还需要做出适当地修改。我要让职教'天津模式'在和田生根发芽。"赵宏说。

现如今,走进和田职业技术学院工程技术系实训楼,可以看到被划分为汽车整车、汽车钣喷、汽车发动机机械系统等十几间现代化的实训室。一个个整齐的工位、一辆辆实训汽车、一组组零部件……无不凝聚着赵宏的心血。看着学生们穿上工服,拿起仪器,站在实训室中,认真地跟着老师拆卸零件、寻找问题,赵宏欣慰地笑了。为提高实训设备的利用率,学院与地区中专和技师学院三校间实现了实训资源互通共享,形成了一种创新的实训资源共享模式。

为全面推进校企合作工作,赵宏又走访了和田地区多家4S店,与多家汽修企业洽谈合作,达成校企合作意向,确定成立"广汇汽车"订单班和"精工汽修"校中厂合作项目,为学生未来的就业打下良好基础。

赵宏指导学生实训

"我们不远万里来到和田,为的就是帮助这里的孩子实现梦想。现在,无论是他们还是我,都离梦想越来越近……"

"要给和田留下一支带不走的队伍"

天津教育援疆团队在抵达和田之初便制定了必须做好"传、帮、带"的工作策略。"我们希望可以实现'输血'向'造血'的飞跃,要给这里留下一支带不走的队伍。"

根据系里师资的实际情况,赵宏采用教研、单独辅导和师带徒等多种方式,为专业负责人、骨干教师和新入职教师有针对性地制定了个性化的培训方案,充分发挥天津"国家现代职业教育改革创新示范区"优势,把天津职业教育方面先进的教学理念、教学模式以及专业建设、人才培养模式、课程建设、实训室建设、校企合作、教育教学方法与手段等方面先进的经验,毫无保留地传授给他们,使他们的业务能力得到了大幅度提高。尤其是通过"师带徒"指导的两位教师,一人获得和田地区教师技能比赛二等奖,一人获得和田地区教师教学能力比赛三等奖。"师傅手把手毫无保留地把他的经验传授给我们,使我们受益匪浅,我们打心眼里感谢他。"徒弟买买提阿不都拉·艾则孜说。

蓝天白云之下,沙漠绿洲之上,一首首感人的"援疆"赞歌在这里唱响,也使得和田这颗"明珠"越发光彩夺目……

杨晖：用数字经济的彩笔绘就脱贫攻坚新画卷

杨晖，中国民主建国会会员，云账户（天津）共享经济信息咨询有限公司董事长、天津市政协委员。他把企业成长与国家战略、脱贫攻坚、民族团结、生态保护、数字科技赋能统一起来，带领企业深入戈壁、大山，将数字经济打造成扶贫的"金钥匙"。

曾获得全国脱贫攻坚先进个人、中国青年"五四"奖章、天津青年创业能手等荣誉称号。

2020年10月，第三次中央新疆工作座谈会开完后，云账户（天津）共享经济信息咨询有限公司董事长杨晖就按捺不住内心的激动，立即带领公司团队，踏上大美新疆。他将和田地区作为助力脱贫攻坚、接续乡村振兴、探索共同富裕实践的重点区域。在和田调研的6天中，他和自己的团队走村串户，进入服装厂、鞋厂等企业，与村党员干部谈心谈话，了解市场资源，结合群众就地创业的意愿，一个新鲜的项目创意——"自习鸽"在杨晖的心中就此产生了！

"自习鸽"：为和田群众的梦想插上翅膀

"自习鸽"！对！开发一个"自习鸽"项目！就是"肉鸽养殖+自习室"配套建设，即参加项目的群众可以在肉鸽养殖基地工作4小时，同时可在项目配套建设的自习室学习4小时。这个项目既能提高群众的收入，同时又能提升群众的生产技能，能够建立起长远脱贫的内生机制。杨晖依靠个人良好的科技素养，将大数据支撑、成本控制核算、区域经济互补以及品牌工程打造等思想融入项目构思中。这个项目具有精准的市场考量：肉鸽单位创效好，1只1千克左右的鸽子，最低售价18元，冷链物流摊薄运输成本小于0.5元/只，相比牛羊肉，最大程度克服了出疆物流成本高的弊病。群众可以因地制宜，就地创业，就地学习。"自习鸽"项目后来成为云账户（天津）共享经济信息咨询有限公司援疆的金牌项目。

时不我待，杨晖的项目构想一旦成熟，立即付诸实施。"自习鸽"项目2020年12月启动建设，在2021年10月正式落成。仅用半年时间，云账户"自习鸽"基地从最开始只有一名厂长和一名饲养员，发展到如今有近20名全职员工，财务、行政、饲养员等岗位上的人员全是当地村民。随着基地养殖规模不断扩大，未来计划带动当地500人就业。

"数据矿"：群众脱贫致富的"金矿"

杨晖曾留学海外，是数字经济的专家。他有着最前沿的数字经济思维，却每每选择最踏实的步伐。数年间，杨晖带着自己的团队远赴新疆和甘肃的大漠关山。他有着最朴素而长情的愿望:他真挚希望自己的努力,能为国家脱贫攻坚添砖加瓦。天津市对口帮扶46个挂牌督战贫困村,云账户就认领了12个,其中8个在新疆、4个在甘肃。杨晖坚持"实地调研、因地制宜、产业优先、一村一策"的扶贫思路,向新疆和甘肃的12个结对帮扶贫困村投入1158.49万元进行扶贫。围绕"两不愁三保障",以生活设施改造、村党支部阵地建设、村安防设施改造等基础设施保障,农产品加工、牲畜养殖、产品交易市场建设等产业扶贫,以及消费扶贫等为重点,推进实施的31个项目惠及4949户、19993人,其中建档立卡贫困户802户、3131人。脱贫攻坚战打响以来,杨晖带领"云账户"围绕消费扶贫开展帮扶,累计投入1340万元,其中2020年完成扶贫农产品采购854.6万元。他将自己的创业追求和群众的脱贫致富理想结合起来,运用自己长袖善舞的大数据优势,瞄准贫困地区精准发力,精准到户,精准到人。他曾赴甘肃省天水市麦积区五龙镇谢家咀村、柏树王村等地就扶贫工作开展调研,深入几十户特困家庭中,了解其生活状况。新疆于田县阿羌乡牧业村地处昆仑山区,他出资请来技术专家村民们开展培训,向村民们宣讲科学放牧、科学养羊、开网店、做直播的相关知识,帮助这些牧业村的羊走出大山,成为村民们致富的"金羊"。他积极助力牧业村养殖业发展,总计投入50.76万元,惠及21户共64人。

"云账户":用共享经济绘就扶贫的云画卷

思维决定出路。杨晖从一开始就选择了共享经济的模式;突破了人们关于共享经济的运作局限,运用数字经济之笔,点染贫苦地区的经济大数据,将贫困地区接入数字经济的海洋中,使得贫困户获得化身千百万个经济"离子",自由吮吸数字经济的养分,释放出巨大的能量,自主经营、线上接单,由被动等待的"一张张口"变为投身共享经济领域努力工作的"一双双手"。一个订单就送饭菜上门的外卖小哥,一双巧手来救急解万难的维修师傅,高速路上运载万家期待的物流司机,辛勤清洁千家万户的保洁阿姨……这些希望通过自身努力改变贫困状况的奋斗者都有脱贫需求,都是"云账户"服务的对象。通过数字化赋能,"云账户"快速匹配供给和需求,让千千万万奔跑在脱贫路上的奋斗者更快地接单干活,减少空闲时间。同时,越来越多的劳动者根据自己的兴趣、技能、时间和资源,以个体经营者的身份参与共享经济活动中;通过新技术加持,拓展共享经济平台服务客户和用户的边界,让平台企业能通过数字化赋能触达更广阔的市场和用户,甚至包括广大偏远地区的贫困人口。

杨晖在新疆调研枣树产业

　　"云账户"的商业模式从根本上具有促进就业、助力脱贫攻坚的天然优势：以数字化手段赋能，为贫困地区劳动者提供优质服务，吸引更多人投身共享经济，解决就业市场上不平衡不充分问题，让广大贫困地区的劳动者利用自身一技之长到最熟悉、最方便的领域就业，到最缺人手的地方挣钱，以稳定收入巩固脱贫成果。截至2020年10月，"云账户"服务的个体经营者中，有995万人来自国家级贫困县（含曾经是或现在是），服务建档立卡贫困户79.4万人。

　　杨晖着眼共享经济行业发展痛点，创立共享经济新就业形态服务模式，面向全国范围内5600多家平台企业和4700多万名个体经营者提供秒批办照、身份核验、业务分包、收入结算、智能报税、保险缴费等共享经济综合服务。"云账户"4年间各项经济指标跃升40倍，2017年实现收入8.75亿元、纳税5100万元；2018年实现收入117.79亿元、纳税7.59亿元；2019年实现收入347.12亿元、纳税22.81亿元；2020年，在经历了困难重重的第一季度，2020年1至9月实现收入293.93亿元、纳税19.39亿元，同比2019年同期增长23%和24%，荣膺中国民营企业500强第261名、中国服务业民营企业100强第80名，天津市民营企业销售收入第6名、依法纳税第2名。

马步云：让希望的种子在这里发芽

马步云，天津三鹰农副产品加工有限公司总经理。2019年1月，马步云创建新疆宝民富丰农牧有限公司，主要经营特色农产品种植、深加工、成品出口等业务，带动当地甜椒种植超过20000亩。育苗种植期间，他大量组织雇用当地农民工人，带动当地全县23个贫困村、约3800余户农牧民劳动再就业创收。曾获全国脱贫攻坚先进个人、天津市扶贫协作和支援合作工作先进个人荣誉称号。

在新疆和田民丰县萨勒吾则克乡，20000余亩甜椒秧苗正在蓬勃生长着。这个甜椒示范种植基地是2019年天津宝坻区在民丰县实施的4个帮扶项目之一，是龙头企业天津三鹰农副产品加工有限公司响应产业扶贫号召建立的特色项目。

千里援疆路　满腔家国情

68岁的马步云是三鹰农副产品加工有限公司的总经理,他黝黑的面庞带着憨厚,鞋子和裤脚沾满泥土,就是这样一个朴实的老农民,将宝坻的特色辣椒带到了遥远的民丰,变"输血"为"造血",解决了民丰县千余人的就业难题,为贫困户家庭带来了稳定的收入。在民丰县考察时,马步云细心研究了当地的气候和土壤,发现新疆的水土环境适合种植辣椒,而且色价长势也会更好。恰逢天津市正在开展东西部扶贫协作和对口支援工作,在新疆投资办厂,不仅能够获得企业收益,还能带动当地老百姓增收致富。

就这样,2019年1月底,新疆宝民富丰农牧有限公司成立。这是一家集特色农产品种植、深加工、成品出口为一体的企业,两年时间累计投入1400多万元,从机器设备到技术指导,从提供秧苗到收购成品,产业链条逐步完善,带动当地甜椒种植超过20000亩。

探索新模式　企业再发展

2019年至2020年间,新疆宝民富丰农牧有限公司逐步建立了"公司+农户+基地"的农业产业化发展新模式,带动全县农民种植新农产品,创收致富,摆脱贫困奔小康。公司在育苗种植期间,大量组织雇用当地农民工人,带动当地全县23个贫困村约3800户农牧民劳动,实现就业创收。其生产的甜椒及加工产品出口欧美等国家和地区,不仅带领当地贫困户劳动脱贫、发家致富,更为新疆南疆开发建设作出贡献。

"输血"变"造血" 百姓得实惠

从2019年开始,新疆宝民富丰农牧有限公司在萨勒吾则克乡开发租用土地2000余亩种植特色甜椒,又分别与若克雅乡、尼雅镇、尼雅乡等下辖23个贫困村的百姓签订了16000余亩地特色甜椒收购合同。

在新疆民丰县,马步云(右)实地查看当地辣椒种植情况

"我们为民丰县当地老百姓免费提供甜椒秧苗,他们种植后,我们负责收购,一亩地能带给他们3000元到4000元的收入。"马步云说。

由于地域和生活环境的不同,公司在新疆的起步也不算太顺利,马步云和当地帮扶干部走村入户耐心细致地讲解宣传,通过宣传和现身说法,让大家看到现在在公司打工的群众的收益情况,逐渐获得村民们对宝民富丰公司的认可。

如今,大家干劲儿十足,在公司的培育甜椒种苗大棚里可以看到众多忙碌劳动的身影,曼古努尔·麦提图尔苏就是其中的一个。曼古努尔是尼雅乡团结村村民,她说:"我来这里之前在家种地,没有稳定的收入。到这工作后,我有了稳定的收入,还在技术员的指导下学会了培育甜椒种苗技术,月工资达到了3000元,我非常满意现在的生活。"

在村委会收购点,一车车袋装的辣椒不断运到这里,分拣、过秤、装车,当场现金交易。农户们拿着卖辣椒的钱,喜上眉梢,逢人便说:"种辣椒,亚克西! 党的政策,亚克西!"

农户买买提说:"前几年我只种大枣,可是价格总上不去。今年种了辣椒,每亩地可以多挣3000元,今年就多挣了10000多元,生活越来越富裕了。今年只是试种植,但收成喜人。这里光热条件充足、沙性土壤、雨水少等独特的自然条件,十分适宜辣椒的生产和晾晒。"

"我们有一个辣椒种植户微信群,如果在种植中遇到技术或病虫害防治等方面问题可以拍图片发到微信群里,技术人员马上会为我们提供帮助。过去没有技术,要么收成不好,要么丰收了卖不出去。现在好了,只要肯干,收成和收入都有保障。"农户麦提如则高兴地说。

帕提古丽·依迪热斯是民丰县安迪尔乡团结村建档立卡贫困户,以前在家务农。微薄的收入只能勉强维持生活,自从2019年6月到该公司的培育苗子大棚上班,就有了一份稳定工作,通过不断的努力,现在可以拿到3000元的月工资。

"我以前除了种地不会任何技术,来到这里上班以后,在技术人员的指导下,我学会了培育甜椒种苗技术,现在我自己都能指导来这里上班的新人科学种植了,我以后还要努力学习别的技术,努力把每月工资提高起来。"帕提古丽·依迪热斯说道。

"脱贫攻坚这一关乎2020年全面建成小康社会的关键战役中,我们这样的特色产品企业同样责无旁贷地扛起了'定点扶贫,精准扶贫'

的重任,是责任,也是使命。今年准备吸纳更多本地的建档立卡贫困户,推动他们的就业。"马步云说道。

"我们把宝坻的特色辣椒带到民丰,不只是带来了种子和秧苗,更是带来了希望。"马步云说。"希望的种子"在这里扎根,连接宝坻与民丰,用心、用情、用力地帮扶,结出了累累硕果。心相连、手相牵,相信会有更多"希望的种子"在脱贫攻坚的伟大实践中生根发芽。

罗思维：脚沾泥土走一线
聚焦精准助脱贫

罗思维,中共党员,天津市河东区大直沽街道办事处主任,2017年在甘肃省甘南州迭部县挂职副县长。在担任迭部县副县长期间,罗思维一心为民、履职尽责,用默默的坚守书写着一名共产党员的责任担当,他在促进旅游合作交流、产业合作、医疗和教育帮  扶等方面取得了突出工作成效,为助力受援地区打赢脱贫攻坚战贡献了力量,曾荣获全国脱贫攻坚先进个人荣誉称号。

2017年,时任天津市河东区春华街道办事处副主任的罗思维被选派到甘肃省甘南州迭部县挂职,任迭部县委常委、副县长,分管扶贫和招商引资工作。从他踏上迭部这片土地起,他的一切都跟迭部扶贫有了密不可分的联系。

罗县长的下乡"路"

甘肃省甘南州迭部县,地处秦岭西延岷、迭山山系之间的高山峡谷之中,青藏高原东部边缘甘川交界处,海拔1600米—4920米之间,总面积5100多平方千米。全县辖11个乡(镇),总人口5.6万人。辖内重峦叠嶂,群山连绵,可供开发利用的旅游、水能、矿产、森林、山野珍品等资源十分丰富,但也正是因为崇山峻岭交通不便阻隔了迭部县的快速发展之路。

罗思维率工作组赴迭部县达拉乡次哇村调研指导灾后重建

自2017年河东区与迭部县建立对口支援以来,河东区在产业帮扶、人才支援、资金支持、社会动员、结对帮扶等方面升级加力,助推迭部县打赢脱贫攻坚战。

"初到迭部,第一印象是'山大沟深'。这里路网建设滞后,老百姓种植养殖的产品运不出去,收入上不来,贫困户大都愁眉苦脸。"罗思维回忆道。

开展帮扶的3年里,多少节假日无休,多少风雨天奔波在路上,他白天进村入户,晚上吃住在农牧民家中,写调研笔记。迭部地处青藏高原,县城的海拔在2400米左右,扶贫工作要经常下乡,不少贫困山村的海拔也都在3000米以上,在这里,罗思维首先要克服高原反应和语言不通的障碍。

老乡家里的常客　不是亲人胜似亲人

唐尕村每个贫困户家里有几口人、因为什么致贫、享受什么帮扶政策,罗思维都如数家珍,而且一到贫困群众家里,他和百姓就像亲人一样熟络。

48岁的藏民都尕,一直感念罗思维对他们的帮助,每次到村里,都尕都一定要请罗思维到家里坐坐,并倒上自家酿制的青稞酒。都尕一家6口人,以前是村里的建档立卡贫困户,家里最困难的时候3个孩子都在上学,老人还要看病吃药。如今,通过销售青稞酒和养殖蕨麻猪,已经实现了脱贫。

"我到了唐尕村深入了解之后发现,唐尕村的青稞在整个甘南藏区来说都是非常有名的,而且它的青稞酒也是远近闻名的,有藏区'茅台'的美称。"罗思维说。为了帮助当地群众脱贫,罗思维积极走访,通过天津市河东区的资金帮扶,以农村合作社的形式帮百姓建立了一个青稞酒厂,同时借助河东区名酒汇等企业的力量,帮助当地百姓打开销路。"希望桑坝乡的青稞酒能够走出迭部,走出大山,甚至走出甘南,让全国人民都能尝到优质青稞酒的美味。"罗思维说道。

我要走遍迭部的233个自然村

说起扶贫工作,罗思维印象最深的就是下乡。由于路途遥远,很多时候,需要吃住在农牧民家中。"我们下乡不容易,当地群众出行更不容易,越是危险越能说明扶贫攻坚工作的重要性。"罗思维说道。

7月的迭部,阴雨绵绵,山里的天气更是阴晴不定,雨后道路泥泞不堪、湿滑无比。每每回忆起那次去桑坝乡唐尕村,罗思维都心有余悸:"有一次,我到桑坝乡唐尕村了解贫困户情况,并不算宽敞的道路盘山蜿蜒,路中间时不时会遇到山体落石拦路,司机既要看前路还要时不时地抬头巡视,躲避随时有可能滑落的山石。大概晚上8点我们在返回县城的途中遇到了泥石流,当时落石就在我们车前2米处,道旁就是500米落差的悬崖,幸亏司机师傅经验丰富,及时刹车,要不然真不敢想象会发生什么。"

两年来,罗思维下乡就如同"家常便饭",平均一个月至少两三次,他已经跑遍了迭部县11个乡镇,52个行政村。当地的司机康珠才让说:"你们天津的干部可真行,有的村子就连迭部本地人都不一定来过。"罗思维坚定地说:"我的目标是在挂职结束前走遍迭部的233个自然村!"

让迭部百姓告别"捧着金饭碗要饭"的日子

罗思维是津甘两地干部群众眼中的"迭部旅游代言人"。迭部县旅游资源丰富,有红军长征中的俄界会议会址、茨日那毛主席旧居、天险腊子口战役等革命遗址。还有被原国土资源部评为"国家地质公园"的扎尕那。

"在我看来,当地路网建设的滞后,是柄双刃剑,从某种程度上,也保护了当地的自然资源。迭部县域面积5108.3平方千米,74%都是国家级自然保护区和水源涵养地,要把这里得天独厚的旅游资源推介出去,让外界的目光聚焦美丽迭部,摸索出一条特色旅游的精准扶贫之路。"罗思维说道。

罗思维积极衔接天津市河东区文化和旅游局,就迭部特色旅游路线和文化资源进行深入挖掘。组织召开了河东区考察迭部县文化旅游工作座谈会,深入了解旅游资源、旅游发展情况,对接双方旅游合作交流。他现场实时办公,与河东区旅游部门共同发起了"万名津门市民游甘南"活动,对迭部县进行旅游宣传。他经过多方努力协调,在天津第二工人文化宫举办了"九色甘南,多彩迭部"——文化旅游项目宣传推介系列活动,将迭部的旅游资源进行了宣传和推广,越来越多的人发现了甘南的美,旅游也成为津甘人民心手相牵的纽带。

2018年7月"兰洽会"上,迭部县与天津格瑞科技有限公司签订了总投资3000万元的精准扶贫旅游项目。2019年底,迭部县农特产品旗舰店也以独特藏式风格亮相津门。

2020年,迭部县为次哇村灾后投入1007万财政帮扶资金,实施产业项目和基础设施项目4个,投入282万社会帮扶资金实施产业配套、民生和助老助残项目7个,组织4家民营企业、4家社会组织、天津市富民路街道、雍景湾社区、24名机关干部与次哇村多层次结对,开展针对性帮扶活动,实现次哇村未脱贫户结对认亲全覆盖,当年6月底,次哇村通过州级贫困村退出验收。

医疗和教育是罗县长心头牵挂

　　医疗和教育是迭部县的短板。在罗思维的联络下,20名天津专家医疗队"组团"援助迭部县。当地百姓说:"不用跑兰州了,天津专家到咱家门口了。"县医院杨院长激动地说:"天津专家3天的义诊量,比咱县医院3个月总量还多。"罗思维结对的两户穷亲戚,也改变了命运。桑吉即将从西南民族大学毕业,成为一名大学辅导员。曹央卓玛考入天津现代职业技术学院,学习中国制造的本领。

　　2019年4月,迭部县实现全县脱贫摘帽,当地很多老百姓从最初的一贫如洗、愁眉不展,到现在的脱贫致富、喜笑颜开,罗思维说这是让他最欣慰的。

戴建良：小蘑菇变成大产业
科技帮扶结硕果

戴建良，中共党员，天津市蓟州区出头岭食用菌产销协会党支部书记、会长，中国食用菌协会理事、天津市食用菌协会常任理事。戴建良同时也是全国优秀科技特派员，联合国UNDP项目优秀科技特派员。先后获得全国脱贫攻坚先进个人、天津市优秀科技志愿者、天津市农村青年科技兴农带头人、天津市科技致富带头人、天津市种养状元等荣誉称号。

近年来，戴建良认真开展东西部扶贫对接工作，先后承接了食用菌大棚建设、技能培训、孤儿资助等项目，赢得了甘肃省天祝县、古浪县食用菌公司、合作社及种植户一致好评，并且凭借奉献东西部精准科技扶贫梦想和过硬食用菌栽培技术，被中共武威市委组织部特聘为科技精准扶贫产业特派员。

"蘑菇书记"为更多人撑起致富伞

"蘑菇书记"是大家给戴建良的亲切称呼。2019年5月,戴建良深入甘肃省武威市天祝县、古浪县帮扶困难村种植户进行实地调查,从中筛选出帮扶困难村科技示范户5户,并把他们中的5人培育为食用菌种植农把式。2019年6月,他用11天时间,对甘肃省武威市古浪县福利院丁国伟、李开两位同志进行系统理论培训,现场实践操作培育他们成为食用菌技术人员。二人开了眼界,羡慕地说:"什么时候我们也这样就好了。"二人回去在一家福利院建起大棚,当年让福利院老人吃上鲜菇,还获得2.5万元纯收入。

不仅如此,戴建良还积极组织帮扶区域食用菌种植户在农业科技创新示范基地进行观摩,帮助菇农学习好经验和新技术。仅2019年一

戴建良在甘肃省天祝县为扶贫建档立卡贫困户食用菌种植户指导香菇提质增效技术

年,戴建良便为甘肃省武威市天祝县、古浪县农业主体负责人、致富带头人、种养大户培训讲授食用菌技术6次,到古浪县种植食用菌有规模户对接户数35户,帮助他们解决技术问题12个,提出生产建议9个,引进新品种3个、增产新技术5项,为古浪县祁连山珍农牧专业合作社现场指导并解决了食用菌生产中遇到的技术难题。

疫情暴发后,戴建良更是想方设法,利用现代网络线上指导服务。他专门组织建立了东西部对口科技帮扶食用菌技术微信群,利用微信网络手段,开展在线培训、在线指导、在线答疑。同时还在微信上发布相关种植管理措施、介绍新品种及相应配套栽培技术,乃至食用菌病虫害防治技术等。他利用微信平台为基地种植户提供产品营销、市场拓展、技术信息、政策咨询等多层次、多领域的服务。"不见面,也不让种植户减产、滞销、降价。""应该转变只抓生产环节的理念,广泛利用互联网、微信、电商平台等现代化、信息化手段,为帮扶脱贫食用菌种植户提供产品营销、市场拓展、技术信息、政策咨询等多层次、多领域的服务。"戴建良说道。

他通过挂靠中国食用菌商务网建立网页,积极宣传品牌,向种植户发布市场信息;与京东电商企业开展合作,建立食用菌网上交易平台,实行原材料惠购和产品营销。通过信息沟通,实现经验共享,提高对口扶贫种植户食用菌价格,协助他们脱贫、致富。

精准帮扶　科学施策

天祝县地处甘肃省中部、武威市南部、祁连山东端,素有河西走廊"门户"之称。天祝县县政府将产业培育作为脱贫攻坚的重中之重,不断探索适应南阳山气候、地理特征的产业,后经多方考察开始发展食用菌产业。天祝县建成了多个食用菌生产基地,2018年全县栽培各类食用菌820万袋,产量达7750吨,产值达6050万元。食用菌产业已成为天祝县农业增效、农牧民增收的特色产业之一。天祝藏族自治县因而被誉名"中国高原食用菌之乡"。但产业快速发展中存在诸多不容忽视的问题:当地农作物资源开发利用不够,技术人才少,龙头企业带动能力不强等。尤其是目前主要的品种香菇生产技术水平偏低,缺乏优良的生产品种及配套的管理技术。此外,如何健全完善利益分配联结机制,引导支持食用菌栽培大户组建专业合作社,形成利益共同体带动农户持续增收,真正实现食用菌产业扶贫还有待科技帮扶工作人员的关键性纽带作用。

2019年11月,戴建良与甘肃省天祝县天祝臣祥菌业科技有限公司、天祝藏族自治县南阳山农业有限公司两个食用菌工厂化栽培公司进行技术对接。通过考察交流达成为两个公司培育制作食用菌菌种技术人才2名,2019年12月已通过帮扶项目资金提供了优新香菇品种辽抚4号平板母种80个(可供30万出菇菌棒使用),减成本、早出菇、保高产28件增菇酶(可供30万出菇菌棒使用),总价值22800元。预计增产优质香菇60吨,增收40万元以上。

戴建良积极以优良的食用菌品种,替代传统主栽品种,并负责指导掌握相应的配套技术,在有先进科技成果转化时,优先在食用菌基地实施,提供相应的技术培训和现场指导,确保更改品种后的收益不低于传统主栽品种,并提供适当的原辅料资助乙方应用新技术进行生产,同时确定一名合作单位工作人员作为帮扶工作的联系人。

2020年,戴建良与天祝县2个食用菌公司、古浪县4个食用菌种植合作社进行技术对接。并签订了截至2022年3月"东西部对口食用菌产业科技帮扶"协议书。协议内容主要围绕食用菌产业,深入到甘肃省武威市古浪县农业经营主体,开展技术示范、科技服务和成果转化。

在技术支持外,戴建良还积极开展资金扶贫。2019年7月曾捐赠1.52万元用于改善古浪县祁连山珍农牧合作社的种植食用菌生产设备、设施。2020年3月戴建良向古浪县黄花滩综合服务福利养老中心寄送食用菌技术证书4个、食用菌书籍40本、光盘20个、试验菌种40支、捐赠口罩100个。这背后,都是戴建良对这片土地的热爱。

天津市委、市政府以对甘肃人民的无限感情投入扶贫协作和对口支援工作,充分发挥蓟州区出头岭镇产业基础优势,培育甘肃省武威市天祝县、古浪县地区脱贫致富的食用菌产业内生动力。戴建良作为中共武威市委组织部特聘为科技精准扶贫产业特派员,继续深入落实扶贫协作,努力通过引进优良品种、开展技术讲座、线上线下结合答疑等措施,进一步培育当地食用菌科技人才及示范户,将为当地食用菌产业注入活力,为农户增收、脱贫致富提供有力保障。通过食用菌产业带动甘肃省武威市天祝县、古浪县菇农增收,不断提升该地区经济社会发展水平。

如今,越来越多牧民转型蘑菇的种植研究,越来越多出头岭镇销售大户到甘肃收蘑菇。两地菌农着实尝到了种蘑菇致富的甜头。

高燕梅：扶贫路上的"最美格桑花"

高燕梅，中共党员，天津市河东区体育局党组书记、局长，和平区政协副主席，援甘期间担任甘肃省甘南藏族自治州卫健委党委委员、副主任（挂职），先后获全国脱贫攻坚先进个人、最美公务员、全国三八红旗手、天津市劳动模范等荣誉。

2016年7月至2019年8月，高燕梅由天津市委组织部选派到甘肃省甘南藏族自治州卫健委挂职党委委员、副主任。挂职的3年时间里，针对当地医疗条件落后的现状，她以"人才扶智带动医疗扶贫"，采取"组团式+院包科"的帮扶模式，极大地缓解了当地群众"看病难、看病贵"问题，最大限度解决了"因病致贫、因病返贫"问题。

初心如磐　坚定健康扶贫方向

甘肃省甘南藏族自治州是全国 10 个藏族自治州之一,平均海拔3000 米,被列入国家"三区三州"深度贫困地区,其贫困发生率高、贫困程度深、基础条件薄弱、致贫原因复杂、脱贫难度大,是甘肃省扶贫攻坚的主战场,也是甘肃省 14 个市州中唯一没有三级医院的地区。

到高海拔的甘肃藏区工作,对当时年近半百的高燕梅来说,不啻是一场严峻的生存挑战。高原反应是高燕梅遇到的第一个问题。为了尽快熟悉情况,高燕梅忍受着种种不适,开始了对全州医疗卫生工作的全面调研,近一年时间,她跑遍了全州 7 县 1 市 99 个乡镇,用双脚丈量了甘南州 4.5 万平方千米土地,行程近 20 万千米,深入思考寻找医疗帮扶的切入点。面对困难,高燕梅暗下决心:州里必须要有一所医院能够让当地群众看得上病、看得好病,否则会有更多家庭因病致贫、因病返贫。她想到,借助天津优质的医疗资源提升甘南州人民医院的服务能力是解决问题的可行途径。这条路能否走得通,高燕梅当时心里也没底。但既然认准了,她就要豁出去搏一搏。

真心如铁　推动津甘医疗牵手

打定主意就立即行动,哪怕有一线希望也要付出百分努力,这是高燕梅的性格。从"有想法"到"有办法",再到真正实施,她走了一条艰苦而又充满温暖的路。

2017 年春节回天津过年,别人休息,她去天津市卫健委敲门,找分管领导汇报工作。天津市卫健委的领导接待了她,并介绍了天津市援疆援藏的做法,让她知道了天津市卫健委还有"组团式+院包科"这样成熟的帮扶模式。于是高燕梅请甘南州政府出了"关于请求天津市帮扶甘南州人民医院的函"。带着这个函,高燕梅到兰州市和甘肃省卫健委对接。甘肃省卫健委也被她的诚意打动,邀请天津市卫健委到甘南州人民医院进行了实地调研。这次调研,加快了天津帮扶甘南州人民医院的步伐。高燕梅及时向援甘前方指挥部汇报了天津市卫健委帮扶甘南州人民医院的进展情况,援甘前方指挥部马上牵头协调甘肃省卫健委、甘肃省扶贫办召开了协调会,并形成了帮扶方案上报国家卫健委、国务院扶贫办。为了尽快落实帮扶方案,天津、甘肃两省市卫健委携手去国家卫健委沟通协调,国家卫健委同意了天津组团帮扶甘南州人民医院的做法。天津市领导带队到甘肃省对接帮扶工作,把帮扶甘南州人民医院的工作上升到省级层面,随后到甘南州人民医院实地调研,回到天津后专门给甘南州拨专款1600万元购买最急需的医疗设备。天津医科大学总医院、天津医院等10家三甲医院与甘南州人民政府、甘南州人民医院签订了"组团式+院包科"的协议,2018年8月,天津首批10家帮扶医院的20名医疗专家踏上了甘南这片离内地最近的雪域高原,开启了帮扶之旅。甘肃省人大常委会副主任、甘南州委书记为此做了批示:甘南州医疗卫生事业里程碑式的事件发生了。

健康扶贫工作是一项长期的事业,高燕梅既考虑解决眼前的问题,也为甘南州医疗事业的长远发展做打算。受高原气候影响,甘南州的医疗人才极度匮乏,外面的招不进,自己的留不住。为此高燕梅积极协调天津6000万元对口帮扶资金,并通过天津市卫健委协调,委托天津3所医科大学为甘南州定向培养医学本科生500名。到2020年7月已有近400名本科毕业生顺利回到甘南州各级医疗机构工作。为了培养本地人才,高燕梅还先后与天津市南开区卫生监督所、东丽区疾控中心联系,为甘南州卫生监督系统和疾控系统免费培训了80名干部。

高燕梅在甘肃省甘南藏族自治州挂职工作

爱心如光　照亮患者人生之路

2019年3月,高燕梅带着患有先天性心脏病的9名甘南儿童来到天津泰达国际心血管病医院住院。其他的8个孩子陆陆续续做了手术出了院,唯有来自迭部县白古村的4岁女孩,住了40多天医院,还是没有手术。女孩的妈妈用生硬的汉语问她:"孩子的手术能做吗?我怕大夫让我们回家,不给做。"高燕梅像亲人一样握着孩子妈妈的手坚定地告诉她:"你要相信天津的医院,只要具备手术条件,就能给孩子做手术了。"在住院近两个月后,小女孩手术成功并顺利出院了。这9个家庭从此去了一块"心病",这9个孩子从此拥有了健康的人生。

2019年8月,高燕梅带着天津医科大学总医院眼科团队到甘南开展"藏区光明行"免费白内障复明手术。迭部县人民医院院长高兴地说,这次筛查了100多例,做了32例。这是我们医院建院60多年来,第一次一天做这么多台手术,创造了医院的纪录。刚到医院,熟悉的一幕又上演了:医院偌大的院子里站满了术后患者和家属,患者家属排着长长的队伍自发地把哈达献给了天津眼科专家,竖着大拇指不停地用汉语说着:共产党好、天津专家好。3年来,高燕梅带着天津眼科专家团队在甘南州开展免费白内障复明手术500多例。

2017年春节前夕,援甘前方指挥部帮扶的临潭县建档立卡贫困户老鲁到天津做双侧髋关节置换术,高燕梅和指挥部的同志们带着饭菜、营养品等和老鲁在医院过了一个团圆节。老鲁的女儿即将在医学院校毕业面临实习,高燕梅主动给她联系了实习单位。因为实习单位离家太远,老鲁给女儿找了个月租100元的房子,高燕梅得知后告诉老鲁,女儿可以跟她一起住,把租的房子退掉,因为她知道这些年为了看病,老鲁已经欠了外债近17万元,对于这样的家庭,100元也是大钱。孩子跟高燕梅一块生活了7个月,老鲁为此给她写来了感谢信。这样的帮扶故事,在高燕梅身上屡见不鲜、稀松又平常。

通过医疗帮扶,高燕梅给当地健康扶贫带来了不小的变化。一是争取天津资金为当地解决了最急需的76套医疗设备;二是天津10家三甲医院的20名副主任医师要接续在甘南州人民医院服务3年以上,让当地群众在家门口就能享受大城市的优质医疗资源;三是为当地医生到天津三甲医院进修创造了机会、打通了渠道;四是让天津三甲医院先进的管理模式在甘南落地生根,让甘南州人民医院步入发展的正轨;五是医保基金留在州、县医院的比例普遍增加,给州、县医院联动发展带来了后劲。

高燕梅架起了天津与甘南医疗帮扶的桥梁,让甘南州的医疗卫生事业驶入了发展的快车道,她也被甘南的广大群众亲切地称为草原上盛开的最美的格桑花。

石振华：藏王故里　巾帼须眉

　　石振华，中共党员，天津市河西区中医医院三病区副主任。2018年3月，石振华自愿报名作为天津市第八批援藏干部人才到西藏昌都市卡若区工作。2018年，被中共天津市对口支援西藏工作前方指挥部临时委员会评为优秀共产党员；2019年，

被中共昌都市委、市政府评为优秀援藏干部人才；被天津市河西区卫健委评为河西区人民满意的好医生，曾获全国脱贫攻坚先进个人荣誉称号。

　　2018年3月，石振华离开了自己还在上小学三年级的儿子和年迈体弱的父母，主动报名参加援藏工作。虽然有10年的高血压病史，但因为心中满怀对神秘西藏的向往，石振华毅然选择了去援藏。踏上征程的那一刻，她心中那份激动无以言表。"当站在海拔第二高的邦达机场，心慌、腿软、头晕、胸闷等高原反应的症状向我袭来时，我意识到自己不仅需要打赢脱贫攻坚战，还有身体与高原环境抗争的攻坚战。到

达昌都，我就立即投入了工作，但是这样恶劣的环境，我已经不记得自己多少次在凌晨被憋醒，只能通过服药才能顶过去，整整两个多月只能浅浅地睡下。即使是这样，我也没有休息过一天。"石振华回忆道。

知行合一　学以致用

援藏期间，石振华认真学习了党的十九大精神，在思想上、行动上与党中央保持高度一致，不断加强政治理论学习，提高政治站位，坚持从自身做起，从严要求自己，从端正思想认识入手，正确处理学习和工作的关系。

石振华积极参加前指党委、卡若组及单位组织的各种政治活动，认真学、认真记、写体会、谈感受，不断提高自身修养和政治理论水平，为做好临床工作奠定了思想基础。她不断增强服务意识和大局意识，坚持原则，廉洁自律，维护领导，团结援友及同事。援藏期间，石振华遵守前指、卡若组及医院的各项规章制度，积极参加各项活动，遵守医疗法规，尊重当地的风俗习惯，认真遵守劳动纪律，保证按时出勤，时刻牢记前指领导的教导，把安全放在第一位，同时为每一位有需要的援友提供医疗保障服务，确保在藏期间大家的身体健康。

带教帮扶　义诊惠民

石振华克服一切困难，结合创建二甲医院的要求，完善各科室建设，一方面加强对科室负责人的培养，同时加强对本院医生的培训，锻炼医务人员的表达能力和临床技术水平，定期组织业务培训及业务学习,规范病历书写,完成各科室会诊,组织各科主任查房,指导各科室完成疑难病例讨论、危重病人抢救记录的书写,帮助各科室根据各自特点创建常见疾病的临床路径。她为新入职员工培训18项医疗核心制度和病历书写规范,做好传、帮、带,加强对当地医生业务的提高和素质的培养。援藏期间她还多次参加医疗队、卡若组及单位组织的下乡巡诊、义诊、扶贫及医疗保障工作。

义诊是最常做的事情。到昌都的第一个假期是清明,全院党员放弃休息,来到昌庆街社区义诊。第一次接触藏族同胞,语言不通,但是大家都能感受到藏族同胞们的热情和信任。暑假期间,石振华跟随天津援藏医疗队到贡觉下乡巡诊,送医送药到基层,行程安排得很紧,只是希望能惠及更多的人。教师节,她以服务社会谢师恩,进行服务军民健康行动义诊活动,先后在茶马广场、卡若镇、卡若区消防队进行了义诊。在参加卡若区18岁以下儿童先天性心脏病筛查工作的3天内,石振华分别为3所幼儿园和1所中学的孩子们进行了筛查。"3000多人的筛查,耳朵被听诊器夹得生疼,甚至被磨破了皮,出血了,用纸擦擦,垫

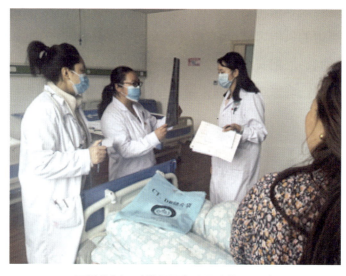

石振华(左二)带领医务人员在基层义诊

在耳朵里，继续听，能为卡若区的未来保驾护航，是我的光荣使命。"石振华深情地说。

医疗保障　下乡扶贫

医疗保障是责任。医疗保障过程中的点点滴滴，那20分钟心肺复苏时的汗落如雨和病人苏醒时的满心喜悦，石振华终生难忘。

她始终记得下乡路上的崎岖颠簸和心惊肉跳。机场保障任务她参与了6次，石振华回忆道："路上有美景，按理说应该很是享受，可是每次都要早早起床，随便吃些东西当早点，当能看清路上景色的时候也快到机场了，还要忍受海拔直升1000米带来的各种不舒服，哪还有心情看风景。"

下乡扶贫是重要的任务。护士节那天，卡若组全体队员翻越5000米的高山，来到若巴乡，不仅为当地的贫困群众送去米面油，也送去了他们的一份情。他们还为当地的小学生进行了义诊，为孩子们的健康保驾护航。石振华也曾两次跟随卡若组到如意乡看望慰问贫困党员，帮他们解决实际困难。

医者仁心　大爱无疆

援藏期间，石振华曾收治一位年近60岁、生命垂危的男性患者，该患者因全身水肿被外院告知无法救治，走投无路的患者来到石振华所在医院就医，她不仅收治了患者，还为他做了详细的检查，准确把握、对症治疗，缓解了患者病痛。因患者没有经济来源，无力承担医药费，她还倡议全院职工给该患者捐款,不仅解决了患者住院费的问题,还有余额保障其出院后的营养。康复后,这位患者每次来医院复查都要求见她,以表示感谢。

2019年清明假期的第二天,石振华浅浅睡了3个小时,突然收到家里传来的噩耗,她的父亲去世了。年前,父亲的病情就有了变化,因为她在家,为父亲做了抢救治疗,父亲的病稍渐缓解,年后病情比较稳定,她离家返岗时还算放心。清明前一周,父亲的病情开始恶化,她连续3个晚上跟家里视频,告诉怎么用药,可是不管她怎么努力还是没能留住父亲。队里给了20天丧假,因为记挂着医院二甲评审的事,丧假刚刚结束她便按期返回了工作岗位。在全院职工的共同努力下,医院顺利通过了初评。

作为女儿,在父亲病重时未能守在床前,这是石振华的遗憾。但作为医生,她离家千里坚守着自己对祖国、对患者的承诺,认真履行着一名医生党员的神圣职责。忠孝不能两全,但石振华无怨无悔。她把对家人的愧疚化为工作动力,以高尚的医德、敬业的精神、无私的奉献、一流的业绩,谱写了一曲壮丽的立足岗位奉献之歌。

王斌：扶贫路上续写援藏情缘

王斌，中共党员，天津市河西区科学技术协会党组书记、主席，2016年至2019年在西藏自治区昌都市参加援藏工作。作为天津市援藏干部副领队，王斌走遍昌都11个区县，推动45个援建项目、完成投资4.82亿元，引进21家企业、实施18个产业项目，落实25个帮扶项目、资金总额达6623万元，同时协调捐款1951.5万元，曾获全国脱贫攻坚先进个人、优秀援藏干部人才荣誉称号。

作为天津市援藏干部副领队，王斌认真贯彻落实中央和天津市委部署要求，大力弘扬和践行"老西藏精神"，积极克服高寒缺氧、山高路险等困难，用心用情用力圆满完成各项援藏任务，助力昌都市打赢脱贫攻坚战，以实际行动维护祖国统一和民族团结。

缺少氧气不缺精神　工作就要踏石留印

昌都市位于西藏自治区东部,坐落在群山怀中,地处藏川青滇四省区接合部,被称作从四川和云南入藏的门户。"十三五"期间,昌都市贫困人口有17.05万人,占全自治区的28.9%,是西藏脱贫攻坚的主战场。在中国共产党坚强领导下,历经持续奋斗,中国人民在解决困扰中华民族几千年的绝对贫困问题上取得了历史性成就,创造了人类减贫史上的奇迹。为了兑现党对亿万人民许下的庄严承诺,为了创造更美好的生活,数百万扶贫干部倾力奉献、苦干实干,贫困群众自立自强、自力更生,全社会同心同向、合力攻坚,终于取得了脱贫攻坚的全面胜利。

"三年援藏路,一生援藏情。"全国脱贫攻坚先进个人、天津第八批援藏干部、西藏自治区昌都市委组织部原副部长王斌,聊起援藏经历时,把这句话挂在嘴边。进藏伊始,王斌把熟悉情况、摸清"家底"作为开展工作的第一步,他积极克服高原缺氧、语言不通等困难,充分利用各种工作机会和节假日休息时间,深入到县(区)、乡镇、村庄进行走访调研,特别是对天津对口援助的"一区三县"(卡若区、丁青县、江达县、贡觉县)的自然环境、组织建设、经济发展、文化教育、医疗卫生、社会保障等方面情况进行了深入了解。

面对昌都市贫困人口多、贫困程度深、产业基础弱、脱贫任务艰巨的实际,天津援藏工作前方指挥部深入落实天津市委"升级加力,多层全覆盖,有限无限相结合"的工作要求,王斌和援藏干部们积极统筹协调各方、跑资金、跑项目,抓落实、抓成效,在援藏前后方架起了一座"连心桥",坚持将援藏资金项目向脱贫攻坚和民生改善倾斜,把饱含天津人民深情厚谊的每一分钱都花在刀刃上。三年来,他参与实施教育、医疗、新农村建设等援建项目45个,完成投资4.82亿元,极大改善了农牧区基层医疗、教育等基础设施条件。

王斌深知在贫困地区以产业发展带动就业,提升贫困人口增收能力,是实现脱贫攻坚的重要基础。他认真落实变"输血"为"造血"的要求,组织力量借助"津洽会""藏博会""茶马艺术节"等平台,把天津的资金、技术、管理等优势与昌都市农牧产品生产加工、能源开发、藏医藏药等产业发展需求紧密结合起来,助力发展高原特色优势产业。他联系协调,主动对接和邀请100多家天津企业入昌考察,共引进21家企业、实施18个产业项目,促进了当地农牧民群众就业增收。

打造援藏干部铁军　同唱民族团结之歌

三年来,王斌牢记天津市委"前方工作队要做政治工作队、教育工作队和习近平新时代中国特色社会主义思想宣传队"的重要要求,积极协助领队,大力推动党建促干部队伍建设。根据工作实际,天津市援藏干部成立了7个临时党支部和11个工作组,王斌牵头制定完善了18项内部管理制度,组织开展党建示范点创建、"三会一课"及捡拾垃圾、植树、收割青稞等主题党日活动,并牢牢把好援藏干部人才的政治安全、人身安全和廉政安全。王斌关心关爱援藏干部人才,采取设立保健室、开办小食堂、集体过生日、协调解决家庭困难、开展文体活动等方式,让远离家乡和亲人的援藏干部充分感受到大家庭的温暖,增强了团队的凝聚力、战斗力。

王斌组织天津援藏干部人才为藏族烧伤儿童捐款

　　作为副领队，王斌牵头谋划推动"藏汉亲、感党恩"系列主题活动，持续组织援藏干部人才开展政策宣讲、访贫问苦、捐资助学、义务巡诊、抗灾重建等公益活动。三年中，天津援藏干部人才结对认亲126户，捐款捐物51万余元。王斌和援藏干部们组织47名先天性心脏病患儿赴津接受免费手术治疗，组织天津专家赴昌都市开展白内障复明手术69例。2017年，全体天津援藏干部人才救助烧伤儿童洛松仁青，捐款近10万元的事迹入选昌都市十大新闻，在当地反响强烈。三年来，援藏干部人才不断取得佳绩，210人受到各级表彰。

　　在昌都市决战决胜打赢脱贫攻坚战的最关键时期，王斌身体力行，始终与援藏干部们日夜奋斗在脱贫攻坚第一线，全身心投入各项扶贫工作之中。2019年4月29日，他在拉萨出差期间，突发急性心肌梗死倒在了工作岗位上，心脏曾4次停止跳动，经及时送医进行手术抢救才脱离生命危险。他苏醒后问的第一件事依然是扶贫工作的事……以王斌为代表的一批又一批的援藏干部，前赴后继、矢志不渝，用实际行动真情奉献雪域高原，让西藏各族群众真正明白了"惠从何来、恩向谁报",更加"感党恩、听党话、跟党走",续写了津昌两地深厚情谊和社会主义大家庭民族团结的新篇章。

回津后任天津市河西区科学技术协会党组书记、主席的王斌,工作内容与援藏关联不大,但是他和当年援藏的干部们为昌都留下了一支队伍——2017、2018两年间,从天津高校毕业生中招录了100多人充实到昌都市的基层公务员队伍中,如今这些年轻人正在藏东高原兢兢业业地工作着。

2021年7月,习近平总书记在西藏考察期间,见到晒成古铜色皮肤的援藏干部们,十分动情地说:"援藏精神是中国共产党的一个崇高精神,是中国特色社会主义的一个显著优势。缺氧不缺精神,这个精神就是革命理想高于天。你们在高原上,精神是高于高原的。"王斌把这段话抄录在笔记本上,时刻激励自己。"三年援藏,一方面通过我们的工作,为当地发展作贡献;另一方面,我们也得到了锻炼,既磨砺了意志品质,又增长了干事本领,提高了政治觉悟。革命理想高于天,援藏干部的精神高于高原。援藏经历是我们这些援藏干部一生的宝贵财富。"王斌说。

虽然不再直接参与援藏工作中,但是王斌依然努力为东西部协作尽一份力,他说:"河西区科协要发扬脱贫攻坚精神,为河西区在东西部协作中的帮扶地区提供科技支持,助力乡村振兴。"

陈洪顺：奉献雪域　携手共进

陈洪顺，天津市宁河区宁河镇中学教师，天津市第九批援藏专业技术人才。在西藏自治区昌都市贡觉县中学挂职期间，他通过"活动育人"、成立课题组填补贡觉中学教科研方面的空白，助推贡觉中学教学质量发展。陈洪顺曾被授予全国脱贫攻坚先进个人、全国中学生新课程英语语言能力竞赛优秀辅导教师、天津市教育系统优秀思想政治工作者等荣誉称号。

陈洪顺在学校德育管理和教学上从来没有放松过自己，处处严格要求，取得了很多成绩，但他心中始终有一个愿望，那就是要到西藏去支教，于是陈洪顺主动请缨，2019年5月3日终于通过上级考察与批准，作为东西部扶贫协作干部人才进入西藏昌都市贡觉县中学支教。当下飞机的那一刻，双脚缓缓踏上海拔4000米的雪域高原，他说他的愿望实现了。伴随着缺氧带来的不适反应，他头脑中唯一想的是在这里一定要干好，不辜负组织的期望。支教工作既忙碌又充实，在那里他赢得了学生的喜爱、老师们的欢迎和领导的认可。

不忘初心　牢记使命

作为一名援藏教师，陈洪顺不忘初心、牢记使命，发扬"老西藏精神"，第一时间融入贡觉县中学的教学工作中去。

2019年5月刚进藏时，他的两只眼睛由于眼压高，先后出现阴影，后来经诊断为"飞蚊症"，眼干眼涩，非常难受，但他克服困难、勇挑重担，任教八年级四班和六班，负责两个班90多个学生的英语教学工作。

2020年3月25日在新学期返藏途中，一场突如其来的交通事故，使他度过了一段难熬的岁月，颈椎、胸椎膨出，双侧韧带肿胀，右腿肿胀，多处软组织挫伤，身处高原伤病恢复缓慢，前两周颈部基本不能动，

陈洪顺和援藏老师们商讨如何开展各学科教研工作

每天晚上头痛难忍,夜夜不寐,十天体重骤降16斤,短暂休息后,他坚持奋战在教学一线。

引领示范　综合发展

2019年10月,陈洪顺代表贡觉县中学参加了昌都市第三届初中校际发展联盟"片段教学"比赛,斩获英语组市级一等奖,被授予昌都市初中教育联盟"骨干教师"荣誉称号。同年11月,陈洪顺任贡觉县中学政教处副主任及英语学科教研组长。作为英语教研组长,基于当前学校的教学现状,他认真组织好每一次教研活动,组织常规公开课,规范听评课活动,每周教研例会,和大家共同研究教材教法,研究适合当地的教学模式,科学有效地将内地常规教研活动与当地教研活动有机结合在一起。英语组年终考核中,陈洪顺被评为"优秀",同时在2019—2020年西藏"区培计划网络培训"中因成绩突出,被授予"优秀学员"称号。

陈洪顺充分考察老师们在教育教学上的需求,利用自己的业务优势补齐贡觉县中学教科研短板,形成《小组合作学习在英语教学中的策略》《导学案在初中英语教学中的探究与实践》两个课题项目,在很大程度上填补了贡觉县教科研的不足,激发当地教师教科研的热情。

活动育人　提升素养

陈洪顺参与组织的"欢度国庆贡觉中学朗诵比赛",深受全校师生喜爱,推动国学经典在全校范围的广泛传播。2020年,他还带领老师们积极参与"西藏一师一优课"的网络传课及评选活动,老师们的业务能力得到了很大提升。

鸿雁传书两地情，友谊互助手牵手。陈洪顺努力搞好"宁河芦台五中与贡觉中学两校学生书信互动"活动。2020年7月，贡觉县中学27个班级分别收到了来自天津市宁河区芦台第五中学同学们的书信问候。芦台五中同学们的来信饱含了对贡觉县中学同学们的关心与关怀。五中同学们急切想与贡觉县中学学生成为好朋友，希望通过这种书信形式，加深对彼此的了解，手牵手共同进步。"书信互动"活动加深了两地学子的互动往来，促进了两校间的合作交流。

做好传、帮、带　提升教学水平

陈洪顺先后与青年教师朱宁芳、尼玛措姆、王悦、平措桑珠、拥青拉姆5位老师进行师徒结对，尽其所学，在教育教学中给予他们指导，指引他们尽快成为英语教学骨干。陈洪顺细心制定了几位徒弟的成长计划，他努力践行作为师傅所应尽的责任，努力做好示范课，徒弟们都很主动，经常要求听陈老师的课，虚心学习、勤学勤问。在陈洪顺的悉心指导和徒弟们的努力下，徒弟们进步很快，已经能较好地掌握中学英语课堂教学的一些基本教学做法，在学校组织安排的青年教师汇报课中，他们的表现令老师们称赞。平时，陈洪顺要求徒弟们坚持"每课必备"的原则，按照教学计划认真备好每一节课，不但备学生，而且备教材、备教法，能够根据教学内容及方法，做到"有备而来"。课后要对自己的教学加以总结、反思。课外注意收集素材及知识要点。师徒间的沟通与交流，不仅增进了友谊，还加强了教学合作。为了帮助徒弟们更为快速地成长，陈洪顺经常组织大家在课下研究教材，一起探讨教学中的疑惑，对于大家在教学上认识不深的问题，给予耐心的讲解、分析。师徒间的这种活动方式,得到了学校很多老师的认可,大家争相学习,逐渐形成了一种良好的教学风气。

"青年教师有充沛的精力、求知的热情、丰富的知识、丰富的创造力。在带徒弟的过程中,我也不断完善了自己,取人之长、补己之短,师徒结对的活动让我进步很大。"陈洪顺说。

开展讲座　提升管理水平

援藏之前,陈洪顺已在宁河镇中学担任了7年的德育主任。援藏后,他将自己多年的德育经验与贡觉县中学的班主任管理现状相结合,开展了班主任专题讲座。2020年5月2日,政教处组织全校30名班主任及新分配教师,共计88人,参加了此次"班主任专题培训讲座"活动,培训会由德育副校长旦增扎巴主持。

在培训过程中,陈洪顺结合自身经历,与班主任们交流班级管理的各种细节,并传授一些管理小技巧和艺术管理的方式方法。

通过本次交流活动,贡觉中学班主任们的专业素养和能力都得到了较大提升,同时班主任的德育工作方法和班级管理方式也得到了较好改善。"班主任工作是一项长期的工作,需要大家不断地实践和学习,只要大家用'爱'去对待,相信我们班主任的人生是幸福而快乐的!"陈洪顺如是说。

陈洪顺还利用业余时间到老乡家里送温暖,以实际行动关怀、帮助班里贫困学生,激励学生们努力学习、报效祖国。同时他还起草了贡觉中学《建立自治区级校园禁毒读书角的方案》,提出了在贡觉中学召开第一次各班家长会等建议。陈洪顺常说:"援藏支教工作是方方面面的,我们应该时时刻刻做好奉献的准备,时时刻刻付诸实践。"

赵树明：选项目　育人才　增福祉

赵树明，中共党员，现任天津市城市规划设计研究院规划环评中心主任，2018年3月至今分别挂职青海省黄南藏族自治州住房和城乡建设局党组成员、副局长兼黄南州建筑设计院院长，黄南州自然资源局党组成员、副局长。挂职期间，针对公厕脏乱差的民生难题，联合承担省重点科技项目，团队申请发明专利7项，完成技术规程2项、示范工程2项等。2020年被表彰为青海省对口支援青海工作先进个人。

赵树明2018年3月参加援青工作后，历任青海省黄南藏族自治州住建局党组成员、副局长兼州建筑设计院院长，2019年7月第三批援青期满，赵树明克服不能在身边陪侍90岁母亲、不能辅导孩子参加高考、妻子在医院工作没时间照顾家庭等困难，主动报名、继续留任参加第四批援青任务，2019年11月4日转岗后任黄南州自然资源局党组成员、副局长。

提升平台立团队　谋划项目育载体

在兼任黄南州建筑设计院院长期间,赵树明从全局出发,抓顶层设计,带动班子谋划设计院升级发展,带领援青工作小组找准做精帮扶重点,研究制定了《院工作分工》《院工作规则》,实行院长责任制、三总师制,建立院长办公会、技术委员会,组建规划、土建、设备三个青年成长成才小组,进一步明晰了岗位职责、增强了团队意识、提高了工作效率。黄南州建筑设计院当年实现业务板块拓展、科研项目立项、营收明显增长的目标,完成产值目标的229%,获得黄南州直住建系统目标考核优秀单位称号。

初到高原时,赵树明发现,当地气候寒冷、村落分散,厕所"脏、乱、差、偏、少",群众如厕难。随后他联合天津大学、天津市规划设计院承担了青海省重点研发与转化计划项目"农牧区公共旱厕光伏供能与清洁设计产业化关键技术研究",寻找解决方案。通过奔走牵线,赵树明带领黄南州建筑设计院团队,不断攻克寒区旱厕无给水、无排水、无供电、无供热等技术难关,带领大家调研问题需求、研讨技术方案、指导测试施工,跑现场近百次。

最终,赵树明团队研制出光风互补蓄电供电、粪池反应器储热供热和通风排气模拟3项技术方案,相变储热混凝土结构、粪便无害化反应器2套设计方案,经现场试制和实验测试成功。项目组现已申请国家发明专利7项、实用新型专利3项,发表EI检索论文3篇,形成《农牧区公共旱厕规划建设技术规程》《农牧区公共旱厕建筑标准图集》准技术规程2项,协调参研单位出资40多万元建设示范工程2项,已正式交付使用,项目组收获了三江源新村及当地政府等的一致赞誉。在赵树明

赵树明(右二)在河南县周龙村调研慰问贫困家庭

最忙碌的时候,接到老母亲病危的消息,他无法放下工作回津,母亲离世时,终没能见到最后一面。

2020年6月,在青海省科技厅组织召开的专家验收会上,专家组认为成果系统、扎实,示范应用达到预期效果,一致同意通过验收。黄南州科技局也表示,支持开展后续研究,使农牧区公共旱厕实现装配式、产品化,走向标准化、智能化。该项目现已成为科技援青的范例,青海电视台、《天津支部生活》和《今晚报》先后4次报道了赵树明团队的事迹,团队两次入选向青海省申报的"创新创业团队"。

面向需求献作为　立足岗位显担当

旱厕项目成功后,赵树明并没有闲下来,主持、参加州重点规划与设计项目审查70余项。

任黄南州住建局副局长期间,他带领规划调研组跑遍了全州33个乡镇,上百次入户倾听基层干部和建档立卡贫困农牧民心声。为完成脱贫攻坚任务、推动河南县牧区危旧房改造工作,赵树明带领督导组冒雨雪深入海拔3500—4200米的施工现场,逐一走访134户督导对象,主笔完成《危旧房改造清零工作督导报告》,做到了及时精准献策。在充分调研听取意见基础上,赵树明主笔完成《黄南州城乡建设"121"思路》,在州政府常务会议上获得乔学智州长及主要领导的高度评价。2019年7月,《黄南报》以"'121'思路引领城乡建设新发展"为题,刊发了其中的核心内容——"一带两区一中心"。赵树明主笔完成的《黄南州新型城镇化指导意见(2020—2035年)》已经州委、州政府同意印发。

任黄南州自然资源局副局长期间,赵树明发挥专业特长,及时主笔完成《黄南州国土空间规划编制工作计划》《黄南州国土空间总体规划编制工作方案》等,经州相关领导审查通过后用于指导州县规划,为州县国土空间规划体系的建立和加速启动规划编制工作打下基础。

在两局一院工作,践行"双一流"标准,接受多角色、跨专业的岗位历练,赵树明更加注重重点项目和民生项目,在把握方向、提升方案、规范成果、推动进展等方面发挥作用,多次受到赞誉。他提出的"生态立州、设施优先、中心极化、带区集聚"的黄南特色新型城镇化道路、"一纵三横"内外交通线网、次区域片区组团的分区结构、次区域中心城市"四个中心"、外向型地区级流通节点、通甘连川桥头堡等举措建议得到采纳,较好发挥了规划人才作用,深化细化了省州战略。他提出并落图的"一带两区一中心"空间布局结构写入州政府网站"走进黄南"。州城乡建设"121"思路和农牧区公共旱厕研究两项成果入选黄南州住建局"2019年十大亮点工作"。

赵树明孜孜以求,致力于高原严寒农牧区"输血造血",孕育民族团结之花,协力铸就同心和品牌工程,践行了"选项目、育人才、增福祉"的人才援青道路。谈到在高原坚守,他表示,在青海的每一点成绩都离不开前方后方各级组织的支持,要以更加努力的工作回报组织,更加积极地投入援青工作中。

先进集体

天津女排：
为党旗增辉　为国旗添彩　为天津争光

天津女排自 1956 年建队以来，先后共获得 30 余次全国最高水平比赛冠军、5 次亚洲级别冠军，7 人荣获世界冠军，4 人荣获奥运冠军，球队获得全国三八红旗集体、全国"五一"巾帼奖、全国"五一"劳动奖状、全国体育系统先进集体等诸多荣誉，天津女子排球队党支部被评为全国先进基层党组织。天津女子排球队"锐意进取、迎难而上、顽强拼搏、争创第一"的"天津女排精神"，在津沽大地树起一面爱国奋斗的旗帜。

天津女排深刻把握排球事业的发展规律，重视党建引领，狠抓队伍建设，持续不懈培养和发展优秀运动员，将球队建成一个大熔炉，使队员在这里百炼成钢，铸就了"天津女排精神"。为党旗增辉，为国旗添彩，为天津争光——天津女排以经年傲人的战绩向世人诠释了伟大的体育精神和浓厚的报国热情，不断为中国排球事业续写辉煌。

"天津女排精神"书写球队辉煌

　　球队精神是一个球队的核心竞争力。天津女排的球队精神是在长期的拼搏中形成的。天津女排教练员、运动员甘于奉献、勇攀高峰、执着追求、不懈奋斗,形成了"锐意进取、迎难而上、顽强拼搏、争创第一"的天津女排精神。天津女排牢记习近平总书记会见中国女排时提出的"祖国至上、团结协作、顽强拼搏、永不言败"的嘱托,心中有着对祖国的崇高荣誉感,持续释放出为国争光的内生动力。

　　天津女排靠着这种球队精神,成为津沽体育战线的一面旗帜。她们的辉煌是津沽排坛数代人不懈努力的结果。老教练赵雪琪、常良才带领天津女排走出低谷,完成联赛三级跳,为天津女排的腾飞奠定了基础。冠军教练王宝泉深谙排球运动规律,携陈友泉、张静坤、刘仁德、殷娜、王茜等优秀教练员,带领天津女排叱咤风云,从一个冠军走向又一个冠军,缔造了球坛奇迹。奥运会冠军、世界冠军李珊、张娜、张萍、魏秋月,世界冠军姚迪、李盈莹、王媛媛等杰出运动员,将祖国至上的思想作为奋斗的信念,在赛场上顽强拼搏,书写辉煌。在2002—2003年全国女排联赛中,天津女排对阵排坛霸主八一女排,她们勇敢拼搏、锐意进取,在比赛中挽救8个赛点,夺得了天津女排队史的第一个联赛冠军。此后一路高歌猛进,到2016年摘取联赛十冠桂冠。2019—2020年赛季,天津女排史无前例地以13战全胜的战绩夺冠。2021—2022年赛季,天津女排更是刷新了自己保持的纪录,以17战全胜仅失一局的成绩再度达成联赛三连冠。从2017—2022年,天津女排在5届联赛中取得4冠1亚,在2019年女排亚俱杯上代表中国夺得冠军,在2019年二青会上夺得冠军,在2021年第十四届全运会上夺得成年组冠军、青年组亚军。这些成绩奠定了天津女排不可动摇的地位。

"无逆袭、不天津"

天津女排队员在比赛中

天津女排最值得称道的不是胜利以后的表现如何，而是面对不利局面时能够冷静执着，顽强拼搏，实现逆袭，创造出一个个"无逆袭、不天津"的经典战例。

2017年全运会后，天津女排面临新老交替的难题。球队在管理上解放思想，勇于改革，一方面继续充分发挥李莹、陈丽怡两员老将的先锋模范带头作用；另一方面锐意培养新生代力量，大胆起用李盈莹、王媛媛两名小将，将篮球中的"无限开火权"交给进攻能力较为突出的李盈莹，用蓄水池理论成功破解木桶短板理论。她们以先进的理念为指导，使球队从困境中逆袭，成功走出低谷，一次次跃上顶峰。

2017—2018年赛季,中国排球超级联赛("排超")元年,在7场4胜制的总决赛中,第5场比赛结束后,天津女排以总比分2:3处于落后局面。面对不利局面,球队教练带着女排姑娘们重新观看了天津女排2002—2003年赛季的比赛录像,那场比赛中天津女排在决赛决胜局中挽救了8个赛点,成功逆袭,胜利夺冠。全队在看完录像后,焕发出巨大的能量,冷静执着,顽强拼搏,最终以4:3逆转获胜,战胜了金牌外援金软景领衔的上海女排,获得冠军,成就队史联赛第11冠。这个冠军是继天津女排2002—2003年赛季首夺联赛冠军后又一个具有里程碑意义的冠军。

在2019年世俱杯比赛中,天津女排出现主力受伤、成绩不佳、士气受挫的不利局面。关键时刻,王宝泉临危受命,接过主教练的重任。面对球队士气低落的形势,王宝泉教练深谙球队拼到最后拼的就是球队精神。他带领大家稳定情绪,教导队员正确面对挫折,激励队员迎难而上,与球队骨干姚迪、王宁等人深入谈话,激发球队打不倒、拖不垮的顽强斗志,深入研究战略战术,破釜沉舟、齐心协力,带领球队集体上演了一幕"无逆转、不天津"的绝地反击,最终拿下江苏客场的关键比赛,进而获得冠军,成为中国排球联赛历史上唯一以全胜战绩获得冠军的球队。

勇担社会责任　助力脱贫攻坚事业

天津女子排球队牢固树立以人民为中心的发展理念,倾力奉献,回馈社会,服务人民,助力脱贫攻坚事业,贡献突出。2020年初,新冠肺炎疫情突发,天津女排党支部第一时间号召全体党员向天津市红十字会捐款,支援疫区。支部全体党员积极响应,踊跃捐款。在女排支部的带动下,天津男排、青年女排、青年男排等诸多球队的队员纷纷捐款。

天津女排光荣担任了天津市红十字会脱贫攻坚公益形象大使。支部还组织党员，奔赴甘肃贫困地区，开展对口帮扶，参与扶贫产品带货直播活动，累计销售526.43万元的产品。在"国家扶贫日"当天，首届"津诚所至 协作同甘"东西部协作女排明星公益赛暨消费扶贫电商直播活动开播，天津女排在直播中魅力迸发，吸引了656.37万网友参与，仅仅在4小时就售出价值611.28万元的扶贫产品，话题关注度高达2.1亿人次。女排党支部还组织党员积极参与"国家荣誉——中国女排精神展"等活动，教练员、运动员无私忘我，主动贡献大量珍贵实物。活动吸引了大量群众参与，观展人数超过50万人次，女排党支部共组织公益讲解志愿服务31场、服务群众4万人次，得到了国家体育总局排球中心领导和时任中国女排总教练郎平的高度认可。

由天津女排教练员、运动员组成的宣讲团，还多次深入学校、社区、商圈面向广大群众开展公益服务，普及排球运动、宣传排球文化、弘扬女排精神，取得了良好的社会效果，塑造了球队的良好形象。

天津对口支援恩施疾控工作队：
"天津有,恩施就有!"

　　2020年2月12日,天津市17家疾控中心、3家精神卫生医院的70名专家组成对口支援恩施州疾控工作队,从津门驰援鄂西,历经57个日日夜夜,在当地开展病毒检测、流行病调查、组织消杀、心理辅导……为恩施织成一道坚不可破的疫情防控网,津门疾控工作者的感人事迹在恩施人民当中广为传播,天津市对口支援恩施州疾控工作队获得"时代楷模"抗疫英雄群体荣誉称号。

　　恩施吃紧,需要增援! 随着党中央、国务院作出天津对口支援恩施疫情防控的决策部署,天津市迅速动员组织,成立天津市对口支援恩施州疾控工作队(下称"市对口支援恩施州疾控工作队")。

　　"天津有,恩施就有!"

　　天津市人大常委会副主任、天津市对口支援恩施疫情防控工作领导小组组长、天津市支援湖北疫情防控前方指挥部总指挥王小宁的话掷地有声。

无惧"冠魔" 主动请缨

2020年1月30日,正月初六。收到紧急支援湖北的动员令,市疾控中心病原生物检测室卫生微生物研究室主任杨东靖、南开区疾控中心"90后"女将郑旭坤等,第一时间请缨。随着动员的号角吹响,市、区两级17家疾控中心的疾控人员、3家精神卫生医院的心理医生纷纷主动报名。这一刻,没有豪言壮语,只有默默而坚定的选择。

2月12日,实验室检测、流行病学调查、消杀传控、心理干预4个专业61名疾控人员和心理专家,随市对口支援湖北恩施前方指挥部医疗队抵达恩施州。随后又有数名疾控人员增援。最终,共有来自市、区两级17家疾控中心的61名疾控人员和3家精神卫生医院的9名心理专家,总计70名专业人员,组成市对口支援恩施州疾控工作队。

病毒检测:在实验室与病毒正面交锋

市对口支援恩施州疾控工作队到达恩施时,正是疫情最为严重的时候。面对来势汹汹的疫情,首要的是进行"侦查",摸清疫情传染态势,制定防控方案。为此,疾控工作队队长、市卫健委巡察组组长张宏,与指挥部副总指挥、天津医科大学总医院院长雷平等人,7天跑遍恩施州下属6县2市,掌握了疫情传染的蔓延轨迹,查找疫情防控薄弱环节,拟订了疫情防控方案。

在疫情防控组织分工上,疾控工作队员与医疗人员共分成9个组,每组配备1名心理专家。实验室检测人员对咽拭子样本进行核酸检测,为区分患者类型提供依据;流行病学调查人员全面摸排患者及家属、密切接触者,确定传染源和隔离人员;消杀人员对疫点环境进行终末消毒;心理专家走访一线医疗点,制定心理危机干预方案,心理疏导慰问民众。

病毒检测,是队员们在实验室与病毒的正面交锋。新冠病毒核酸检测是病例确诊最关键的一环,标本处置、移液加样、灭活病毒、核酸提取……在紧张危险的样本提取工作之后,还要配置检测体系,上机检测,每一个环节都不能有任何差错。检验人员高度紧张,每天工作时间十几个小时。晚上往往是病毒检测工作最忙碌的时候,加班到凌晨两三点是家常便饭。队员们身着厚重的三级防护装备,脸上布满口罩勒痕,手掌皮肤被捂得泛白,身上的工作服经常湿透。病毒检测不但考验检验人员的体力、耐力,尤其考验队员们的心理意志。在检测中,队员们每天与高致病性病毒反复多次"零距离"接触,面临极高的感染风险。但是所有队员没有任何退缩,大家心念笃定:千难万险,心怀大爱则无惧风险;大计小计,尽心尽责是最佳之计。

经过日复一日、孜孜不倦的检验工作,市对口支援恩施州疾控工作队员完成累计检测新冠病毒样本37054份,单日最高完成1898份样本的检测。使全恩施州疾控实验室单个实验室日均检测量居湖北省第一,且检测结果全部准确,无一错检、漏检。

流调:绘出新冠野蛮生长的"地图"

流行病学调查是疫情防控的法宝。通过流调可以追溯传染路径,绘制出传染"地图",为阻断疫情传播奠定基础。2020年2月20日,一个特殊的无症状感染者引起疾控人员注意。该患者1月14日从外地返乡,2月19日发病,潜伏期超过1个月,其间未见可疑情况。"无症状感染者的隐蔽性强,且传染性不容忽视,及时找到传染源和传染路径,对疫情防控至关重要。"市疾控中心非传染病控制室副主任郑文龙说。流调人员通过搜索镇卫生院、村卫生室和附近9家药店的2034条就诊和购药记录,终于发现患者家属的购药痕迹。

2月25日,恩施州利川市出现同村12人腹泻,其中多人有发热症状,当地群众十分担心。援助利川医疗分队疾控组组长、和平区疾病预防控制中心李鹏意识到:不排除新冠肺炎聚集的可能性!如果那样,就很危险了!必须彻底搞清楚。于是,他带队前往调查,当时浓雾弥漫,能见度仅有10余米。山高路远,李鹏一行队员经过一个多小时的艰难跋涉,赶到海拔1700多米的事发村,对涉及发病的7个家庭12位患病村民进行现场流行病学调查,采集咽拭子、肛拭子、末梢水样、残留食品样等样品,历经4个多小时。随后未做任何休整,李鹏又带队驱车赶回利川,将样品送交实验室检测。通过科学排查,第一时间排除感染新冠肺炎疫情的可能。

现场消杀:直捣病毒巢穴

消杀人员根据流行病学调查结果确定现场消毒的范围、对象和时限,然后肩背手推笨重的消杀装备,在浓浓的含氯消毒剂的刺鼻气味里挥汗如雨。他们就像直捣巢穴的"刀锋战士",干的是最有专业技术含量的脏活儿、累活儿、苦活儿,还要直面疫源地环境中及物品上的病原微生物,感染的高风险时刻存在。

津南区疾控中心马玉涛、北辰区疾控中心孟庆贺在来凤县一个留观点,一边操作,一边现场培训,为当地留观点消杀人员讲解消毒药液配比、消杀方法、程序等注意事项,"器面消毒用喷雾器喷,细微处用抹布擦或微型喷雾器喷,标准是器面湿而不滴水。""垃圾桶要用盖子盖好,防止苍蝇进出。""消毒留观室,每次最好安排两个人,一人消毒完后,另一人及时为其身上消毒,避免室与室之间交叉感染。"

心理疏导:为百姓穿上"心灵防护衣"

天津市安定医院心境障碍科主任张勇一到恩施州,第一件事就是走访一线医院,开展心理调研。他发现,一些患者信心不足、焦虑,问题严重,亟待解决。有名患者一听说确诊就崩溃了,其情绪传染了其他患者。还有一位70多岁的老人,心理负担重,无法入睡。于是张勇来到病房和老人聊天,举出老年治愈者的例子开导老人,疏解压力,成功稳定了老人的心理。为了更好地缓解当地群众的心理压力,天津疾控队员中的心理专家携手恩施同行,发挥恩施州联防联控指挥部公益心理热线的作用,两地专家轮流值班接听倾诉,一对一跟踪回访严重病例,制定心理干预常态化方案,对公众进行社会心理疏导,帮助患者走出阴霾。

留下一支带不走的疾控队伍

为了彻底阻断疫情传播网络,为恩施构筑强大的"护城河",市对口支援恩施州疾控工作队组织队员,发挥科技优势,专门为恩施州2市6县制定了10万字的流行病学报告和疫情防控指南。

3月17日,恩施州在湖北率先清零。

当恩施万家灯火初上时,看着这一刻的宁静和温馨,张宏曾经动情地说:"从天津到鄂西,三千里地的支援,就是为了这份祥和。"

2020年4月8日,对口支援恩施疾控工作者经历了57天的鏖战,胜利返回天津。

天津医科大学眼科医院：
让光明和希望照亮扶贫之路

　　天津医科大学眼科医院充分发挥医疗扶贫优势，持续深层次开展扶贫工作。20多年来，组织30多批专家团队先后赴全国各贫困边远地区，实施眼病复明手术近10000例，筛查眼疾近50000例，为贫困地区免费培训眼科医生30余名。天津医科大学眼科医院组建全国首支进藏筛查儿童眼病志愿团队，至今已赴近50所学校，为25000名学生进行筛查，对口帮扶的新疆和田地区人民医院、甘肃天水市第四人民医院、甘肃清水县人民医院，三家医院眼科诊疗水平显著提升。获得全国脱贫攻坚先进集体荣誉称号。

　　天津医科大学眼科医院秉持高度的社会责任感，发挥医疗扶贫优势，积极投身精准扶贫攻坚战之中。经过持续努力，现已逐步形成了"健康光明行""津藏瞳心光明行""扶贫送健康"等多个系列品牌的医疗扶贫项目，使受援医院在人才培养、学科建设以及更新思维和观念等方面得到了系统性提升，精准扶贫成效显著。

　　1997年，天津医科大学眼科医院参与中国残疾人联合会、原卫生部与国际狮子会联合开展的"视觉第一中国行动"，开启了医疗扶贫之路。20多年来,医院组织的专家团队先后赴云南、甘肃、湖北、陕西、吉林、新疆维吾尔自治区、西藏自治区等边远贫困地区,足迹跨越了半个中国。

廿余载光阴点亮"输血式扶贫"

基础设施薄弱、缺医少药,是一些贫困地区脱贫的制约因素。天津医科大学眼科医院扬己所长,广泛合作,为贫困地区直接输送医疗人才和物力支持,解决当地群众的就医难题。

为深入贯彻落实中央打赢脱贫攻坚战的重大决策部署,助力基层做好儿童眼病防治工作,2016年至2019年,由天津医科大学团委牵头,天津医科大学眼科医院斜视与小儿眼科组建了"津藏瞳心光明行"团队,这是全国范围内首支赴西藏地区针对儿童眼病开展大规模筛查志愿服务的队伍,也是2019年人力资源社会保障部专家服务团项目中唯一一个针对儿童眼病精准帮扶的项目。4年来,医疗专家4次走进西藏自治区开展筛查,他们克服了高原反应、长途奔波、巨大的工作量等重重困难,先后赴山南市乃东区、拉萨市、林芝市等4个地区近50所学校,为25000名学生进行包括屈光、眼发育性疾病、常见眼病在内的筛查工作。对筛查结果,团队组织医院专家集中会诊,深入分析相对集中的病种、疾病产生原因和救治方法,精准识别因病致贫村民,精确实施分类救治,精细建立健康档案,为打赢脱贫攻坚战提供了第一手的翔实资料。在精准识别患者贫困状况的基础上,团队充分利用"瞳心爱眼基金",将一些手术难度大、家境困难的西藏、新疆少数民族眼病儿童带到医院实施手术,减轻其医疗负担,让"瞳心大爱"温暖雪域山川。

"津藏瞳心光明行"团队与受助孩子们在一起

　　为响应国家卫生健康委精准医疗和医联体工作的相关要求,2016年,天津医科大学眼科医院与吉林省图们市人民医院签署了医联体协议,以远程医疗项目为主导,跨越地理位置的障碍,双向提升眼科医疗技术,推动图们市眼科医疗事业的发展。4年间,共在当地完成白内障复明手术290余例,累计为延边地区201名白内障患者实施复明手术,其中低保户15人,贫困户26人,并捐赠了大量进口人工晶体及手术耗材等物品。2018年,天津医科大学眼科医院与天津市高新区社发局签订党建共建协议,医院先后赴河北省阜平县山咀头希望小学、天津市宝坻区于家观村,天津市武清区崔黄口镇苏楼村、西曹庄村开展"扶贫送健康,义诊暖人心"等系列活动,义诊人次累计达450余次,发放眼健康知识手册500余册,并成功为1名五保户免费实施白内障复明手术。

　　为协调更多医疗资源共同加入扶贫队伍,更有力地解决困难地区的实际问题,天津市医科大学眼科医院与多个医院进行合作帮扶。2018年,天津医科大学眼科联盟成立,共有43家成员单位参与,在人员培养、学术交流、眼科诊疗等方面携手共进,促进偏远贫困地区的眼科业务水平更上一个台阶。2019年,医院参加了慈善医疗活动——健康快车医疗队,先后派5名医务人员赴黑龙江省七台河市参加了为期3个月的医疗活动,为当地1000名贫困白内障患者实施复明手术,为扶贫工作增开了公益活动的大门。

培育本地骨干　铸就"造血式扶贫"

"授人以鱼,不如授人以渔。"天津医科大学眼科医院将培育当地人才、改变当地的医疗生态作为扶贫的另一个突破口,为对口帮扶医院培养了一批业务精湛、"带不走"的医疗骨干人才,逐步实现由"输血"扶贫到"造血"扶贫的转变。随着对口医院医疗服务水平的提升,三个贫困地区的群众在家门口就能享受到优质的医疗服务。

新疆和田地区是全国深度贫困地区,是全国贫困面最大、程度最深的地区之一,脱贫攻坚任务十分艰巨。自2011年开始,医院先后选派4批高层次人才赴新疆和田地区人民医院开展医疗工作,每年举办2—3次国家级和自治区级诊疗学习班。目前,和田地区人民医院眼科不但独立成科,而且成为和田地区防盲治盲办公室的挂牌单位。已开展新技术10余项,复杂白内障、青光眼、眼底疾病诊疗水平在和田地区位于前列,手术量较之前增加50%,转诊率下降30%。

2014年至2018年,天津医科大学眼科医院先后派出8批次专家支援甘肃天水市第四人民医院,有针对性地开展多角度、全方位对口支援。截至目前,天水市第四人民医院眼科诊疗能力快速提升,老年性白内障手术治疗、泪道疾病微创治疗、糖尿病视网膜病变患者管理、青少年近视防控等工作顺利开展,百姓认可度日益提升,年诊疗人次从援助前每年不足5000人次提升至每年近20000人次,年手术量从不足百台次提升到近600台次。

2018年至今,天津医科大学眼科医院先后派出4批次人才援助清水县人民医院。规范和开展技术包括:白内障超声乳化术、感染性眼病实验室涂片镜检技术、羊膜移植技术、泪道微创手术、青光眼白内障联合手术治疗、青光眼早期筛查等。清水县群众在家门口就能享受到高水平眼科诊疗服务。

2018年,医院还借力远程技术,启动对帮扶医院眼科的远程医学教育,每周定时通过网络远程直播,定期举行病例汇报讨论,在互动中交流,在互动中共同发展,至今已直播100余场,加快对口帮扶医院眼科人才的培养。

创新"互联网+"健康扶贫模式

为进一步提升扶贫工作质量,医院全面启动了医疗联合体和分级诊疗建设,利用先进、智能的信息技术手段,连接医院、患者、医生,从而实现中心医院向对口帮扶医院进行远程会诊、视频会诊和帮扶培训等医疗服务辐射。2018年,医院利用此平台协助国家卫生健康委员会健康快车办公室完成新疆8000例糖尿病人群的糖尿病视网膜病变眼底阅片筛查工作,促进糖尿病视网膜病变早发现、早治疗,推动我国糖网病防治工作进展。

此后医院承担了新乡市第一人民医院、晋城市人民医院、长治市中医院、宿迁钟吾医院、吕梁市人民医院的糖尿病视网膜病变的眼底阅片工作,每月阅片数量超过200例。通过长期与当地医院网络阅片诊疗合作,积极推进当地医院糖尿病眼病防治工作的开展,协助提升当地医院糖尿病眼病诊疗能力和水平。

泰达国际心血管病医院：
博爱济世救助贫困先心患儿

  泰达国际心血管病医院结合专业特点，联合多家慈善机构全方位合作开展了"明天计划""爱心希望""生命的礼物""中国移动爱心行动""荷福泰心"等一系列救助孤贫先心病儿童的爱心项目。自2004年以来，万余名遍布全国各地的孤贫先心病患儿和困难家庭先心病患儿因爱心项目受益，过上了正常人的生活，他们的家庭也摆脱了贫困。医院救助孤贫先心病患儿的善举取得了巨大社会效益，政府机构、公益组织、中外企业以及数万志愿者纷纷加入救助先心病孤儿的行列，共同奏响了"博爱·济世"的壮丽乐章。泰达国际心血管病医院曾获得全国脱贫攻坚先进集体荣誉称号。

  泰达国际心血管病医院（下称"泰心医院"）是天津经济技术开发区投资兴建的公立三级甲等心血管病专科医院。泰心医院秉承"博爱·济世"的院训并结合专业特点，通过与民政部、中国社会工作协会、中国移动慈善基金会、上海荷福慈善基金会、天津经济技术开发区慈善协会等多家慈善机构全方位合作，开展了"明天计划""爱心希望""生命的礼物"等一系列救助孤贫先心病儿童的爱心项目。截至2020年9月底，泰心医院共救助来自全国27个省、自治区、直辖市，29个少数民族的13982名孤贫先心病患儿。他们中最小的仅出生一天，最大的18岁。

从项目患儿的初筛、确诊、判断手术指征，到入院、手术、康复、出院、随访，泰心医院形成了一套成熟、完善的实施流程。无论病情简单或复杂，医院都制定严谨周密的诊疗方案，只要与患儿相关的工作，无论大小，医院都进行周到细致的安排。为了早日给孩子们做手术，心外科、手术室、监护室的医护人员经常夜以继日地工作，他们说："孩子们的健康是天大的事！"

改变命运　传承爱心

患先心病的女孩国中红是"明天计划"首批6名被救助患儿之一。她在泰心医院成功接受了手术，后来以优异的成绩考取大学，成为黑龙江全省儿童福利院走出的第一个大学生。毕业后，她谢绝了很多条件、待遇优越的工作岗位，毅然回到收养她的儿童福利院参加工作，成为一名光荣的民政老师，为儿童福利事业贡献力量、传递爱心。工作后不久，她特地重返泰心医院，看望曾经给她新生、给她关怀的医护人员。在心外科病房，她还做义工帮助在院孤贫患儿。

广西壮族自治区大山中的小姑娘盘佳仪，因患有复杂先心病无法正常活动。母亲为了照顾她无法外出工作，父亲也经常因为她的突然晕厥而奔跑于田间与医院，使本不富裕的家庭更加雪上加霜。在泰心医院，盘佳仪得到了免费先心病根治，如今她可以像正常孩子一样上学、玩耍，她的家庭也发生了翻天覆地的变化，父母可以全身心投入柑橘的种植中，第二年家庭就摘掉了贫困的帽子。

十几年来，万余名遍布全国各地的孤贫先心病患儿和困难家庭先心病患儿因慈善项目、因泰心医院受益,过上了正常人的生活,他们的家庭也摆脱了贫困。

跨省筛查 送去"心"希望

从2011年开始,泰心医院将爱心阵线前移,从手术救治扩展到了前期筛查,把先心病筛查工作推向全国。先心病跨省筛查成为医院的常态化工作,青海、西藏、甘肃、宁夏、内蒙古、云南、贵州、四川、广西、江西、安徽、河南、山西、河北、辽宁、黑龙江16个省(自治区)的国家级贫困县留下了泰心人扎实、博爱的足迹,截至2020年9月底,泰心人总行程达563183千米,相当于绕地球赤道14圈。

在跨省筛查的过程中,为了让所有赶到筛查现场的孩子都能得到及时检查,医护人员往往从拂晓一直忙到夜晚,连续工作超过12个小时。有些孩子的家距离筛查点非常远,要换乘几次汽车才能到。为了让这些孩子早点儿回家,跨省先心病筛查医疗队经常放弃午餐,而且坚持白天不喝水,减少上厕所的次数。他们把所有的时间都留给了孩子们,保证让当天到场的所有孩子都能做上检查。

克服一切困难,只为给当地孩子们带去健康的福音,这就是筛查队全体队员的信念。

情系雪域 爱洒高原

为了使交通不便、医疗资源匮乏地区的患儿得到术后随访,泰心医院院长刘晓程不顾高龄,率队组织"青藏高原爱心行"医疗队前往青藏高原。严重的高原反应和辛苦的长途跋涉丝毫没有动摇医疗队员们坚持工作的决心，他们穿梭于青藏高原的沟沟壑壑、村村寨寨，为散居的178名患儿进行了先心病筛查，为109名术后患儿进行了复查，还在当地医院完成了3例重症先心病示范手术。医疗队员们的足迹遍及青藏高原15个州县，行程5000千米，被青藏居民誉为"真正的活菩萨"。

泰心筛查队翻越海拔5002米山口

爱心按钮启动 引发连锁效应

天津市的医疗用血十分紧张，普通病人手术需要家属互助献血。为了尽快为孤儿手术，泰心医院全院职工踊跃为孤儿义务献血。在院长刘晓程的带领下，义务献血在泰心医院蔚然成风，并成为医院文化的重要组成部分。十几年来,医院共计千余人次参与义务献血,外科总护士长李民已经连续献血16年。医护人员的"热血"在孤儿的脉管中涌流,这浓于水的深情使一个个患儿重获新生。

在泰心医院的爱心库房里,摆满了社会各界捐赠的物品。每到逢年过节,志愿者们都会来到病房陪伴孤贫先心病患儿,包饺子、做游戏、开同乐会、唱歌、跳舞、绘画,使孩子们在住院期间得到亲情的呵护,享受人间的温暖。截至2020年9月,已有来自世界各地16826人次志愿者来到泰心医院服务,累计服务291954小时。

泰心医院的爱心行动像一个按钮,启动了社会各界的爱心链条,引发了一系列连锁效应,取得了巨大的社会效益。政府机构、公益组织、中外企业,数万名志愿者纷纷加入救助先心病孤儿的行列,共同奏响了"博爱•济世"的壮丽乐章。2007年,泰心医院被民政部授予"特别贡献奖",2014年再获民政部"残疾孤儿手术康复明天计划"先进集体荣誉。2018年,由泰心医院发起的中国移动爱"心"行动救治项目荣获第十届中华慈善奖"慈善项目"奖。

救助孤贫先心病儿童的行动已成为泰心医院每一位医护人员工作的重要组成部分,不仅充分体现了泰心医院的人道主义精神,向社会展示了白衣天使无私奉献的高尚情操,更是对医疗公益和社会责任的完美诠释。

天津医院：
医疗援助常态化　走实脱贫攻坚路

　　天津医院为深入贯彻落实党中央、天津市关于精准扶贫工作的总体部署，切实做好扶贫攻坚工作，自2016年以来，对新疆和田地区人民医院、西藏自治区昌都市卫健委、甘南藏族自治州人民医院、甘肃省贫困县医院开展精准帮扶工作，认真落实"院包科"要求，帮助对口支援单位建立"15189实验室质量管理体系"，先后为受援医院新建临床专科7个、开展新适宜技术27个、开展医疗新项目22个，多项医疗技术项目填补了当地医院乃至西北地区县级医院的空白，先后获得公共机构能效领跑者、全国脱贫攻坚先进集体荣誉称号。

　　2016年，天津医院响应国家号召开启了对新疆和田地区人民医院、西藏自治区昌都市卫健委、甘南藏族自治州人民医院、甘肃省贫困县医院的精准帮扶工作。根据对口支援工作的文件精神，天津医院成立以院长为组长、主管院长为副组长、各职能科长为成员的工作领导小组，党办、组织科、医务科负责协调解决支援工作过程中出现的各类问题，具体实施日常对口支援的相关事宜，为对口支援工作奠定良好的组织基础。为确保医疗扶贫工作的贯彻落实，天津医院党委书记、院长马信龙同天津市卫健委领导带队前往新疆和田地区人民医院和甘南藏族自治州人民医院签署支援协议,明确量化年度和中长期目标、任务内容、支援方式、双方权利和义务等。

着眼需求　选优配强

按照中共中央组织部、国家卫健委"组团式"援疆文件的要求,天津医院以"院包科"的形式,重点帮扶新疆和田地区人民医院医务部和检验科,在人员、技术、培训、保障等方面给予重点支持,积极在承包科室的战略规划、思路指导、技术发展和人力调配等方面发挥作用,成为"组团式"援疆医疗人才的坚强后盾,并与和田地区人民医院建立了骨科专科联盟,开展义诊、学术讲座、教学查房及手术示教等帮扶工作。天津

天津医院部分援疆干部工作照

医院先后派出武丽丽、闫旭、蔡萱3位科长,杨军、白雪2位检验科主任完成"院包科"工作,科长武丽丽在第一批组团援疆工作中还承担医疗队支部书记的工作,在完成医务科援助工作的同时,还积极做好队内的党建及政治思想工作。2016年7月,天津医院原副院长陈彤挂职西藏自治区昌都市卫健委副主任,开展为期3年的支援工作,且连续3年被评为昌都市优秀公务员。

天津医院先后派出的干部、医生在支援期间协助医疗队完成制订自治区和地区关于"组团式"医疗援疆实施方案中帮扶医院的中长期发展规划,研究制订了医院医疗管理帮扶目标,帮助和田地区人民医院巩固三甲医院成果,以确保该院顺利通过复审;针对新出台的《医疗纠纷预防和处置管理办法》组织开展全员培训,提高和田地区人民医院医务管理人员的理论和实践水平;加强医疗质量与安全管理,强调急诊会诊流程,协助地区人民医院制定《门诊医师管理制度》和《会诊制度》;规范专家门诊和普通门诊的出诊流程和奖惩制度,以及监督机制;推进和田地区人民医院执行"先诊疗,后付费"工作等。

柔性援助　战果丰硕

为确保脱贫攻坚效果,天津医院坚持开展各类柔性援助。为此,天津医院党委书记、院长马信龙先后3次前往新疆和田地区人民医院进行柔性支援工作。2018年8月,马信龙带领医院骨科团队10位专家一同前往和田地区人民医院签订骨科联盟协议,并进行查房、义诊、手术、授课等,为当地百姓搭建了良好的医疗平台,短短两天时间开展了8例手术。其中,天津医院微创脊柱外科专家徐宝山主任开展了当地首例椎间孔镜手术;脊柱外科专家苗军、杨强主任开展了当地首例半椎体截骨矫形手术；创伤骨科专家张金利主任开展了当地首例联合后路切口治疗胫骨平台Ⅳ骨折手术，均取得了很好的效果，赢得了和田医护人员及人民群众的好评，并填补了该地区技术空白。

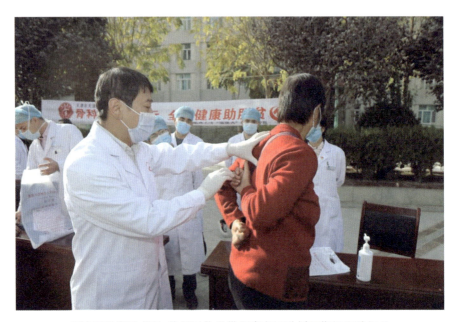

天津医院党委书记、院长马信龙带领专家团队援疆期间义诊场景

和田地区人民医院检验科在天津医院柔性支援下引进了CNAS认可的15189实验室管理模式，搭建了新的科室管理岗架构、推行PDCA管理，建立了15189实验室质量管理体系，使实验室质量管理更加规范、精确、严谨、细化。按照国家行业标准评估300余项检验项目的准确性，该科室参加的原卫生部及新疆维吾尔自治区室间质评项目均合格，达到了精准医疗的水平。目前，该科室已有国家级、自治区级继续医学教育项目5项，自治区级及地区级科研项目3项，引进新技术新项目7项。

对口帮扶　久久为功

　　长期以来，天津医院积极落实天津市三级医院对口帮扶贫困县县级医院的工作方案，每年为受援医院"解决一项医疗急需，突破一个薄弱环节，带出一支技术团队，新增一个服务项目"。自2016年7月开展至今，天津医院共派出9批次医务人员共计27人，接待甘肃省贫困县医院来院进修医师60余人。2019年初，天津医院主管医疗副院长徐卫国亲自带队前往支援甘肃省陇西县第一人民医院，开展现场调研工作，研究制订2019年至2020年精准帮扶计划。

　　2018年8月，天津医院原副院长王建宇作为支援甘南藏族自治州人民医院医疗队队长，开展了为期2年的对口支援工作。援助人员充分发挥专业优势，积极参与和指导业务工作，组织授课、规范查房，进行危重、疑难病例讨论，规范常见病和多发病的诊疗常规，帮助提升受援医院医护人员的专业技术水平。2020年，天津医院根据受援医院需求，先后派驻泌尿外科、眼科、创伤骨科及医学影像专业人才，并长期坚持通过远程会诊的方式开展精准援助。

　　2020年，天津医院向重庆万州第一人民医院派驻了当地急需的医科专家。其中，创伤骨科主任柔性支援1个月，关节镜主任柔性支援3个月。2021年3月2日，天津医院又有2名援疆干部出征，前往受援地医院开展医疗帮扶工作。

　　一件事情接着一件事情办，一年接着一年干，团结一心，奋勇拼搏。自2016年开始，天津医院帮助受援地医院不断提高服务质量和技术水平，让受援地群众实实在在地感受到党和政府的温暖，为受援医院留下一支带不走的医疗队，而后面还有一批又一批援助干部整装待发。

天津市妇女儿童发展基金会：
拾遗补缺救急难 精准扶贫促发展

天津市妇女儿童发展基金会通过实施千村"两癌"患病妇女救助、千村老年女性健康救助项目，建立"五救助一保障"救助模式，全面救助天津市困难妇女儿童，举办"爱心助成长 情暖上学路——和爸妈一起团聚过年"等公益活动帮扶新疆、甘肃、河北等地的困难群体。近年来，天津市妇女儿童发展基金会累计为贫困地区和困难群众捐赠款物超亿元，帮扶困难群众达30余万人次，先后荣获全国维护妇女儿童权益先进集体、全国脱贫攻坚奖组织创新奖、全国脱贫攻坚先进集体等荣誉。

天津市妇女儿童发展基金会在扶贫工作中结合自身工作特点，坚持以"拾遗补缺救急难"为原则，以"精准扶贫促发展"为措施，倾心贫困妇女儿童群体扶助，扎实有效开展各项脱贫攻坚工作。

聚焦妇女儿童群体 实施精准有效帮扶

妇女儿童群体是天津市妇女儿童发展基金会的主要工作对象，帮扶救助困难人群是基金会一直践行的工作宗旨。

针对因病致贫、因病返贫的情况,基金会将大病救助列为扶贫的一项重要举措,为患有"两癌"的困难妇女,尤其是全市千个结对帮扶困难村中困难妇女提供救助金,累计发放救助款超千万元,使千余人受益。该项目被天津市委、市政府列为2018年民心工程。项目还辐射新疆和田地区策勒县、于田县、民丰县等地区,400名困难妇女参加"两癌筛查"并持续得到关注和帮扶;向甘肃天水、甘南等地捐赠80余万元用于救助患重大疾病的困难户;为河北承德市榆树林子镇6个贫困村(社区)的47名困难妇女提供总计20万元的重大疾病救助。

针对单亲困难母亲家庭负担过重的状况,2008年起基金会开展面向天津市单亲困难母亲群体的精准帮扶行动,建立动态数据库,积极探索物资援助与精神抚慰并举、分类救助与重点帮扶兼顾的帮扶新途径,通过构建生活救助送温暖、医疗救助减压力、教育救助谋未来、创业救助促增收、心理救助扶志气、购买保险有保障的"五救助一保障"模式,为单亲困难母亲纾难解困。10多年来,已累计帮扶单亲困难母亲20余万人次,累计募集资金近5000万元。该项目多年被列为天津市民心工程。

教育是阻断贫困代际传递的治本之策,基金会将扶贫与扶志、扶智相结合,力争通过救助一个孩子改变一个家庭。每年向困难家庭儿童提供助学金,累计救助困境儿童近2000人,累计投入千余万元。其中"春蕾计划"助学行动,资助新疆和田地区于田县和策勒县、甘肃镇原县200多名高中女生完成学业,帮助受助女生通过教育改变人生。几年来,基金会向西藏昌都市8所学校捐赠价值20万元保温餐车,让当地学生在学校吃上热饭,改善孩子的成长环境。向承德市承德县、隆化县、兴隆县100余所学校捐赠价值163.36万元的图书,向甘肃、河北等省市困难学生捐赠价值30万元的学习用品,向新疆和田地区于田县、策勒县学校捐赠价值18.7万元的运动鞋、球等健身运动物资,丰富了孩子们的课余生活,使他们能够开阔眼界、强健体魄。

注重情感关爱　促进融合交流

情感关怀是扶贫工作在细微之处的初心体现。天津市妇女儿童发展基金会开展了一系列爱心工程,让扶贫工作的暖色调更加突出。

针对留守儿童群体,基金会举办"爱心助成长 情暖上学路——和爸妈一起团聚过年"公益活动。在活动中,留守儿童与父母一起免费游玩天津特色景点,拉近了与父母之间的关系。基金会出资10万元建立"援疆干部家属关爱基金",用于援助生活上有特殊困难、出现意外或患有重大疾病的援疆干部家属,以及援疆干部子女助学,缓解援疆干部的后顾之忧。依托"恒爱行动",基金会连续10余年对新疆地区及在津就读新疆内高班学生进行帮扶。征集爱心妈妈编织毛衣、披肩,10多年来已为孤残儿童和困难家庭儿童编织爱心毛衣、披肩2万余件,惠及天津、新疆、陕西的儿童2万余人,投入帮扶资金超过200万元。

基金会还组织了跨地联谊活动,以增加扶贫工作的直观情感体验,创新设计"津甘家家亲""津青家家亲"等爱心旅游助学项目在甘肃和青海落实,让天津的爱心家庭走进当地贫困家庭心手相牵,将家庭工作与扶贫工作有机结合。基金会与新疆和田地区妇联共同组织东三县女洗尸人员、文明家庭代表等先后2次共41人到天津结对子、谈心事,帮扶新疆困难少数民族家庭,助力当地妇女劳动脱贫。这些活动,增加了不同地域各民族人民与天津人民群众的交流,增进了彼此的感情联系。

发动社会力量促成"大扶贫"格局

扶贫不是一朝一夕,不是一己之力。天津市妇女儿童发展基金会在努力的同时,广泛发动社会力量,唤起更多的爱心参与,促成众人拾柴的社会"大扶贫"格局。

他们向爱心企业征集捐赠衣物,多次深入西藏、甘肃为当地受灾和贫困群众送去衣物近2万件,架起了天津市民与广大贫困地区群众情谊联结的桥梁。基金会联合其他爱心机构募集资金51.6万元,帮助河北省承德市平泉县八十亩地村小学改建校舍,让孩子们在明亮的教室中学习,在干净的操场上奔跑,在温暖的阳光下健康成长。

基金会与天津医科大学总医院眼科深入甘肃甘南藏族自治州迭部县,2019—2020年连续两年在当地开展"光明行动",累计筛查眼疾患者450余人,实施白内障手术59例,让59名群众重见光明。他们向迭部县眼科医院捐赠总价值3万元的眼科筛查仪器2台、向甘肃省镇原县捐赠25万元救护车1辆,切实解决医院实际困难,改善当地医疗条件。与中国人寿天津市分公司共同实施"为单亲困难母亲和千村70周岁以上女性购买意外伤害保险"项目,出资206万元为千村42928人捐赠意外伤害保险。通过定制保障项目,提高赔付标准,简化理赔流程,该项目被列为天津市2019年民心工程。

"造血"与"输血"并重　赋能乡村振兴

基金会坚持"造血"与"输血"并重,通过项目推动、设施改造、技术培训等手段,推动脱贫攻坚和乡村振兴有机衔接,增强内生发展动力和发展活力,累计向新疆和田地区投入款物500万元。

在于田县安代库勒贝希村实施庭院改造、村集体经济提升、特殊困难妇女儿童救助、党支部建设等项目,65户低收入贫困户庭院未改造户直接受益,扩建村内巴扎夜市门面,吸纳30户贫困户家庭就近就地就业,村集体增收约6万元。为新疆和田地区于田县阿热勒乡阿热勒村捐赠20万元用于修建羊圈,并且帮助当地无劳动能力的贫困老人。组织天津市企业家支持甘肃省妇联创建"巾帼扶贫车间"2个,支援建设"巾帼家美积分超市"27个。

甘肃省"陇原妹"职业技能培训现场

基金会致力于改善贫困妇女的就业条件,提升她们的从业技能,捐赠地毯织架,组织天津市编织骨干到当地开展培训,组织编织女工到义乌参观学习,为当地妇女提供编织订单,通过参加小商品博览会争取订单,助力贫困妇女增收致富。此外,向新疆地区于田县10个"妇女之家"捐赠音响设备,并为当地妇女订阅报刊,丰富当地妇女群众的业余文化生活。这些措施为受援地脱贫走向乡村振兴提供了助力。

天津市慈善协会：
　　慈心凝聚力　扶贫勇担当

　　天津市慈善协会多年来坚持开展慈善助困、助学、助医、助老、助孤、助残、支持公益、灾害救援等 8 大类、40 余个救助项目，惠及困难群众上千万人次。协会充分发挥社会救助体系的补充作用，获得全国脱贫攻坚先进集体、全国先进社会组织、中华慈善突出贡献奖、天津市先进社会组织、公益之星等荣誉称号。

　　天津市慈善协会为贯彻落实党中央、国务院打赢脱贫攻坚战的重要战略部署，按照天津市委、市政府升级加力，精准帮扶，做好对口支援工作的要求，树牢"四个意识"，坚定"四个自信"，做到"两个维护"，自觉提高政治站位，全力以赴、全员参与、全体动员，主动将对口扶贫作为社会组织的政治责任，积极发动社会募集款物，精准对接受助地区帮扶项目，有效地发挥了社会组织在动员社会参与脱贫攻坚中的积极作用。自 2018 年以来，协会已接收接转全市社会各界 5600 余个单位和个人捐赠的扶贫款物 8387.33 万元（其中物资 844.35 万元），与甘肃省、河北省承德市、新疆维吾尔自治区对接了 60 个项目，为受援地区脱贫攻坚作出了积极贡献。

提高政治站位　在对口扶贫工作中积极主动担当作为

天津市扶贫协作和支援合作领导小组、天津市社会动员专项工作组召开对口支援工作会议之后，天津市慈善协会高度重视，积极落实，第一时间做出响应，多次召开专题会议和会长办公会议传达贯彻会议精神，认真研究部署落实。协会专门成立了以散襄军会长为组长的扶贫专项工作领导小组，制定了《积极开展东西部扶贫协作和支援合作的实施方案》，组织全体工作人员学习习近平总书记关于打赢脱贫攻坚战的重要论述，学习天津市委主要领导的讲话精神，使大家明确对口扶贫工作的政治意义。

创新思路招法　多渠道为对口支援地区筹募扶贫款物

协会创新思路招法，通过联合企业家、书画艺术家共同助力脱贫攻坚，深入企业主动宣讲脱贫攻坚的社会责任，专题动员、细化任务、压实责任，与有关单位对接做好扶贫款接转工作，通过从自身做起主动捐款等举措，多渠道为对口支援地区筹募扶贫款物。

2018年，为了帮助对口扶贫地区建档立卡困难户在津就读的大学生，协会采取定向发动、专项募集的方式，动员天津市书画家、企业家合力帮扶，共为对口扶贫活动捐赠书画作品317幅，筹集善款100万元。散襄军会长率先深入多家企业和单位，宣讲扶贫协作和支援合作的重要意义，得到企业的积极响应，先后有9家企业和单位捐赠扶贫款588万元。协会先后组织召开了区级慈善协会动员会和副会长单位工作动员会,布置任务,落实责任,确保进度,保证扶贫善款筹募工作效果。全市16个区级慈善协会积极发动社会募集扶贫款,向市慈善协会汇总募捐款1265万元。协会主动和天津市有关区和单位进行对接,积极做好定向对口扶贫捐款的转接工作,先后接收了天津市中小企业局、西青区、宝坻区、天津市国资委、西青区农经委、红桥区合作交流办等单位5557笔捐款,共计7631万元,并将其中的5847万元按照捐赠者的意愿分别划拨给甘肃省、河北省承德市、新疆维吾尔自治区。协会领导率先垂范,带头捐款;协会党支部向党员发出号召,党员积极响应,将扶贫款作为特殊党费;工作人员也主动捐款,贡献自己的微薄之力。

天津市慈善协会探索建立普通市民参与脱贫攻坚的便捷方式,与市轨道交通集团、中国银行天津分行合作开展向广大市民发行"爱心帮扶卡"。为了支持新疆商会和甘肃商会对各自地区的扶贫力度,针对新疆、甘肃尚未脱贫的重点地区,协会创新提出在两家商会为本地区捐款的基础上,按1:1的比例给予配捐。

为了激励全市社会各界参与东西部对口扶贫捐赠,天津市慈善协会在庆祝中华人民共和国成立70周年"天津慈善奖"评选表彰活动中,设立"东西部扶贫爱心捐赠奖",对全市64名个人、77个单位给予了表彰。

围绕民生　精准对接受助地区帮扶项目

为了将社会各界捐赠的扶贫款及时用于对口支援地区,天津市慈善协会第一时间积极主动与对口支援地区相关部门对接。散襄军会长带队到甘肃省进行实地考察,与甘肃省慈善总会签订对口支援协议。相关负责人先后8次赴甘肃省、河北省承德市考察选取项目,共计召开现场办公会议30余次,走访项目点位40余个。

协会紧紧围绕"两不愁三保障",将"一老一小"、教育医疗作为援助重点,选取当地亟待解决的民生项目,与甘肃省、河北省承德市相关单位合作,开展了8个爱心助学项目、9个大病救助项目、10个"温暖共助"项目、4个工程建设项目等。

新冠肺炎疫情暴发后,协会向甘肃省、河北省承德市、新疆维吾尔自治区援助资金共计982.2万元,其中,援助甘肃省资金623.4万元,援助河北省承德市资金337.3万元,援助新疆维吾尔自治区资金21.5万元。

严格规范管理 确保扶贫款物使用精准

严格规范的管理是扶贫款物使用精准的有力保证。天津市慈善协会以高度的政治责任感和对贫困地区的深厚情感,严格按照《中华人民共和国慈善法》和有关制度规定,自觉把款物接收做细,管理做严,使用做准,效果做实。

对于每一笔扶贫捐赠,协会都要问明意向,核准用途,做好登记,为捐赠方开具"公益事业捐赠统一票据",同时与捐赠、受助方签订捐赠协议或捐赠意向书,明确各方的权利义务,并按照协议严格执行。

对于到账的捐赠资金,协会设立专门科目,进行专项管理,不提取任何管理费用。在支出前,由财务管理部门写出使用报告,提交会长办公会议审定,以确保捐赠资金使用符合有关规定、符合扶贫要求、符合捐赠方意愿。

在捐赠资金的使用中,协会严格执行协议,把好关键环节,做到一丝不苟。对于重点援助项目,协会全程跟踪,确保援助款物使用万无一失。同时协会还坚持援助项目实施后,受助方要将款物使用结果及有关凭证及时向协会反馈。协会收到反馈结果后,第一时间反馈给捐赠方,确保做到公开透明,让党和政府以及社会放心。

天津市光彩事业促进会办公室：创新联盟机制让"光彩精神"闪耀脱贫攻坚之路

　　天津市光彩事业促进会办公室围绕"1445"创新思路，组织成立企业、商协会、电商和媒体"四大联盟"，动员社会力量参与精准扶贫，探索出一条"政企协作、优势互补"的帮扶之路。光彩办带领天津市1782家民营企业参与"万企帮万村"行动，与甘肃、河北承德、新疆、青海、西藏2726个贫困村结对帮扶，投入资金1.46亿元，涉及贫困人口53万人；带领医疗团队先后赴青海黄南、新疆和田及甘肃7个州市开展"光明行"活动，为近500名白内障患者免费做手术。新冠肺炎疫情期间，光彩办勇担使命，向帮扶地区捐赠款物712万元，确保脱贫攻坚和疫情防控"双战双赢"。

　　天津市光彩事业促进会办公室（以下称"光彩办"）围绕国家发展大局，履行社会责任，在精准扶贫行动中，积极创新机制，组织引导广大民营企业家参与扶贫事业，探索出一条"政企协作、优势互补"的帮扶之路，为推动贫困地区扶贫开发事业和经济社会发展作出积极贡献，让"光彩精神"在脱贫攻坚道路上绽放出耀眼的光芒。

用心：创新机制，提升扶贫能力

"万企帮万村"精准扶贫行动在全国启动后，光彩办作为专项工作组办公室，倾心用心，周密部署，扛起了组织指导并号召广大企业参与脱贫攻坚事业的大旗。

为了把帮扶工作做实，做得更有成效，光彩办创新思路和模式，确定脱贫攻坚及"万企帮万村"工作总体框架：一个目标——聚焦46个挂牌督战村，提升帮扶成效；四种工作方式——用好一张作战图、一本工作手册、一个重点挂牌督战、一份倡议书；四个联盟——企业联盟、商协会联盟、电商联盟、媒体联盟；五种帮扶方式——产业扶贫、消费扶贫、就业扶贫、智力扶贫和民生领域扶贫。

在这个工作框架中，组建的四个联盟发挥了重要作用。企业联盟发动企业力量，聚焦天津市挂牌督战的东西部扶贫协作和对口支援地区未摘帽的三个贫困县，以及贫困发生率超过10%的46个贫困村开展精准帮扶系列行动，助力贫困县摘帽脱贫。商协会联盟发挥整合力量、提供专业技术和动员资源等独特优势，探索和创新"商协会+"帮扶模式，助力受援地打赢脱贫攻坚战。两个联盟互相促进，不仅通过消费扶贫为贫困地区解决燃眉之急，还出钱出力、出技术、出项目，精准施策，握拳出力，突显了民营企业强大的正能量。

电商联盟鼓励引导市场化电子商务平台和电子商务服务商等广泛参与，快手、抖音、淘宝直播等"网红手段"成为推广贫困地区优质特色农产品、民族手工艺品等扶贫产品走入市场的强大助力。光彩办打造的天津"万企帮万村"消费扶贫平台成效显著，自2020年3月上线以来，平台围绕甘肃、新疆、河北承德等贫困地区扶贫产品，精准营销，短短几十天，就销售和田地区尼雅黑鸡，恩施春茶、土豆、脐橙等12.2万斤。媒体联盟引导带领媒体走进受援地,贴近贫困人群,配合"微心愿"活动,讲好脱贫故事,引导社会舆论关注脱贫攻坚,扩大了扶贫工作的关注度和影响力。

从黄土高原的甘肃陇东,到"避暑圣地"河北承德,从古丝绸之路要冲甘肃武威,到中华文明发祥地之一甘肃平凉,从"世界屋脊"甘南高原,到荒漠连片的北山山地,光彩办全体干部和近万名企业家的帮扶足迹遍布对口帮扶的贫困地区。

仅2019年,光彩办累计帮扶行程近600万千米。截至目前,已有1782家民营企业参与"万企帮万村"脱贫攻坚行动,与甘肃、河北承德、新疆、青海、西藏2726个贫困村结成帮扶对子,投入帮扶资金1.46亿元,涉及贫困人口达53万人。

天津市网络扶贫直播平台联盟《公益扶贫联合宣言》

用情:点亮生命,用爱托起希望

在积极探索创新模式的同时,光彩办重点关注贫困地区的儿童和其他弱势群体,为他们带来新生活的希望,也谱写了民族团结、社会和谐的幸福乐章。

2016年起,光彩办与天津市眼科医院联合,组织团队先后赴天津对口支援的青海黄南州、新疆和田地区以及甘肃7个州市开展"精准扶贫光明行"活动,向当地的医院捐赠人工晶体、眼科检查设备及手术器械,广泛开展眼科疾病筛查,为贫困家庭的近500名白内障患者进行了免费手术,为当地贫困患者减免手术费用超百万元,使贫困地区的眼疾患者得到了有效的治疗,重见光明。2019年初,光彩办联合甘肃商会、天津泰达国际心血管病医院筛查团队共同行动,一项名为"从心起程、给心温暖"的医疗援助工作在甘肃甘南全域及武威三县一区展开。这项活动针对贫困地区先天性心脏病儿童开展免费手术治疗,为当地100多名先心病儿童开展免费检查,筛查出28名符合手术特征的患儿赴津进行免费的手术治疗。为切实减少贫困家庭患儿来津治疗的后顾之忧,光彩办还组织商会、爱心企业开展慈善捐助活动,并联合保险公司为每名手术患儿购买了手术医疗意外保险,为患儿捐助慰问金和医疗保险共计4.57万元,帮助患儿早日回归正常生活,拥抱灿烂美好的人生。

光彩办主动作为、无私奉献,连续15年与天津阳光义工爱心社共同举办关爱新疆学子系列活动,设立百万元"在津新疆内高班特困生帮扶基金",全面覆盖天津市11所设有新疆内高班的学校,先后帮扶9000多名新疆学子,将扶志扶智落到实处;连续15年举办民营企业招聘会,连续12年举办残疾人专场招聘会活动,面向贫困地区、面向少数民族学生、面向困难人群和特殊人群,为他们开辟就业渠道,创造更多就业岗位,实现精准帮扶;捐款1004.82万元为贵州毕节市打造"同心水窖",有效解决了当地多年来吃水难、用水难的问题……通过这些举措,"光彩精神"持续闪耀在脱贫攻坚之路上。

2019年,全国脱贫攻坚先进个人、天津阳光义工爱心社社长张秀燕跟随天津市工商联前往新疆和田看望曾经帮扶的新疆学子

用力:勇担使命,助力战疫战贫双赢

　　2020年新年伊始,新冠肺炎疫情突发。光彩办自大年初三就迅速进入战时状态,第一时间向社会各界发布捐赠倡议,建立起畅通的捐赠通道,每天及时准确发布全市民企捐赠情况。在光彩办的积极号召下,天津市近2000家民营企业和商协会累计捐赠款物达3.3亿元,其中通过光彩会捐赠款物超7000万元,汇集了全社会参与支持疫情防控的强大正能量。

　　疫情防控是特殊考验,脱贫攻坚是时代使命。光彩办积极创新工作方式,把防"疫"和战"贫"有机结合,组织企业捐赠款物5267.73万元支援湖北武汉、恩施等地的疫情防控。当得知本市清洁、物业等行业有困难时,光彩办第一时间向商协会和民营企业发起倡议,并捐款100万元,帮助其渡过难关。光彩办充分发挥市"万企帮万村"领导小组办公室职能,在支援湖北疫情防控的同时,将捐赠款物向脱贫攻坚对口帮扶地区倾斜。在疫情期间,光彩办动员社会力量向对口帮扶地区捐赠款物合计712万元,努力实现脱贫步伐不因疫情而中断,确保"双战双赢"。

天津食品集团有限公司：
留下扎根当地的工作队伍
留下健康长久的脱贫产业

  天津食品集团有限公司积极承担国企社会责任，勇做脱贫攻坚突击队，获评全国脱贫攻坚先进集体。食品集团在新疆和田、河北承德、西藏昌都、甘肃甘南等贫困地区成立10家扶贫项目企业，与受援地区50余家龙头企业建立稳固的供应关系，拓展产业链条，推动受援地产业升级。食品集团同时将党建优势转化为扶贫优势，创新开创"希吾勒"扶贫模式，实现扶贫模式与农户的有效对接，"产业扶贫+消费扶贫"双轮驱动，将千余种扶贫产品带入天津，累计采购额达1.4亿元。截至目前，食品集团累计直接投资近10亿元，带动投资近6亿元，使近2万贫困户实现增收。

天津食品集团有限公司作为国有大型食品企业，把扶贫工作视为重要的政治任务和光荣使命列入集团发展战略，用自己的方式谱写着脱贫攻坚波澜壮阔的篇章。

因地应需施策　创新产业扶贫

　　天津食品集团有限公司的扶贫区域跨越戈壁沙漠、雪域高原和崇山峻岭，每个地区的发展水平、经济状况、自然条件和文化习俗都不一样。食品集团针对受援地实际情况，结合集团产业特点，因地制宜，精准确定了帮扶规划：在新疆和田、河北承德，针对两地肉羊供给缺口大、自然畜牧条件差、产业化程度低、良种繁育体系滞后等问题，将发展现代肉羊养殖作为切入点，在两地分别投资建设百万只规模现代肉羊养殖项目；在西藏昌都，针对寒冷高海拔环境下当地特色"阿旺"绵羊种群退化的问题，建设"阿旺"绵羊胚胎技术中心，保种育种、提纯复壮；在甘肃甘南，针对当地优质农产品价值发掘不充分问题，将发展食品加工业作为重点，挖掘甘肃苦水玫瑰、藜麦、蕨麻、青稞等农产品价值，推进当地产业升级。

　　建构"从田间到餐桌"的食品全产业链。在承德市最北端的围场

天津食品集团新疆和田策勒肉羊养殖场

县,食品集团围绕承德地区的实际需求,推进饲料生产、肉羊屠宰加工和配套冷库等项目建设,打造全产业生态链。在新疆和田地区,成立天津津垦牧业集团有限公司,建起津垦奥群、津垦通和等5家扶贫公司,建设策勒县核心种羊场和于田县肉羊扩繁场、动物疫病预防控制中心及饲料加工厂和屠宰加工厂,逐步完善现有产业链。

活化扶贫机制　实现价值共创

在扶贫对接上,食品集团提供了灵活的介入模式,让扶贫更接地气,也让贫困户能够更好地融入扶贫项目,实现价值共创。企业在新疆策勒县启动畜牧扶贫项目,带动策勒县恰哈乡安迪尔村136户和兰贵村151户贫困户、共计1004人脱贫。在河北承德,集团公司与2507户贫困户签订"入股分红"合同。在新疆和田,投资建设规模化肉羊产业园、饲料加工厂、肉羊屠宰场,形成"公司+合作社+农户"三级肉羊养殖体系,探索"入股分红、育肥合同、饲草换饲料、吸收贫困户就业"等8种农户介入模式,被当地称为"希吾勒模式"。

此外,对于极端贫困户,食品集团倡导党员领导干部带头与他们"结亲戚",进行"结对帮扶",为其垫付初始资金,帮他们实现脱贫致富,做到精准扶贫"一个都不能少"。

推进关联协同　拓展发力空间

在产业帮扶的同时,食品集团利用产业、品牌、渠道等优势,积极推进消费扶贫,在各受援地区建立10余个消费扶贫公司,结合遍布天津的112个零售终端网点、1200余家团购客户、280家团膳客户食堂和8个扶贫产品展馆,构建起大规模扶贫产品销售网络,为集团对口扶贫企业、受援地政府和企业提供强有力支撑,不断增强扶贫产业持续运营能力,累计采购帮扶地区优质特色农副商品和深加工食品975种,覆盖甘肃、河北承德、疆藏青等地的39个县区,采购总额达到1.39亿元。

在挖掘自身潜力的同时,食品集团还积极拓展受援地产业链条,形成产业聚集效应。在新疆、河北,带动生物高科技企业、饲料加工企业参与扶贫,围绕现代肉羊养殖项目,逐步建成良种繁育、饲料生产、屠宰冷链加工、产业技术服务等一系列支撑项目,构建起完整的肉羊产业链,带动两地农牧产业转型升级。在甘肃,集团旗下企业与当地企业、农户紧密合作,双品牌运营,开发"王朝九香"系列玫瑰露葡萄酒和桂顺斋藜麦、青稞糕点等产品,带动当地农产品种植和食品企业发展。食品集团在受援地设立的消费扶贫公司,与受援地区50余家龙头企业建立稳固的供应关系,将千余种扶贫产品带入天津,带进全国糖酒商品交易会。通过这些举措,将点对点的扶贫对接拓展成更大空间中的经济沟通。

注重党建引领　挖掘精神助力

从宏观层面的大规模产业扶贫规划到微观层面的扶贫个体差异化对应,食品集团在寻找适合的扶贫模式过程中,充分发挥党组织引领作用,发挥着党建工作的精神推力。在新疆希吾勒乡现代肉羊养殖项目推广初期,世世代代散养放牧的传统观念让村民很难接受全新的科学饲养方法。食品集团扶贫企业找到了当地党组织,在乡党委的支持下,6名党员村民主动尝试肉羊科学喂养,结果3个月喂养了20只羊就挣了1万多元。显著的效果让村民看到了希望,希吾勒乡奥居鲁克村89户贫困户全部参加了肉羊养殖项目,成了远近闻名的"科学养羊村"。现在89家农户把羊集中到一处饲养,方便公司在配种、防疫、饲料供应等方面集中管理,规模优势越来越显著。在党组织推动下,扶贫项目不但成功落地,现代养殖观念也随之渐渐深入人心。集团扶贫企业还与希吾勒村党支部开展共建联建,主动与村党支部结对子,建起图书室、宣传栏,开展党建活动。在合作共建中,扶贫企业传播了党的政策,收获了老乡的信任。扶贫项目的生产队,成了党的扶贫政策宣传队,更是民族团结的工作队。

食品集团先后选调了两批90余名年轻干部和专业技术人员成立了"脱贫攻坚青年突击队",充实到扶贫工作一线。为激励突击队员的意志,食品集团开办"青年马克思主义工程"函授班,对扶贫干部进行思想教育,提升他们的思想认识和工作能力。在扶贫干部的带领下,企业中的少数民族骨干一边学习技术、一边提升思想觉悟。在党建活动的感召下,企业中一些少数民族员工递交了入党申请书。扶贫不仅传授了技术,还践行和传播了党的理论,使双方都获得了精神力量。

培养新型农民　衔接乡村振兴

扶贫是起点不是终点。食品集团对受援地开展技术、管理、人才输出,积极培育有知识、懂技术、会经营的新农民,衔接乡村振兴大计,为之提供源头活水。在肉羊项目所在地,食品集团帮扶企业成立下乡技术服务队,免费为各乡镇羊场提供技术服务、开展技术指导,帮助贫困户解决实际问题。为增强受援地区"造血"能力,集团定期派出专业人员帮助受援地区企业在生产管理、品牌宣传、营销管理、新产品开发等方面开展全方位帮扶。集团还在新疆和田、河北承德开展养殖技术、科学喂养、疫病防治、合作社科学管理模式等专题培训,共计6000余人次参训,培养了一批懂技术、会管理的农民群体及乡镇干部。

天津食品集团扶贫产业项目在受援地区的推广,带动了当地许多大学生和外出务工人员纷纷返乡建设家园。其中,新疆扶贫项目企业招收14名维吾尔族大学生到养羊一线从事技术服务和培训工作,招收28名在校大学生在羊场实习,为维吾尔族学生骨干提供就业岗位,促进了返乡就业,改善了受援地的人才储备状况,为可持续发展积聚力量。

天津红日药业股份有限公司：
把贫困地区变成"绿色中药材银行"

天津红日药业股份有限公司紧紧围绕精准扶贫"十三五"规划的指导原则，先后拟定实施了甘肃省渭源县、湖北省英山县、重庆市秀山县、河南省宜阳县、河北省承德市等多个产业扶贫项目，探索"五依托、五带动"扶贫模式，累计投资超10亿元，每年面向贫困地区收购中药材2亿余元，带动万人就业，户均年收入增加3万余元。红日药业先后捐赠物资2000余万元，辐射全国700余个县乡村，覆盖受益群众15万人次，曾获得全国脱贫攻坚先进集体、中国医药工业百强企业、抗疫·慈善·爱心企业等荣誉称号。

天津红日药业积极响应党和国家"精准扶贫"政策，先后实施多个产业扶贫项目，投资10亿元，带动超过1万人的贫困人群参与中药材种植就业与车间直接就业，其中工业用工1530人，使220户建档立卡贫困家庭受益，户均年增收3万元以上。

寻找帮扶契合点　中草药种植成脱贫先导

红日药业对口帮扶的甘肃省渭源县、重庆市秀山县、湖北省英山县、河南省宜阳县都是国家级贫困县,经济基础薄弱,脱贫攻坚任务艰巨。经过深入实地调研,了解了当地的地理气候环境,红日药业决定发挥自身作为医药企业的优势,帮助当地农民种植中草药。在4个县分别建立生产基地,推广种植了当归、党参、黄芪、茯苓等数十种药材,带动建立各类道地药材种植生产项目近10个,如黄水镇3000亩黄连种植基地、温泉镇中药材种植基地、白杨镇3000亩连翘种植深加工项目、会川镇党参种植基地等。

为了更好地规划中草药种植,红日药业专门制订了《中药材产业扶贫行动计划》,推出"五依托、五带动"的扶贫模式,为扶贫理念的有效落地提供机制支持和创新模式。一是依托药源基地,带动当地道地药材的种植与采购;二是依托产地初加工车间,带动贫困户就业;三是依托工业生产车间,带动劳务用工;四是依托企业产品优势和产值规模,带动地方中医药产业转型升级和提质增效;五是依托企业社会经济贡献,带动县域经济快速发展,提升全县总体经济水平,全面助力打赢脱贫攻坚战。在这一模式的推动下,红日药业利用"公司+农业合作社+农户"的方式,广泛在贫困地区建立可溯源的中药材种植基地,推广种植面积4万多亩。2019年,红日药业在全国4个扶贫基地中,收购原药材超过1亿元,带动1万余户家庭实现稳定收入。甘肃、湖北、重庆、河南、河北5个生产基地全部建成投产后,解决了贫困地区近2000人就业,全部满足当地建档立卡贫困户率先稳定就业的要求,平均每个贫困户年均增收超过5000元。扶贫基地全部投产后,年产值达到30亿元以上,为贫困地区贡献超过3亿元税收。

打造系列产业链　提升发展内动力

在各受援地中草药产地建设的基础上，红日药业致力于完善系列产业链，建设中草药饮片生产基地。红日药业携手甘肃当地中药龙头企业佛慈制药，在渭源县投资4.35亿元，打造甘肃乃至西北地区生产设备最先进、品种最齐全、质检水平一流的中药饮片生产基地。2020年6月，生产基地二期项目开工建设，引入红日药业成熟的配方颗粒生产技术和全部品种，成为年处理中药材3000吨的中药配方颗粒生产基地，年产值超过4亿元，年税收4000万元。通过就业带动300余户家庭实现稳定增收，通过收购原药材带动近4000户家庭实现稳定收入。该项目得到了国务院扶贫开发领导小组、甘肃省以及天津市的大力支持和高度评价，成为精准扶贫、产业扶贫的示范项目，相关经验得到广泛推广。

除生产基地外，红日药业还在受援地建立了研发中心和销售总部，150多项中药相关领域国际先进专利技术被引入；"黄连种苗培育计划""茯苓代料种植试验"等众多产学研协作模式项目展开；清洁能源、污水处理等医药产业各方面现代化流程模式、管理方法接踵而至。一个横跨第一、第二、第三产业的产业链条，在扶贫基地所在地区慢慢铺陈延展。

产业的推广也带来技术的普及，一技之长让受援地农民真正拿到了脱贫致富的金钥匙。与农作物种植不同，中草药种植环节多，技术要求高，从种植、管理到收获加工，每个环节都有较高的技术要求，一环出错，就影响到药材的产量和品质，影响到农户最终的经济效益。在甘肃渭源县，红日药业请来中药材种植专家，组成十几个技术服务小组，为当地村民进行"一对一"的技术指导。红日药业还经常开展优质中草药种植加工技术培训,目前已完成百余场。原来苦于技术壁垒无缘中草药种植的贫困户有了自己的傍身之技和致富之路。产业链的完善还培育了一批生产工人,在红日药业基地内,一批又一批的贫困村民成长为掌握一技之长的现代产业工人。人才的培育激活了地区发展内生动力,阻断了贫困发生的动因。

红日药业甘肃省中药生产基地加工车间

多渠道帮扶救助　做公益行医者仁心

在不断推进产业精准扶贫的同时,红日药业还从多角度、多渠道帮扶贫困地区、贫困群众。

贫困地区医疗资源匮乏,特别是医疗基础设备相对缺少。2019年7月,红日药业分期分批对贵州省纳雍县、甘肃省甘南州夏河县、迭部县、甘肃省庆阳市宁县等贫困地区捐赠医疗仪器超过50万元,用于补充贫困户和医疗机构的医疗救助设备。2019年10月,四川简阳的梓桐村、民和村、太安村的200多名儿童及老人免费接受了全面体检。价值20多万元的心电监测仪、监护仪、血氧仪、血压计等十余种医疗器械被送到了困难群众手中。2020年,新冠肺炎疫情来袭,红日药业在满负荷生产的情况下,继续马不停蹄地向贫困地区捐赠抗疫药品和相关医疗器械。同时,企业还积极采购湖北农产品,先后捐赠给甘肃省定西市罗家蘑村和安徽省阜阳市临泉县单桥镇政府的300余户贫困家庭。

开展医疗救助是红日药业健康扶贫的举措之一,也是集团长期坚持的公益活动。几年间,"康方仁药"大型医疗救助系列活动陆续在贫困地区铺陈开展。红日药业邀请北京东直门、天津中医药大学等地的医护专家,前往重庆、贵州、云南、陕西、湖北、河南、河北、甘肃、山西、广西、内蒙古等十几个省份的贫困地区,举办大型义诊。同时,还约请医疗专家为当地乡村医生授课解惑,提高基层医疗救治水平,向各界群众普及各类疾病危害以及相关预防知识。据不完全统计,仅2018年和2019年,红日药业在全国各地共开展医疗救助活动300多场,参与专家500余人,服务患者超过5000人次。

天士力控股集团有限公司：
探索多样化扶贫模式
让成效看得见、摸得着、能持续

　　天士力控股集团有限公司发挥企业优势，探索多样化扶贫模式，通过产业扶贫、技术扶贫、就业扶贫、销售扶贫，开发建设美丽乡村示范工程等方式，扎实有效融入扶贫工程。几年来，天士力建设了12个扶贫药源基地、4个扶贫车间、3个扶贫项目基地，种植10万亩中药材，2019年向贫困地区采购中药材共计1.2亿元，推动当地部分贫困户由"农民"向"药工"转变。天士力控股集团有限公司先后获得全国"万企帮万村"精准扶贫行动先进民营企业、全国脱贫攻坚先进集体荣誉称号。

　　近年来，天士力控股集团有限公司（以下简称"天士力"）积极响应党中央、国务院号召，自觉汇入反贫困事业的攻坚洪流之中，发挥民营企业独特优势，探索多样化扶贫模式，扶贫项目遍布甘肃、新疆、陕西、云南、贵州、吉林等多个省份。天士力用看得见、摸得着、能持续的成效支持国家的扶贫战略，抒发企业的济世情怀。

产业扶贫　带农业富起来

"因地制宜、精准发力",是联合国开发计划署对中国扶贫方案亮点的提炼和总结。天士力的扶贫行动生动地诠释了这句话。秉承"一地一品一模式、一乡一特一品种"理念,针对不同贫困地区的资源、区位和文化特点,公司打造了覆盖中药材种子培育、育苗加工、基地初加工、仓储、饮片生产、免煎颗粒制造等中医药全产业链产业扶贫带动平台。

在甘肃,天士力按照"政府+龙头企业+基地+合作社+贫困农户+银行"模式,在道地药材核心产区建设药源基地,按照"公司+村集体+合作社+贫困农户"模式,在贫困地区建立扶贫项目基地和扶贫车间,实现原药材就地采购、就地加工和全程质量追溯,带动中药材产业规模化、集约化发展。公司迄今已在临潭、宕昌等县区建设了12个扶贫药源基地,在宕昌木耳乡、陇西德兴乡等地建设了4个扶贫车间,在甘南临潭等地建设了3个扶贫项目基地,开展中药材种植10万亩。在新疆于田县,天士力采取"公司+合作社+贫困农户"模式,产业链上下游联动2万亩肉苁蓉产业发展;在云南文山者底村,采取"公司+基地+合作社+贫困农户"模式,推动农村土地流转,向贫困户发放丹参种苗4万株,指导农户种植,以保底价收购,带动农民增收;在陕西省商洛县,建立"公司+贫困户+合作社+政府定向帮扶部门"模式,在宜君县等贫困地区建立丹参、土荆芥等药源基地1.95万亩;在贵州黔西南,依托白酒产业需要,与安龙县签约收购贫困农户种植的红高粱,共签约贫困户432户。

志智双扶　让农民强起来

天士力在扶贫过程中发现,相较于解决显在的物质匮乏,提振村民们的精神、重塑他们的信心是激发脱贫内生动力,继而走上持久健康发展道路更为关键的环节。公司通过增加村民主动参与机会、授"鱼"与授"渔"双管齐下等方式,在扶贫中重视扶志和扶智,推动贫困群众实现了从"要我脱贫"到"我要脱贫"、从"要我就业"到"我要就业"的转变。

就业扶贫是最有效最直接的扶贫措施。天士力在甘肃陇西、岷县、临潭等地的药材主产区建设扶贫车间,通过就近就业增加农民收入,直接或间接解决当地就业3600人,推动贫困户由"农民"向"药工"转变。在云南文山,公司通过发展三七规范化种植基地,为当地贫困户提供就业机会,3000余户贫困户从中受益。在陕西商洛,通过建设丹参等中药材基地,2019年带动当地2000余户贫困户就业。

在因地制宜引入中医药相关产业的同时,天士力也倾心培养了一大批与产业发展相适应的本地人才,组织药材种植大户、建档立卡贫困户、村干部、合作社员,接受专业理论培训、实践操作、参观考察等系统培训,让他们掌握种植技术、熟悉中药产业规范化、标准化流程,成为拥有一技之长的新农民。仅甘肃省分公司就培训建档立卡贫困户1.3万户,免费发放《药用植物栽培》等培训教材30余万册,带动7800多户建档立卡贫困户就业。

产销对接　让农产品火起来

消费扶贫的关键在于拓宽贫困地区特色农副产品的销售渠道。天士力充分利用产业优势,创新实践,通过多种途径推动贫困地区产品更好地"走出去",旗下医药公司中药材采购向贫困地区倾斜,2019年,向商州、山阳、洛南等贫困地区采购丹参、三七、夏菇草等中药材共计1.2亿元。

天士力以北京国台大健康体验店、甘肃陇渭堂大健康连锁店、天津市甘肃商会扶贫大厦等为窗口,建设甘肃有机健康产品体验营销平台,展销精制饮片、药膳调料包等大健康产品,以产品消费带动甘肃名优特产销售,拓宽贫困产区成品销售渠道。

生态安居　让农村美起来

随着美丽乡村示范工程——甘肃省庆阳市镇原县聚德小镇新居的落成,这个集生态居住、特色产业、乡村旅游于一体的项目拓展了天士力的扶贫之路。长期处于深度贫困状态的聚德小镇现如今靓丽惹眼,一排排白墙灰瓦、错落有致的"小洋楼",让人难以想起不久前这里还是"土里刨食,靠天吃饭"的贫困之乡。

为实现村民可持续增收致富,天士力在建设聚德小镇之初确立了"推动自然经济传统种植养殖业向现代生态农业转型"的产业发展定位。结合黄土高原沟壑纵横的地貌特点,提出"打造川道现代农业田园生态旅游综合体"的产业发展模式。一方面,利用机制转型,盘活农业资源,将有限的土地资源,按照资源变资产、资金变股金、村民变股东的模式,逐步实现土地流转;另一方面,因地制宜,培育特色产业,健全合作社科学规范管理,让每一户村民分享合作社发展成果。短短几年,在龙头企业带动下,聚德小镇大力培育苹果、中药材、肉羊、林下散养鸡等特色产业,越来越多的村民找到了更广阔的致富门路,过上了安居乐业的日子。

聚德小镇新民居

儿童教育是强国的重要内容,天士力集团还投资在当地建设占地6100平方米、12个教学班的华夏未来天人智慧幼儿园,通过支教、代培等形式,引入天津地区的先进教育理念和优质教育资源,为当地儿童教育事业发展提供支持。

天津职业大学合作教育办公室：
凝心聚力助脱贫　精准施策促攻坚

天津职业大学合作教育办公室坚持"倾心、聚力、精准、重效"指导思想，把调研分析与顶层设计、模式创新与务求实效、精准施策与长效机制相结合，实施"区域系统援建、品牌整体输出、专业结对共建、师资系统培训、学校订制培养"等模式，创新职教扶贫路径，高质量完成对口支援云南红河、新疆和田、甘肃武威、河北威县消费扶贫等工作，定点帮扶云南滇西案例《创新"5+5+5+X"职业教育精准扶贫模式，助力特色产业人力资源提升》入选全国教育扶贫典型案例。天津职业大学合作教育办公室曾获得全国脱贫攻坚先进集体、天津市对口支援先进单位等荣誉称号。

天津职业大学合作教育办公室扎实推进定点支援云南省红河哈尼族彝族自治州职业教育、援建新疆和田职业学院、对口支援河北省威县职业教育和结对帮扶甘肃省职业院校等任务和项目，制定《天津职业大学服务脱贫攻坚战略工作实施方案》《天津职业大学援和项目实施方案》《天津职业大学威县分校建设项目实施方案》等文件，明确帮扶目标和任务，建立健全对口支援项目运行、监督等工作机制，稳步有序、高效规范推进项目建设。

统筹整合帮扶资源　因地制宜精准施策

天津职业大学合作教育办公室以"区域系统援建"模式助力新疆职业院校内涵建设,组织6次走访调研,建立和维护两地对接平台,每月向天津市教委上报工作报告及帮扶需求,统筹协调相关资源,实施帮扶工作,服务援疆干部,完成和田职院四批次师资培训、职能处室结对帮扶、职教园区规划编制。合作办组织开展"农村电子商务培训""思想政治理论课经验分享和诊断"等活动,培训1000余人次;组织天津职教专家、教师及企业家等18人到和田开展5个专题、19个主题的"天津职业教育经验分享系列活动"2场,受益3920人次。

天津职业大学合作教育办公室以师资培训、技术帮扶带动专业和实训基地建设模式,助力红河州职业院校提升服务区域经济社会发展能力。他们积极对接红河州帮扶需求,与红河州政府、石屏职高、红河州教育局、河口县人民政府、泸西县高原特色产业发展中心等签订帮扶合作协议5份。2018年以来,合作办组织学校领导干部、专业负责人、科研项目团队等19人次到红河州开展帮扶工作,为红河州23所院校、300余名中职校长、管理干部、骨干教师举办专题培训,同时为4所职业学校开展"一对一"专业及实训基地建设指导,形成线上线下立体化帮扶,提升帮扶的精准有效性。

天津职业大学合作教育办公室以建立分校、整体输出品牌模式服务京津冀职业教育协同发展,挂牌建立天津职业大学威县分校,以学前教育、汽车运用与维修等专业为试点,创新实施"五年一贯制"人才培养模式,2020年招生72人;制定《威县分校中职段教师认定管理办法》,遴选认定21名专业教师;积极推动落实"1+X"证书制度,组织威县分校汽车维修和学前教育专业教师开展"1+X"培训、开发专业课程标准,将"1+X"证书制度职业技能等级标准融入人才培养方案。

天津职业大学威县分校2020级新生开学典礼

与此同时,合作办以共建师资培训基地促进资源共享模式,服务甘肃职业院校办学水平提升。合作办发挥学校优势资源,在优质校建设、技术技能人才培养、教学工作诊断与改革、社会服务能力提升等方面对口帮扶武威职业学院,共建扶贫产业发展急需的特色专业和课程,开展专业建设、实训基地建设交流指导。2018年以来,天津职业大学合作教育办公室为武威职业学院、古浪县职教中心等累计开展专题报告会15场,推广应用国家级和校级专业教学资源库、分享课程思政建设等,培训教师、学生2800余人次,建立了"天津职业大学(西部)职业教育师资培训基地",为兰州石化职业技术学院等8所高职院校校长开展校长班培训。

面向全体师生,合作办还多渠道、多形式开展消费扶贫宣传教育,组织落实开通"832"平台,设置"承德山水"智能售货柜和超市扶贫产品专柜,举办两场"守初心、聚民心、暖人心"消费扶贫展销会,截至2020年10月,学校累计购买扶贫产品90万余元。

强化理论探索与研究　助力脱贫攻坚取得新成效

合作办积极探索和实践"一体两翼、平台支撑、项目推进"主动服务国家战略的培训体系,形成了以区校企理事会机制和校院两级"教培研"联动机制为一体,以培训资源和培训师资团队建设为两翼,以汇集培训资源和线上实时学习交流功能的"政校企通"为平台,以国培项目、百万技能人才培训福利计划、对口支援、职业技能培训鉴定、员工技能提升、劳动力转移培训项目等为推进的格局,并且依据项目组合制定培训方案,依托平台配置和补充资源,有效组织实施培训体系。《"一体两翼、平台支撑、项目推进"主动服务国家战略的培训体系构建与实践》荣获2018年天津市职业教育市级教学成果二等奖。团队成员在重要学术期刊发表多篇职业教育精准扶贫文章,为对口支援工作实践提供了坚实的理论基础。

合作办将学校在教育教学改革和人才培养模式创新中所形成的"订单培养""现代学徒制"等人才培养模式、"基于工作任务的教学做一体"教学模式、"课程思政"改革等内容渗透到受援院校的教育教学改革中,促进了受援地区职业教育教学改革和人才培养质量提升。2018年以来,合作办为受援地区培训师生8000余人次,提升受援地区教师的理论教学和实践教学能力。

2014年,天津职业大学合作教育办公室被天津市合作交流办评为对口支援先进单位,他们在脱贫攻坚工作中的理论探索和实践创新多次受到上级相关部门的表彰和肯定。多年来,合作办向教育部、天津市教委、校联会等提供多个对口支援工作案例,其中《创新"5+5+5+X"职业教育精准扶贫模式,助力特色产业人力资源提升》入选全国教育扶贫典型案例。合作办还作为全国高职院校唯一代表,参加了教育部举办的"推进新疆教育内涵发展座谈会"并做典型发言,在天津市职业教育深化东西协作助力脱贫攻坚会议上分享援建经验。

天津市和平区教育局：
携手谱新曲　共筑教育梦

天津市和平区教育局依托"会商式"统筹谋划、"组团式"送教送培、"共建式"人才培养、"项目式"结对联盟、"菜单式"网络扶贫五项举措，着力从"根"上创新推进扶贫与扶智、扶志相结合。天津市和平区教育局完成中央组织部驻甘肃舟曲扶贫工作组专项工作，组团进驻，定点扶持职业教育发展，与三县创新"1+1+N"学校联盟结对形式，在天津市率先实现结对全覆盖，扎实推进队伍素质提升、优质资源共享、学生互助成长三项工程，获评全国脱贫攻坚先进集体。在天津市和平区教育局的推动下，每年受益师生达10万余人，推动了区域协调发展、协同发展、共同发展的大战略。

天津市和平区教育局响应党中央号召，主动承担社会责任，选派优秀管理干部、骨干教师赴新疆、西藏等西部教育薄弱地区支教，辐射优质教育资源，激发受援地在磨难中成长、在磨难中奋起。2017年，天津市和平区教育局与甘肃省舟曲、会宁、靖远三县启动东西部教育扶贫协作工作，充分调动各方面积极性，集中各方面资源，做好人才培养、技术培育等可持续发展文章，让教育脱贫攻坚战效应惠及长远。

"会商式"统筹谋划　绘就教育帮扶蓝图

　　天津市和平区教育局党委坚持发挥总揽全局、协调各方的作用,落实脱贫攻坚一把手负责制,组建由党委书记、局长任组长的对口帮扶工作领导小组,为脱贫攻坚提供坚强政治保证。秉持"科学规划、精准施策、突出特色、发挥优势"的工作原则,双方主要领导定期共商教育改革发展之策。三年来,和平区教育局领导先后6次远赴甘肃三县,签署教育合作协议,了解当地教育薄弱环节、商定一系列"点穴式"帮扶措施。和平区先后接待三县党政考察团及教育学访团10余批次100余人,考察团深入百年老校、特色学校,了解和平区"奠基未来"的区域教育核心理念和落地举措,实现了学习借鉴、共同发展的目标。

　　2019年6月,天津市第十一中学联盟校与甘肃省靖远县第五中学联盟校揭牌仪式在靖远大芦中学举行

"组团式"支教送培　激发教育改革活力

天津市和平区教育局坚持发挥人才和智力优势,每年选派40余名骨干教师分批次赴受援县支教送培,使精准帮扶由"输血式"向"造血式"转变。异地安置村富坪学校"专递课堂"项目跟进指导、基于新课标的同课异构、信息素养提升微课专题培训、组建足球队开展足球联赛、留守儿童心理辅导等颇具和平特色、贴近西部需求的送教活动,帮助当地教师树立科学的教育质量观、掌握前沿的管理新技能。

2019年4月,为落实习近平总书记在甘肃视察时对发展职业教育作出的重要指示,在中央组织部及天津市、区两级党委组织部的要求和指导下,和平区教育局紧急抽调3名优秀职教管理干部,组团赴舟曲职业中等专业学校分别挂职校长、副校长职务,在为期2年的援派期内,全面负责学校招收生源、学科建设、团队管理等相关工作。旅游和酒店管理、建筑工程施工、机电技术应用等一批社会有需求、办学有质量、就业有保障的特色专业先后建成,人才培养体系逐步科学完备,教育治理能力大幅提升,学校招生创历史纪录,2020年学生人数达到历史最高值926人。在州级汽修、学前教育专业竞赛中,14名学生获得包括2个一等奖在内的7个奖项。学校积极对接各级各类帮扶力量外联内育,建成巴藏校区培训基地,围绕当地特色农牧产业和文化旅游两大首位产业开展专业技术指导,成为富民产业培育和农村经济发展的"排头兵""领头雁",职教服务区域发展能力明显提高。和平区"教育帮扶开启藏区儿女脱贫之路"典型经验获天津市领导批示。

"共建式"人才培养　助力教育脱贫攻坚

教育大计,教师为本。和平区教育局着力抓住教育扶贫"牛鼻子",对甘肃三县选派的300余名优秀校长、骨干教师开展跟岗挂职锻炼和研修培训。挂职研修基地学校周密策划接待方案,精心组织特色活动,毫无保留地将学校管理经验、教学方法、工作亮点向甘肃三县教育同人交流展示,特别是在教师考核、师资培训、教育管理、课堂教学等方面做专业引导,建立沟通交流长效机制,赢得共同发展。

"项目式"结对联盟　促进教育资源整合

校校结对帮扶是整合教育资源、促进教育均衡协调发展的重要措施。2019年,和平区教育局党委研究制定《天津市和平区—甘肃省基础教育学校"结对帮扶"工作实施方案》,通过"1+1+N"学校结对方式,35所学校尽锐出战,与甘肃舟曲、会宁、靖远的91所学校签署《联盟学校合作框架协议》,并辐射至3县701所乡镇学校和教学点,在全市率先达到学校结对全覆盖。双方学校主要领导、中层干部、学科教师建立"点对点"联系,合力推进队伍素质提升工程、优质资源共享工程、学生互助成长工程。

在和平区"奠基未来"教育文化体系与教育综合改革成果经验的示范引领下,舟曲县制定校园"净化、绿化、美化"建设方案,并组织创建校园文化建设"一校一特色";靖远县结合自身短板进行有针对性的考察学习,成立教师发展中心、学生发展中心,教科研、教育信息化各项工作顶层设计和落地实施稳步推进;会宁县尝试推行和平区学校"抓住时机开展思政教育"的育人理念，不断完善"五育并举"工作体系。

"菜单式"网络扶贫　共享教育发展成果

开对了"药方子"，才能拔掉"穷根子"。和平区教育局始终坚持按需对接，充分利用"智慧校园"成果和互联网优势，为甘肃省舟曲县教育系统提供官方网站建站、维护和网站安全服务，先后将自主研发的覆盖多学科、多学段的9000余件一线教师精品课程资源及校本课程教材分享给甘肃联盟校，动员校外培训机构捐赠线上课程，帮助学校将其作为教研资料和课堂教学延伸开展二级培训。线上示范课、同步教研、听评课等线上系列专题培训，促使两地教师互相取长补短，深入贯彻课程改革、教育信息化、核心素养培养等新的教育教学理念。利用线上联合教育资源，天津和甘肃两地学子同上一堂课，双方共同组织阅读交流微课、微班会等结对活动，丰富了受援县的教育教学内容。以微信公众号为主要平台，双方互相关注教育教学动态，分享教育教学亮点经验，发挥教育资源更大辐射效益，在帮助甘肃教育工作者拓宽思路、提升技能的同时，双方师生结下了深厚的友谊。

中国天津人力资源开发服务中心：
建立劳务协作市级统筹工作模式

　　中国天津人力资源开发服务中心提高政治站位，强化责任担当，持续发力、精准服务，专门成立市劳务协作服务工作总站，负责就业扶贫工作的组织协调和指导调度，在全国率先开发运营"天津就业扶贫网"，推动用人单位和受援地线上信息共享、供需对接；创新推出"转移就业和就地就业相结合、线上服务和线下服务相结合、就业扶贫与技能扶贫相结合"的"三结合"工作模式，有效搭建了区域间就业扶贫工作大通道，劳务协作扶贫工作成效显著。中天人力曾获得全国脱贫攻坚先进集体、天津市扶贫协作和支援合作先进集体等荣誉。

　　2019年6月，天津市人力资源和社会保障局在中国天津人力资源开发服务中心（以下称"中天人力"）设立了"天津市劳务协作服务工作总站"。

　　中天人力以总站为基础，各部门通力协作、积极参与，协助天津市人社局全市劳务协作扶贫统筹管理工作；协调天津市16个区的人社局及河北、甘肃、青海、新疆、西藏5省（自治区）共50个县（市）对口支援地区（2020年新冠肺炎疫情防控期间，新增湖北省恩施州为第51个对口支援地区），承担就业扶贫工作站和扶贫车间的组织协调、指导调度等工作；策划和开展各类劳务协作扶贫对接活动；建立支援地受援地统一的劳务供需信息平台，提供线上信息共享、供需对接，进行整体劳务协作各项业务管理、数据维护和数据汇总。

中天人力与各受援地区开展各项劳务协作对接，落实天津市人社局下达的各项就业扶贫工作指标，形成天津市、区人社部门与受援地人社部门联动工作模式。

搭建就业通道

中天人力依托总站不断巩固拓展天津市、区两级人社部门与受援地人社部门的原有合作成果，积极开展以贫困劳动力为转移就业主体的劳务协作和劳务合作，发挥"劳务协作服务工作站""扶贫车间"两类平台作用，形成社会各界齐抓共管、协力推进的工作格局。

同时，中天人力积极组织以天津企业为主体的各类用人单位，面向受援地贫困劳动者提供就业岗位，开展供需对接会、专场招聘会、定向招聘会等招聘活动，同步开展在线岗位信息发布，让劳动者时时可求职、处处可对接，享受快速高效的就业服务。

在天津市劳务协作服务工作总站的协调督导下，至2020年9月，完成天津市就业扶贫主要任务——来津就业3061人，完成率306.1%；就近就地就业29456人，完成率256.12%；外省市转移就业46288人，完成率142.1%。2019年，50个受援地劳务协作工作站全部建成，扶贫车间建成194个，实现受援地全覆盖。2020年，在恩施州建立第51个扶贫工作站，天津市扶贫车间新增81个。

组织劳务协作

根据天津市各区劳务协作对接活动的开展情况及劳务协作工作重点,2019年下半年,中天人力依托总站分别组织相关区赴受援地进行6场线下对接活动,足迹遍及河北、甘肃、青海、西藏和福建。其中29家天津市知名企业为甘肃天水提供千余个优质岗位,求职者近3000人次;17家用人单位为甘南提供300余个岗位,参会毕业生5000多名;在承德市启动就业扶贫网两地同时上线活动,开展劳务协作对接活动和扶贫车间考察;22家优质企业为黄南州提供1600余个岗位,并实地考察黄南州四县的劳务协作服务工作站和扶贫车间建设情况;42家优质企业为昌都市提供1800余个岗位,并配合天津市人社局事业处,组织北辰区、河东区、宁河区面试考官赴昌都市,开展事业编制岗位面试。

另外,中天人力发挥就业人才服务机构的纽带作用和总站就业扶贫职能,组织天水市9家扶贫车间与晋江市9家企业组织开展"天津—天水—晋江战略合作暨产业扶贫对接会",并与福建省晋江市人力资源和社会保障局、甘肃省天水市人力资源和社会保障局共同签订了《东西部扶贫劳务协作及重点产业协作三方战略合作框架协议》,帮扶促进天水市扶贫车间稳定就业、加强东西部协作、劳动力转移就业。

构建就业扶贫网

在实践中,中天人力在劳务协作扶贫方面紧扣"精准服务"理念,运用"三结合"工作模式,将劳务协作扶贫做到平时、做到日常,让贫困劳动者方便享受高质量、便利化就业服务,实现"信息对接""政策对接"

"服务对接""工作对接"的一站式服务。2019年8月,中天人力打造了市、区、受援地统一的劳务供需信息平台——天津就业扶贫网。

天津就业扶贫网是推进"三结合"工作模式的重要举措,有效地实现了三个"链接":一是实现了天津市、区两级人社服务部门扶贫劳务协作工作链接,形成了信息集中、岗位集中、资源集中的工作合力;二是实现了天津市作为支援部门与对口支援地区扶贫劳务协作工作链接,形成了政策协同、工作协同、措施协同的工作体系;三是实现人社部门扶贫劳务协作服务与困难群体就业需求的供需链接,形成了精准服务困难群体、精准推动就业脱贫的工作链条。

2020年疫情期间,各项线下劳务协作活动受到严重影响,天津就业扶贫网线上优势发挥了作用,总站利用就业扶贫网面向受援地区累计发布招聘企业数860家,提供岗位数36196个,组织各区申报重点用工企业,在各受援地及就业扶贫网发布天津重点用工企业招聘专题,协调各地合作交流办、就业部门、农民工部门及天津市各区人社局,共成功组织357批次、5783人顺利返岗复工,累计为176家企业解决用工问题。

推动恩施就业

中天人力与湖北恩施州人社部门按照政府推动、市场主导、区域协作、精准对接的原则,充分发挥区域间互补优势,加大对恩施州就业工作的支持力度,降低新冠肺炎疫情对恩施州就业工作的影响,帮助恩施有转移意愿的劳动者实现跨省输出、转移就业。双方在建立对接机制、组织有序输出劳动力、开展定向招聘、加强专项援助、开展"创新创业"合作、人才队伍建设等劳务协作合作目标及内容方面达成协议。在恩施州建立天津市驻恩施州劳务协作服务工作站,为恩施州务工人员特别是贫困人员赴天津就业提供帮扶服务,截至目前,共提供412家企业2.2万个就业岗位。

此外,中天人力依托总站积极协调、督导天津市各区在各项劳务协作工作中的问题,建立健全劳务协作工作数据台账,保障劳务协作工作有序开展。

津都科技集团有限公司：
开展多模式扶贫　消除贫困创佳绩

　　2016年，津都科技集团有限公司在西藏自治区率先启动扶贫项目，随后4年里承担了甘肃省、河北承德、新疆和田、青海黄南、陕西丹江口水源区、重庆万州和新疆生产建设兵团等地区82个县(市/区)的东西部扶贫协作和对口支援任务。津都科技开设了8家特色扶贫产品馆，销售天津市对口支援地区扶贫产品3000余种，是目前天津市销售扶贫产品种类最多的企业。集团公司除了成立扶贫产业项目，对口销售扶贫产品，还承担了疫情期间的特殊扶贫任务，曾获得全国脱贫攻坚先进集体荣誉称号。

2016年3月27日，津都科技集团有限公司(以下称"津都科技")董事长杨鑫波带领3名高管来到西藏昌都，深入丁青、江达、卡若3县区走访。这3个贫困县区的状态深深触动了杨鑫波，从那时起，津都科技就主动承担了丁青县、经开区、卡若区3县区对口帮扶的重任，并按照习近平总书记"要精准扶贫，切忌喊口号，也不要定好高骛远的目标"的要求，采取就业帮扶、产业帮扶、公益帮扶的措施，不断在消除贫困的路上创造佳绩。

精准产业扶贫　创新经营模式

　　津都科技在昌都市经开区设立了昌都市津都农牧科技有限公司，在丁青县设立了丁青津鹏农业发展有限公司。通过宣传和号召，集团派出了30多人的技术团队前往昌都市进行产业援藏。集团在昌都市的产业涉及四个项目，包括昌都市区101个大棚项目；昌都首驿藏东农牧科技示范园项目；国家级有机肥一体化处理项目；丁青县60个大棚种植承包项目。这些项目累计投资额近5000万元，为了让各类项目顺利运营，天津公司安排一名负责人常驻西藏。

　　昌都首驿藏东农牧科技示范园项目得到了昌都市委、市政府的高度认可和支持。科技园内有4个智能阳光农业大棚、2个培训中心、3个星级宾馆、专家楼、阳光咖啡厅、40亩苹果园、游泳池等设施。作为离昌都机场最近且最具规模的科技园区，首驿藏东农牧科技示范园在自

天津昌都援藏示范项目

身运营的同时,也承担起了天津科技人员来昌都市政府培训的任务,累计培训各类人员3000余人。

丁青津鹏农业发展有限公司投资1250万元,用于升级改造新建棚室,并引进当地从未种植过的圣女果、蔬菜等品种,投资取得成功,市场效益良好。该项目通过经营模式创新,让当地藏族贫困百姓充分参与园区种植管理和收益。2019年8月,天津市党政代表团来昌都考察期间,市委领导在天津和西藏政府座谈会上提出广大干部要向"津鹏模式"学习。

2020年,津都科技加大了产业扶贫的力度,在甘肃甘谷县、皋兰县,河北承德市承德县、兴隆县,新疆和田地区策勒县、于田县都成立了产业扶贫企业,强力助推脱贫攻坚决战决胜。

对口消费扶贫　开通多渠道模式

津都科技积极承担企业社会责任,在东西部扶贫协作和对口支援地区开展产业支援的同时,以天津为大本营,依托京津冀市场,深耕天津市对口支援地区优势资源,开发系列优质特色产品,将健康有机产品送到百姓餐桌,将对口支援地区国家级非物质文化遗产引入津城,切实帮助当地建档立卡贫困户和群众增收致富,促进天津与受援地区交往交流交融,并成立全资二级子公司津生有援(天津)有限公司用于消费扶贫的运营,津都科技调集集团20多名骨干充实到该公司中。

2018年,津都科技积极参与线下实体扶贫产品特色馆,现已运营近10家,销售商品涵盖了新疆、西藏、甘肃、河北承德、青海、陕西、湖北恩施等天津对口支援地区。同时,借助"互联网+扶贫"优势,集团开发了微信小程序,开发设计了"人人为我、我为人人"消费扶贫大礼包、工会福利产品大礼包等多款产品,做到了线上购买、线下体验,全方位为市民和党政机关企事业单位提供消费服务。

2020年1月,津都科技独家承办的京津冀年货节于天津市静海区进口商品城举行,来自各个扶贫区县的产品聚集春节之前,让大家在备年货的同时,带动贫困地区的老乡们脱贫,此次年货节共计参展厂家600余家,产品种类近3000种,创下扶贫产品种类最多、最全两项历史最高纪录。

2020年3月,由于新冠肺炎疫情影响,湖北恩施花枝玉露茶滞销,津都科技在得知消息后,第一时间积极对接恩施的扶贫产品,通过各种渠道,帮助恩施切实解决面临的难题,半个月内累计销售恩施茶叶和特色农产品共200多万元。同时考虑到对当地长期的帮扶,集团与恩施的两大著名茶叶品牌——恩施玉露、利川红,签订了天津地区独家代理协议,开设湖北恩施扶贫产品特色超市。疫情期间,津都科技在开展产业帮扶和消费扶贫的同时也在积极履行社会责任,累计现金捐款18.86万元,捐赠物资、设备折合人民币50余万元,曾荣获天津市与甘肃省2019年度"万企帮万村—公益帮扶奖""帮扶结对用真情 心系津甘献爱心奖""榜样天津—社会责任新锐企业奖""助力脱贫攻坚 践行光彩事业奖"等十多项荣誉。

津都科技围绕消费扶贫、旅游扶贫等主题,在开发天津市支援地区农牧产品、文化产品、旅游产品上下功夫,利用天津港优势条件,把对口支援地区优质产品向国外输出上下功夫,力争在全国打响天津产业支援新品牌。另外,集团将扶贫同扶志、扶智相结合,在教育扶贫上加大力度,不断摸索扶贫、脱贫的长效机制,为实现中华民族伟大复兴的中国梦贡献力量。

天津滨海聚成投资有限公司：
十年蓝缕路　援青瀚度心

　　2011年,天津滨海聚成投资有限公司在青海省黄南藏族自治州、河南蒙古族自治县创办青海聚能瀚度饮料股份有限公司。截至目前,项目总投资6亿多元,具备年产20万吨能力,具有国内领先技术设备和稳定的生产加工能力,为当地国民经济发展、生态环境保护作出了突出贡献,实现了经济效益、社会效益、生态效益的共赢,推动了当地政府市政建设、民族团结、稳定就业、农牧民增收、教育条件改善和环境保护等工作进程,成为天津对口援建青海黄南藏族自治区州的代表性、示范性项目,荣获全国脱贫攻坚先进集体荣誉称号。

　　2010年,中央部署东部六省区对口支援青海6个藏族地区任务,明确天津市对口支援黄南藏族自治州。天津市委、市政府高度重视援青工作,落实援青资金、选派援青干部。天津滨海聚成投资有限公司董事长郭庆华随天津企业家考察团赴黄南考察。对当地自然条件和贫困状况的实地考察调研后,郭庆华当即决定:干!

精准扶贫引领　助力当地政府打赢脱贫攻坚战

2011年,青海省黄南藏族自治州人民政府与天津滨海聚成投资有限公司签订了合作开发河南蒙古族自治县有机畜牧园区曲海矿泉水项目协议。天津滨海聚成投资公司投资1.5亿元,成立青海聚能瀞度饮料股份有限公司,创建"瀞度"品牌。从项目立项到瀞度天然矿泉水问世,仅用了4个月时间,在对口支援青海的省市中青海聚能瀞度饮料股份有限公司成为第一个正式落户的民营企业。

2016年11月,瀞度助力青海省河南蒙古族自治县摘帽脱贫扶贫款发放仪式

鉴于当地严酷的地理条件和以畜牧业为主的历史产业背景,单凭一方力量和传统模式,试图在短期内帮助为数众多的贫困人口脱贫,几乎是不可能完成的任务。众人拾柴火焰高,瀞度广开思路、因势利导、共同担当,一个涵盖政府、优势企业及银行在内多方助力的脱贫方式经过充分酝酿、论证,正式浮出水面。2016年8月12日,青海聚能瀞度饮

料股份有限公司与河南蒙古族自治县委、县政府,中国农业发展银行黄南州分行三方签订共同助力脱贫攻坚合作协议。该协议通过政策性银行资金支持,企业扩大发展,贫困户增加收益,实现互利共赢的目标。从扶贫对象数量来看,"十三五"期间(2016—2020年),瀞度对河南县1440户共5400人开展持续扶贫帮扶,2016年每人每年发放扶贫款500元,此后每人逐年增加100元,到2020年,累计捐助扶贫款1890万元,以实际行动充分践行了企业的社会责任。

产业扶贫带动　践行捐资助贫的庄严承诺

考虑到瀞度水源保护区周边共有21户贫困户,瀞度通过以水养绿、草原补偿牧户等方式对水源保护区周边贫困户进行帮扶。企业年投入资金超过120余万元,为当地提供劳动就业岗位近百个,有效地解决了当地以游牧业为主的蒙古族、藏族人民的就业难问题,大幅提高了当地贫困人口的人均收入。

自建厂以来,瀞度就没有停下捐资助贫的脚步,通过持续的捐赠和善举体现出的企业社会责任感,一直被当地政府和百姓称道。据不完全统计,瀞度已向当地政府捐款、捐水累计达640.4万余元,向当地73名贫困学生捐资助学捐款、捐物累计41.6万元。

生态扶贫辐射　撬动生态保护旅游经济

如何将三江源区域的生态保护、可持续综合利用与精准扶贫相结合,瀞度着实下了一番功夫。瀞度水源地保护被纳入青海省政府及黄南州的"十三五"规划后,地方政府特批了300平方千米作为瀚度专属水源保护区。为了充分保护区域内的水源和生态环境,瀚度用时一年多,投资修建了上万亩的生态湿地修复保育中心,于2016年7月31日正式落成,被评为国家AAA级旅游景区。

瀚度的执着为当地带来的正能量影响深远,具有辐射效应。如今,名为"瀚度"健康之旅的旅行路线已经开辟,每年数以千计的游客纷纷踏上"瀚度"小路、品神泺泉圣水。企业周边的餐饮、宾馆营业额均有显著提升,为企业配套的仓储物流也日趋完善,成为引领当地经济发展的真正龙头。

技能扶贫 支撑实现用工与培训双轮驱动

授人以鱼不如授人以渔。瀚度为当地员工提供尽可能多的职业技能和知识培训机会,为其开拓更多的发展可能性。从建厂至今,瀚度已经架起了津青两地干部沟通交流的平台,选派员工上百人次在西宁、天津两地学习培训及参观考察,开拓视野。通过提高当地员工的劳动技能和知识水平,进而提升其晋升空间和收入,使其凭借自身技能脱贫,这是瀚度通过长期实践摸索出的助力当地群众尽快脱贫致富的有效路径。

瀚度从2011年创办伊始,就吸引了当地50多人踊跃到工厂应聘,为追求一份更好的生活而不懈努力。在用工高峰时段,工厂员工数达到近百人。据统计,在瀚度就业的职工平均月薪远超当地平均水平。瀚度为职工提供舒适的工作环境,职工在工厂能享受到免费食宿、影音娱乐、宽带网络、文体活动等高标准福利。

生态扶贫保障引领水产业可持续发展

　　瀞度水源地所在的青海省是三江源头,被誉为"中华水塔"。生态环境保护是功在当代、利在千秋的事业,而保护生态环境本身也是保护生产力。瀞度将水源地生态保护与水资源价值发现的有机结合作为发展着力点,既确保了"一江清水向东流",又在三江源打造出了珍贵稀缺的矿泉水品牌。

　　瀞度始终坚持因地制宜,创新求变,在当地创建了"生态水保育与水资源利用,水产业发展与青海牧民增收"互联共享生态补偿新机制,着力破解青海生态水产业的发展与水生态环境保育难题。在生态环境获得保护资金、宝贵的水资源实现价值转换的同时,当地牧民也得到了实实在在的实惠。瀞度用科学技术创新,引领青海生态水产业的科学和可持续发展,充分利用京津冀协同发展的战略机遇,主动作为,将京津冀三地生态水环境保育研究领域的知名专家、相关科研成果引入青海,实施科技创新驱动,拓宽水行业发展领域,提升水产品附加值,提高发展质量与经济效益。

　　作为天津市政府援青项目,企业发展离不开津、青两地政府的大力扶持。青海省政府将"瀞度水"项目列为青海省"十三五"期间重点绿色生态工业项目,成功上线"中国社会扶贫网"。天津市将"瀞度水"纳入"消费扶贫"采购目录,瀞度上线"832贫困地区农副产品网络销售平台"。各级政府给予的政策、资金支持,让企业受益匪浅,使瀞度成为扎根于三江源,津、青共同孕育出的旗帜、标杆项目,经验也正在青海省复制和推广。

天津卫小嘴儿商贸有限公司：
谱写黄土高原产业扶贫新篇章

　　2019年，天津卫小嘴儿商贸有限公司积极响应东西部扶贫协作的号召，深入甘肃省庆阳地区进行调研，根据当地农副产品售卖难、售价低、研发技术匮乏及对市场前瞻性的不足等情况，在甘肃省庆城县投资建设庆城县庆州凤和食品加工有限公司和庆城县庆州凤燊农业科技有限公司，收购当地农副产品，为当地开发新型农副产品。同时又聘用当地贫困户对农副产品进行生产加工，积极利用新型技术对庆阳地区的农副产品进行深度开发，打造出庆阳的农副产品新名片，助力庆城县打赢脱贫攻坚战。天津卫小嘴儿商贸有限公司曾荣获全国脱贫攻坚先进集体荣誉称号。

　　2019年，为响应东西部扶贫协作的号召，天津卫小嘴儿商贸有限公司将扶贫工作纳入公司的发展规划。

　　经过两个多月的实地考察，公司结合甘肃省庆城县实际情况，将目光放在当地普遍种植的山杏、黄花菜上，决定紧跟庆城县政府的扶贫策略，发展特色产业扶贫。为确保扶贫实效，天津卫小嘴儿商贸有限公司根据农民售卖农副产品难、售卖农副产品收入低的实际情况，实行了

"企业+贫困户""企业+合作社+贫困户"的两种带贫模式,在庆城县投资设立庆城县庆州凤和食品加工有限公司,并依托该公司建成年产3600吨杏(子)汁饮料生产项目。

为解决当地农副产品售卖难、售卖价格低的问题,帮助贫困户增产增收,天津卫小嘴儿商贸有限公司投资设立庆城县庆州凤燚农业科技有限公司,并依托该公司设立金银花种植项目、萱草茶加工项目、鲜食玉米及河蟹养殖项目,同时计划利用新技术手段将庆城县的山杏、黄花菜等农产品改造成庆城县的特色产业,打造"庆阳名片",让庆阳的特色农副产品走进更广阔的市场。此外,天津卫小嘴儿商贸有限公司经过走访调研和检测评估,在当地引进了牛奶鲜食玉米、天津七里海河蟹,并且自己出资,承包土地,雇用贫困户进行种植、养殖工作,让当地的贫困户信赖天津卫小嘴儿商贸引进来的新产品。

优化产业流程　确保扶贫实效

鉴于很多贫困户学习能力较弱,无法满足新型项目企业的用工要求,天津卫小嘴儿商贸有限公司要求项目企业根据当地贫困户学习能力及项目特点尽可能为贫困农户量身定做适宜的岗位,确保不能因为贫困户的"历史问题"让贫困户依旧贫穷。为了稳定地帮助贫困户拓宽增收渠道,公司提出实施"先富带后富"带贫机制,让贫困户通过学习先从思想上富起来,通过在项目企业务工,稳定地增加收入,从而进一步实现物质上富起来。

考虑到当地女性贫困户在家务农,又要照顾老人孩子导致无固定收入的情况,公司立足项目产业扶贫,投资全自动生产线,对黄花菜、山杏进行深加工,聘请专家对女性贫困户进行工艺培训,让她们在家门口

当地农民工人正在维护金银花种苗

也能拥有一份稳定的收入。为确保扶贫实效,公司要求优先选择贫困户务工、优先向贫困户收购。为此,项目相关企业联合"331+"合作企业庆城县大唐农副产品有限公司,借助"企业+企业+合作社+农户模式"的网格建设和辐射带动,将庆城县周边乡镇2000多名贫困户纳入天津卫小嘴儿商贸有限公司产业体系中。

在这个模式下,山杏产品实现了包收购、包务工的一条龙服务,贫困户可将自家山杏售卖给项目公司,并且可以参与山杏烘干工作。相比起贫困户以前采摘、加工仅能得到一份收入,包收购、包务工模式不仅解决了野山杏烂在山上没人要的问题,又能为贫困户额外增加一份收入,更能从源头上把控原材料品质,进而提高产品质量。此外,在金银花种植项目、鲜食玉米及河蟹养殖项目中,公司实行"三包、三统一、三标准"管理,即包种苗、包技术、包回收;统一管理、统一培训、统一销售;标准化育苗、标准化种植、标准化采收。通过流程优化,当地贫困户学习了先进的种植理念,不仅能够为项目企业服务,更能将这些理念运用于自家作物种植中,物质生活也逐渐富裕起来。

一年扶贫路　一生黄土情

在旧厂房改造过程中,天津卫小嘴儿商贸有限公司遇到了很多困难。当地自来水压力不足,造成生产设备稳定性较差,天津卫小嘴儿商贸有限公司花费数万元添加了30吨储水量的食品级不锈钢水罐来解决生产用水。生产线需要大量的蒸汽来完成生产,而当地政策又不允许使用燃煤锅炉,公司购置了环保燃料物质颗粒的蒸汽发生器,解决了蒸汽使用的问题,同时也满足了当地环保要求,确保了产品顺利生产下线。

天津卫小嘴儿商贸有限公司在当地投资设立的公司,长期为贫困户提供就业岗位。自2019年8月开始,庆州凤和食品加工有限公司已雇用当地贫困户超过20人,贫困户年均收入已达20000元。随着生产规模的不断扩大,公司雇用贫困户员工超过50人,更多的贫困户通过掌握技术就业摆脱了贫困。庆城县庆州凤燊农业科技有限公司也坚持贫困户优先的原则,与当地30余户贫困户签署了土地流转和种植协议,带动50人进行农业耕种,在金银花采摘期雇用300名贫困户进行采摘。

"一年扶贫路,一生黄土情,用心扶贫,用行济困。"天津卫小嘴儿商贸有限公司坚持利用新型技术、新理念对庆阳地区的农副产品进行深度开发,打造了庆阳的农副产品新名片,助力庆城县打赢脱贫攻坚战走向新的胜利。

天津津云新媒体脱贫攻坚专项工作团队：
坚持守正创新　凝聚信心力量

2018年以来，天津津云新媒体脱贫攻坚专项工作团队不断创新工作模式，广泛发动群众，在扶贫过程中取得了实实在在的社会效益和帮扶成果，制作了《膘子书记》《沙漠之子》《脱贫云中云》等主题鲜明、内容丰富、内涵深刻的短视频，立体展现人民群众共建美好家园、共享幸福生活的生动实践。此外，津云新媒体还以"老乡别急，我们帮你"为主题，以网络直播带货的形式开展消费扶贫，累计成交额达5170余万元。天津津云新媒体脱贫攻坚专项工作团队荣获全国脱贫攻坚先进集体称号。

为深入贯彻落实习近平总书记关于决战决胜脱贫攻坚的重要指示精神，发挥媒体在新闻宣传、舆论引导、活动组织、用户互动等方面的优势，自2018年以来，天津津云新媒体组建脱贫攻坚专项工作团队，持续投入力量，不断创新模式，广泛发动群众，在扶贫过程中取得了实实在在的社会效益和帮扶成果，为精准扶贫、精准脱贫提供更多信息服务、平台搭建、智力支撑和舆论支持，助力全面打赢脱贫攻坚战。

打造宣传扶贫的舆论场

自2018年开始,津云微视专班就长期跟踪报道远赴甘肃陇南的天津扶贫干部宋鹏,策划推出了短视频作品《臊子书记》,讲述宋鹏在甘肃陇南大寨村工作3年,通过挖掘地方特色打造电商产业链、铺设幸福路的故事。宋鹏探索的扶贫模式正是习近平总书记倡导的——发挥互联网在助推脱贫攻坚中的作用,让更多困难群众用上互联网,让农产品通过互联网走出乡村,让山沟里的孩子也能接受优质教育。该短视频在全网各平台传播曝光度累计过亿人次,也摘得第29届中国新闻奖一等奖。2019年,津云微视专班又赴新疆拍摄天津扶贫干部席世明的事迹,采用第一人称视角,通过镜头的直观表达,回忆、追思和展望,帮助受众了解席世明生前所开展的扶贫工作。推出的短视频作品《沙漠之

津云记者把摄像器材用绳子绑在身上登山选取拍摄地点

子》,情节流畅,情感细腻,暖心催泪,真实还原了天津援疆干部的扶贫心路,展现了受援地区群众的感激之情,取得了良好的传播效果。

2020年全国两会召开期间,津云微视专班充分发挥"中央厨房"的作用,调动各区融媒体中心的力量,联合河北、甘肃、西藏、青海、新疆等省份的传统媒体和新媒体共同策划录制了2020全国两会特别节目《脱贫云中云》系列访谈节目。该节目大胆创新、勇于尝试,与河北长城新媒体、甘肃广播电视总台、《新疆日报》、青海网络广播电视台、西藏昌都电视台以共同邀约、联合采访、同步刊播的形式展开合作。节目聚焦医疗扶贫、产业扶贫、教育扶贫、消费扶贫等领域,着力体现"两不愁三保障"等突出问题解决后,当地群众生产生活的喜人变化,突出展现了天津扶贫干部多年来同当地基层干部并肩战斗的深厚情谊,并深入探讨如何建立长效"造血"机制,为决战决胜攻坚目标贡献工作思路和具体举措。

2020年全国两会特别节目《脱贫云中云》录制现场

搭建新闻扶贫的大卖场

2019年,津云新媒体脱贫攻坚专项工作团队利用天津融媒体粉丝狂欢节成功开展新闻扶贫活动,帮助甘肃陇南贫困地区销售扶贫产品、签订劳务合同,社会反响强烈。通过新闻扶贫的方式,津云新媒体脱贫攻坚专项工作团队把陇南市多个县的131种"网红"农特产品引入天津,尽主流媒体最大力量把优质产品推荐给天津市民,彰显了主流媒体通过宣传助力扶贫的责任与担当。

粉丝狂欢节开幕当天,津云新媒体脱贫攻坚专项工作团队帮助陇南电商发展局与天津市甘肃商会、天津市餐饮行业协会在消费扶贫、劳务引进、职业教育、项目对接等方面签署了战略合作协议。粉丝狂欢节

粉丝狂欢节津云开设"新闻扶贫"专区,市民购买扶贫商品

期间,不仅新闻扶贫专区的农产品热销,会场外的洽谈合作也在紧锣密鼓进行着,天津市甘肃商会、天津市陇源丰农业科技发展有限公司与文县山哥水妹、康县鸿泰、宕昌陇羌源、成县金麦园等6家陇南企业建立起扶贫产品供销合作。天津市餐饮行业协会下的9家餐饮企业和行业组织也与陇南商户达成长期合作意向,帮助陇南在津开拓每年不低于150万元的新市场。粉丝狂欢节举办的3天时间里,该活动的直播、报道共计刊发105篇,全网总点击量突破4300万,展现出新闻扶贫活动连点成面的传播力量。

开辟消费扶贫的新战场

2020年,津云新媒体脱贫攻坚专项工作团队推出系列公益活动,以"老乡别急,我们帮你"为主题,以网络直播带货的形式,发挥媒体融合的优势,与天津海河传媒中心的知名主持人通力合作,采用现场带货、"连麦"带货等方式为天津对口帮扶支援的贫困地区销售扶贫产品。自5月21日首场启动至今,已组织了西青区、津南区、静海区、和平区、河北区5个区以及甘肃陇南文县开展了相关活动,累计成交额达5170余万元。

该系列公益活动将直播带货扶贫与脱贫攻坚宣传相结合,在全国创造了具有天津特色的"宣传+帮扶"的独有模式。津云新媒体脱贫攻坚专项工作团队深入挖掘各区对口帮扶地区扶贫产品背后的故事,充分了解帮扶地区群众"扶贫与扶志、扶智相结合"努力改变生活面貌的奋斗精神,在直播脚本里融入风土人情、产品文化,并找到与天津民俗文化的最优结合点,碰撞出一期期主题鲜明、特色突出的直播,采用了相声、脱口秀、田园风、家宴、云连麦等多种形式。创新的表现形式和现场编排都极大地打破了现有直播带货的固定模式,更加贴合网友喜好,也在互动中增强了天津脱贫攻坚工作成效的宣传效果。

"老乡别急,我们帮你"消费扶贫直播带货系列公益活动直播现场

"老乡别急,我们帮你"系列公益活动真正实现了媒体的内容属性、服务属性及金融属性的融合,也体现了"融合"更深层次的含义和典型性。津云新媒体脱贫攻坚专项工作团队联合广电传统媒体的主持人,结合本地资源,对节目进行整体包装、运营和推广运维,充分发挥了媒体融合优势,找到了最佳融合点。而对于扶贫攻坚工作的媒体赋能、融合加持,也建立了一种全新的模式。在直播现场,每位主持人都能够将自己的业务专长巧妙融入直播氛围中,轻松拉近与网民之间的距离,增强感染力,提高观看率,也夯实了购买力。在宣传推广方面,活动的前期预热、行进播报、后期推广,都能通过津云"中央厨房"进行全流程实时指挥调度,所有成稿不仅发布于海河传媒中心的全媒体平台,并可送达全国70多家兄弟网站和海外40多家华文媒体,形成铺天盖地的宣传声势。该系列公益活动也为海河传媒中心"海河有爱,津媒助力——扶贫行动计划"增添一抹亮丽的色彩,更为通过消费扶贫助力打赢脱贫攻坚战提振了信心、鼓舞了士气。

天津市人民政府研究室：
扎根基层 真情帮扶

2017年8月，天津市人民政府研究室正式入驻津南区北闸口镇前进村，与前进村"两委"班子一同深入贯彻习近平总书记关于扶贫工作的重要论述指示精神，立足村情实际，抢抓乡村振兴、绿色生态屏障建设等重要机遇，团结奋斗、扎实苦干，全面加强村党支部建设，加快发展绿色生态产业，改善村庄人居环境，提升乡村文明水平，精准帮扶困难群体，使曾经的困难村一跃成为绿色发展、高质量发展道路上的"先进"村，前进村工作组因此荣获全国脱贫攻坚先进集体称号。

按照天津市新一轮结对帮扶困难村统一部署，2017年8月，天津市人民政府研究室结对帮扶津南区北闸口镇前进村。工作组驻村后，在天津市政府研究室党组，津南区委、区政府及北闸口镇党委的领导下，把结对帮扶作为履行政治责任的重要抓手，努力提高政治站位，针对前进村存在的集体经济相对落后、村民收入水平较低，公共基础设施不够完善等方面存在的薄弱环节，坚决落实帮扶责任、扎实推进帮扶任务，圆满完成"三美四全五均等"帮扶目标。前进村先后获得"改善农村人居环境示范村""中国美丽休闲乡村""第六届全国文明村"等称号，被天津市委组织部评为"五星村"。

着力加强支部建设　切实打造坚强战斗堡垒

天津市人民政府研究室驻津南区北闸口镇前进村工作组把加强党建帮扶摆在首位,带领全村党员坚持以习近平新时代中国特色社会主义思想为指导,深入学习贯彻习近平总书记关于精准扶贫和乡村振兴的重要论述,不断强化理论武装。工作组以严肃认真的态度扎实开展"两学一做"学习教育、"不忘初心、牢记使命"主题教育,2017—2019年共开展"三会一课"、主题党日等党员学习教育百余次,教育引导全村党员在学思践悟中增强"四个意识",坚定"四个自信",做到"两个维护"。

2019年初,前进村被确定为学习河北正定塔元庄试点村。工作组帮助村党支部认真梳理塔元庄村的先进经验,制定前进村"抓党建、促发展"工作方案,整理印刷前进村组织制度汇编,完善组织架构,健全党组织,全面领导隶属本村的各类组织和各项工作的组织体系,为党员家庭悬挂标识牌,进一步压实党员责任,激发干事创业、担当作为的工作热情,为前进村各项工作的开展奠定了坚实基础。

2020年初,面对来势汹汹的新冠肺炎疫情,工作组和全村党员在村党支部的领导下,主动参与村卡口执勤及村内日常巡查,做到守土有责、守土担责、守土尽责,筑牢了防控疫情"红色防护墙",奋力夺取疫情防控和村庄经济社会发展的"双战双赢",村党支部战斗堡垒作用和党员先锋模范作用得到充分发挥。在津南区委组织部、区农业农村委和北闸口镇党委、政府的大力支持下,工作组积极推进前进村党群服务中心规划建设,党群服务中心内部设有党员活动室、老年人日间照料中心、农家书屋、文体活动室、益农信息社等,集党员教育、群众活动、旅游接待等多功能于一体,成为党员群众开展活动的重要阵地。

发展绿色生态产业　提升人居环境质量

　　工作组把发展壮大村集体经济、增加农民收入作为结对帮扶的重要内容,和村"两委"班子研究村庄开发建设模式和发展规划,积极探索"社会资本+村合作社+农户"的模式,依托田园生态优势,大力发展绿色生态产业,打造乡村生态游精品线路。2020年,前进村种植高品质水稻500亩,其中150多亩地实施稻蟹混养;利用200亩林地发展林下经济,散养鸡鸭鹅等家禽;在30亩地的荷花池里养殖河蟹,在40亩地的鱼塘养殖野生鱼。绿色农产品逐渐成为前进村吸引市民前来消费的一大卖点。前进村还聚焦周末亲子游和学生户外教学两类重点客户群体,推出田野拾蛋、乡野垂钓、稻田插秧、水田捕鱼、樱桃采摘等农事体验项目,丰富乡村旅游品类,通过文旅融合提升村庄品位,促进了产业发展、村民增收。

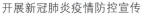
开展新冠肺炎疫情防控宣传

为党员家庭悬挂标识牌

　　工作组协助前进村全力推进人居环境整治和美丽乡村建设,和全村党员群众一起清脏治乱,提升改造村庄道路、河道等基础设施,在村口设置特色景观小品,用乡村彩绘扮靓村庄,大力绿化美化环境,建设荷塘景观长廊。在实施"煤改电"工程的基础上,工作组积极协调争取专项资金,为村民房屋加装保温层,同时进行墙体美化工程,让民房穿上"棉衣""彩衣",使得冬季取暖温度提高了4~5摄氏度,村民的获得感、幸福感更强了。

精心培育家风乡风　倾力帮扶困难群众

工作组和村党支部着力加强软环境建设,坚持培育文明乡风,深入宣传社会主义核心价值观,突出"举旗帜、聚民心、育新人、兴文化、展形象"文明实践主题,高标准建设新时代文明实践站,着力打通宣传群众、引导群众、服务群众的"最后一公里"。

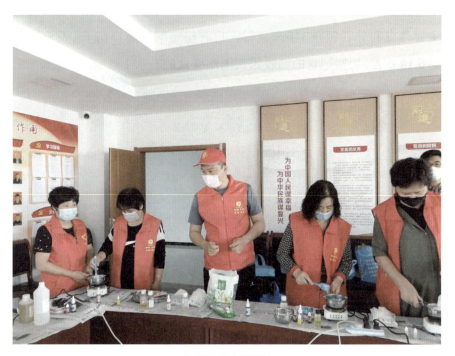

组织开展志愿活动

工作组帮助前进村把原先的破旧土坯房改造成村史馆·民俗文化馆,修旧如旧,留住乡情乡愁。协助建设家风广场,在休闲花园竖起高3米的一笔写成的艺术字"家",设置体现良好家风的展示牌,引导村民在茶余饭后休闲散步时潜移默化地树立良好家风家教,以优良家风促进文明乡风。积极协助中共中央宣传部和农业农村部有关司局在前进村举办2020年"新时代乡村阅读季"全国主题出版物阅读示范活动,有力助推前进村打造书香村庄、提升村民文化素质。

工作组驻村期间,倾心倾力帮扶困难群众。对村内的低收入困难户、残疾人户逐户多次进行走访,因人、因户施策开展帮扶,千方百计解决困难家庭在就业、收入、医疗、住房和生活等方面的难题。积极组织实施困难村基本生活状况调查、民政系统"筑基"工程试点,上门入户送政策、访民情、问民需。积极开展"万名党员联万户"活动,落实好党员干部开展"一对一""几对一"的帮扶责任。帮扶单位天津市政府研究室主要领导和分管领导3年来到村入户看望慰问困难户62户,发放慰问品6.18万元,切实把党的温暖送到困难群众的心坎上。

市政府研究室分管领导来村慰问困难群众

　　驻村工作组还充分发挥职能优势,深入开展调查研究,撰写《农村"厕所革命"在津南区北闸口镇前进村的实践与启示》《津南区前进村抓住绿色生态屏障建设机遇 走出一条绿色发展引领乡村振兴的新路子》等多篇调研报告,为领导决策、推动工作提供了重要参考。

天津瑞农农业科技有限公司：
打好绿色健康牌　走好循环农业路

2018年，天津瑞农农业科技有限公司响应国家东西部扶贫协作的号召成立甘肃瑞农农业科技有限公司，先后投入扶贫资金3000余万元，建立有机肥生产厂，成立农民专业合作社，通过流转土地、建立扶贫车间、回收利用畜禽粪便生产有机肥、推广种植绿色有机中药材、开设农特产品消费扶贫馆等模式，带动甘肃种养殖产业蓬勃发展，走出了一条产业有发展、就业有保障、收益可持续的产业扶贫之路，天津瑞农农业科技有限公司因此获得全国脱贫攻坚先进集体荣誉称号。经过几年的努力，天津瑞农农业科技有限公司已发展成为一家集有机肥研发生产、农村畜禽污粪资源化再利用、有机中药材种植、农副产品种植及加工、农资连锁超市建设、有机农产品销售等为主的产销一体化绿色循环经济模式的现代化农业科技公司。

2018年，天津瑞农农业科技有限公司在甘肃成立甘肃瑞农农业科技有限公司。公司成立后，致力于"打好绿色健康牌，走好循环农业路"，通过流转土地、建立扶贫车间、回收利用畜禽粪便生产有机肥、推广种植绿色有机中药材、开设农特产品消费扶贫馆等模式，带动甘肃种养殖产业蓬勃发展，走出了一条产业有发展、就业有保障、收益可持续的产业扶贫之路。

科技优势带动产业扶贫

2018年初，在天津市河东区与甘肃省宁县两地政府积极协调下，天津瑞农农业科技有限公司派员深入宁县进行考察调研。通过调研发现宁县是一个农业大县，种养殖业仍然以传统方式为主，投入高、产值低、品质差，畜禽粪便利用及循环农业刚刚起步，在宁县发展绿色循环农业大有可为。当年6月，天津瑞农农业科技有限公司就出资2000万元，在甘肃宁县成立了甘肃瑞农农业科技有限公司，建立了有机肥生产厂，与当地的养殖、种植户签订订单，用企业研发的生物技术将养殖户生产的畜禽粪便转化为有机肥料，实现了畜禽粪便回收再利用，有效改善了土壤板结问题。有机肥提高了农产品质量，达到了增收的目的，带动了更多的贫困户通过发展种养殖产业实现致富脱贫。在后续帮扶过程中，公司与宁县32家养殖企业签订了原料供应协议，年生产有机肥5万吨，产值2000万元；在全县18个乡镇分别设立了销售点，与县内40个农民专业合作社达成了代售协议，带动贫困户165户实现脱贫。

依靠技术优势，天津瑞农农业科技有限公司积极投身宁县"两不愁三保障"工作中，协助宁县完成"厕所革命"，改造农户厕所，共为村民更换了4000余座生态厕所，将粪便转为有机肥料，就地取材，变废为宝，既解决了有机肥原料问题，又解决了粪便形成的二次污染，有效改善和提升了群众的生活环境和生活质量。为进一步发挥产业帮扶作用，天津瑞农农业科技有限公司采取以有机肥使用带动苹果种植、收购等形式,采购庆阳当地农特产品在津销售。2019年,庆阳苹果滞销,公司利用有机肥置换苹果、现金收购等方式,帮农户将520吨苹果销往天津,既解决了农户苹果销售难题,也为推广有机种植打下了坚实的基础。在发挥产业扶贫的同时,天津瑞农农业科技有限公司积极开展消费扶贫。2019年,公司在天津河东区大直沽街建立了甘肃庆阳农特产品扶贫馆,帮助农民销售各类农产品。2020年,扶贫馆已经从刚开业的70多平方米扩大到200多平方米,对口帮扶地区的农特产品的种类也日益增多。

扎根农村打造循环农业梦

2019年,天津瑞农农业科技有限公司投入1290万元,增资甘肃省庆阳市省宁县春荣镇甘肃谷和春农民专业合作社。合作社建立生态农业种植示范基地2100亩,种植金银花520亩、板蓝根460亩、柴胡860亩、黄芪、黄芩育苗260亩。金银花亩均年产值1万元,板蓝根、柴胡亩

天津瑞农农业科技有限公司中药材加工扶贫车间

均年产值4500元。黄芪、黄芩育苗亩均年产值4000元,年总产值660万元,吸纳固定贫困劳动力150人。2020年,通过天津市河东区帮扶,公司引导宁县贫困户栽植金银花1500亩,采用"331+"模式,由合作社提供种苗及田间栽植和技术指导,保底价格回收中药材,带动523户贫困户长期增收。2020年,基地面积扩大到5100多亩。

为了金银花销路问题,天津瑞农农业科技有限公司出资360万元成立药茶扶贫车间,通过烘干、挑拣分级等将贫困户采收的金银花加工成药食两用的金银花茶销往全国各地,解决了产品销售难题,促进了农民脱贫增收。贫困户赵刚刚,多年前只身离开甘肃家乡,到天津瑞农农业科技有限公司工作。公司落户他的家乡宁县后,他在宁县扶贫车间务工,每月有3000多元稳定收入并掌握了一技之能。2020年初,赵刚刚当上了宁县有机肥厂厂长,每月固定收入超过了5000元,从一名普通农民成长为企业管理人员。

贫困户王宁科,由于残疾,干不了重体力的劳动,全家仅靠5亩地的粮食种植来获得收入。2019年,他来到宁县贫困车间务工,每月收入2000多元,同时他跟随公司技术人员种植中药材,10个月就收入了5.6万元,当年实现脱贫。2020年,王宁科承包了30亩地,种植金银花、黄芪等中药材,并与公司签订了定点种植、保价收购的协议,进一步扩大种植面积,实现增收。在天津瑞农农业科技有限公司的帮扶下,宁县春荣镇共有735户贫困户种植金银花1500亩,真正通过产业脱贫致富。

贫困户杨小兵种植苹果6.5亩,由于种植技术问题,苹果产量低、品相差。2019年初,通过春荣镇推荐,杨小兵成为天津瑞农农业科技有限公司50户有机肥试验田用户。从提供有机肥种植技术到全程跟踪指导,再到最后苹果采收后帮助销往天津,杨小兵实现了亩均收入6500元。2019年,天津瑞农农业科技有限公司采用瑞农有机肥种植苹果、帮助农户销售苹果的模式,在当年苹果销售困难的情况下,帮助宁县76户贫困户及合作社销售苹果260余吨。截至2020年,天津瑞农农业科技有限公司已累计销售公司农特产品800余万元,帮助500多户农户增收。

天津瑞农农业科技有限公司自成立后,就扎根农村,坚持走绿色循环经济之路。公司一方面将农户的畜禽粪便收集上来,经过处理做成有机肥,帮助农户种出来绿色无公害的农副产品;另一方面企业将当地农户的农特产品运到天津扶贫消费馆,让天津的百姓吃上绿色健康的食品。在这个模式下,企业将经营所得又全部应用到宁县有机肥研发生产,既解决了当地的环保问题和就业问题,又解决了当地农产品的销路问题。经过一年多的市场运营,宁县用过有机肥的果农、瓜农已经享受到了增产提质带来的甜头。天津瑞农农业科技有限公司也从无到有,从小到大,发展成为一家集有机肥研发生产、农村畜禽污粪资源化再利用、有机中药材农副产品种植及加工、农资连锁超市建设、有机农产品销售等产销于一体的具备绿色循环经济模式的现代化农业科技公司。

后　记

　　《全面建成小康社会天津奋斗者》是按照中共中央宣传部统一部署，由中共天津市委宣传部组织，天津师范大学、天津财经大学、天津外国语大学、天津体育学院具体编撰而成。本书对天津在全面建成小康社会进程中涌现出来的先进典型人物和先进集体事迹进行了梳理介绍，既包括国家勋章和国家荣誉称号获得者、"七一勋章"获得者、双百人物、全国优秀共产党员、全国劳模、全国先进工作者等全国性重要荣誉获得者，也包括本市涌现出来的为天津全面建成小康社会作出重要贡献的改革先锋、脱贫攻坚先进个人、最美奋斗者等，还有引领道德精神风尚的道德模范、时代楷模、最美人物、感动中国人物、中国好人等先进典型人物和优秀团体、集体的事迹。书中这些榜样不忘初心、牢记使命，身体力行为决胜全面小康、决战脱贫攻坚凝聚起强大正能量，他们的故事汇聚成一幅宏大而生动的历史画卷，时代精神在画卷中熠熠闪光。

　　本书通过实地考察调研、专家走访座谈、文献资料收集等多种方式相结合，由政府部门、高校学者、媒体同人共同参与完成，对"人民英雄"张伯礼、"时代楷模"张黎明、"最美奋斗者"邢燕子、"全国优秀共产党员"徐文华等先进典型人物和"全国先进基层党组织"天津女排爱国奋斗先进群体、"时代楷模"抗疫英雄集体天津市对口支援恩施州疾控工作队、"全国脱贫攻坚先进集体"天津食品集团有限公司等先进集体的事迹进行深入细致整理,记述了各个领域的优秀典型在全面建成小康社会进程中对党和人民的事业矢志不渝、百折不挠,无私奉献的光辉形象,弘扬他们在推进这项伟大事业中所展现出忠诚、执着、朴实的鲜明品格。

本书在编写过程中,得到了天津市有关部门和单位的大力支持,天津师范大学林靖、张洪伟、李蓓、冯帆,天津外国语大学马兰州、洪畅、李楠,天津财经大学梁艳青、李然、公丕钰,天津体育学院王瑜、孟滢、徐宇浩,天津工人报社岳诗琪等同志承担了大量编写整理工作,在此一并表示衷心感谢!

由于本书编写时间较为紧张,所涉及的人员及事迹多,因此本书编写虽已尽最大努力,但可能仍有不少错漏之处,敬请广大读者不吝批评指正。

本书编写组
2022 年 5 月